CB062934

SANTA ROSA

CAPAS

CAPA

Luís Bueno

Ateliê Editorial

edições sesc

Artes do Livro 10

Ateliê Editorial

Diretora administrativa Vera Lucia Belluzzo Bolognani
Edição e produção gráfica Aline Emiko Sato
Gerente editorial Senise Fonzi
Diagramação Camyle Cosentino
Assistente de comunicação Wagner Venerando
Gerente de vendas Andreza Aparecida Pires
Logística Alfredo Andre de Souza Pereira e Gedilson Souza Torres

Sesc

SERVIÇO SOCIAL DO COMÉRCIO
Administração Regional no Estado de São Paulo

Presidente do Conselho Regional
Abram Szajman
Diretor Regional
Danilo Santos de Miranda

Conselho Editorial
Ivan Giannini
Joel Naimayer Padula
Luiz Deoclécio Massaro Galina
Sérgio José Battistelli

Edições Sesc São Paulo
Gerente Marcos Lepiscopo
Gerente adjunta Isabel M. M. Alexandre
Coordenação editorial Francis Manzoni, Clívia Ramiro, Cristianne Lameirinha
Produção editorial Bruno Salerno Rodrigues, Rafael Fernandes Cação
Coordenação gráfica Katia Verissimo
Produção gráfica Fabio Pinotti
Coordenação de comunicação Bruna Zarnoviec Daniel

Essa alegria de criar, que é tua

explanação maior e mais tocante,

fica girando no ar, enquanto avulta,

em sensação de perda, teu semblante.

CARLOS DRUMMOND DE ANDRADE, "A UM MORTO NA ÍNDIA"

© Luís Bueno, 2015
© Luiz Carlos Santa Rosa, 2015
© dessa edição: Ateliê Editorial e Edições Sesc São Paulo, 2015
Todos os direitos reservados

Direitos reservados e protegidos pela Lei 9.610 de 19.02.1998.
É proibida a reprodução total ou parcial sem autorização, por escrito, das editoras.

Dados Internacionais de Catalogação na Publicação (CIP)
(Câmara Brasileira do Livro, SP, Brasil)

Bueno, Luís
    Capas de Santa Rosa / Luís Bueno. – Cotia, SP: Ateliê Editorial; São Paulo: Edições Sesc São Paulo, 2015.

    Bibliografia
    ISBN 978-85-7480-727-0 (Ateliê Editorial)
    ISBN 978-85-69298-59-5 (Edições Sesc São Paulo)

    1. Artes plásticas - Brasil 2. Artistas plásticos - Brasil 3. Capas de Livros 4. Ilustrações 5. Livros - Indústria 6. Pintores - Brasil - Biografia 7. Santa Rosa Júnior, Tomás, 1909-1956 I. Bueno, Luís. II. Título.

15-09533   CDD-050

Índices para catálogo sistemático:
1. Capas de Santa Rosa: Publicações   050
2. Santa Rosa: Capas: Publicações   050

Direitos reservados à

Ateliê Editorial
Estrada da Aldeia de Carapicuíba, 897
06709-300 – Cotia SP
Tel. 55 11 4612-9666
www.atelie.com.br
contato@atelie.com.br
󰈌 󰕁 󰗃 /atelieeditorial

Edições Sesc São Paulo
Rua Cantagalo, 74 – 13º/14º andar
03319-000 – São Paulo SP
Tel. 55 11 2227-6500
edicoes@edicoes.sescsp.org.br
sescsp.org.br/edicoes
󰈌 󰕁 󰋾 󰗃 /edicoessescsp

Printed in Brazil 2015
Foi feito o depósito legal

SUMÁRIO

Nota das editoras 9

Apresentação e agradecimentos 12

Introdução 17

1. As primeiras capas 25

2. Um projeto para o romance brasileiro 35

3. Duas coleções 43

4. Alguns livros traduzidos e mais duas coleções 47

5. Nova década, novo projeto para o romance brasileiro 51

6. Tantas editoras 59

7. O leitor 63

8. Livros de poesia 79

9. Entre as capas 85

CAPAS 88

Lista de livros com capas e ilustrações de Santa Rosa 265

Bibliografia referida 286

Cacau
romance
Jorge Amado
Ariel Editora Ltd.
Êle
Doidinho
romance
José Lins do Rego
Ariel Editora Ltd.
Assunção de Salviano
Graciliano Ramos
Schmidt
A reconquista do poder
Café-Society
Fogueiras da carne
A última conquista
Corja
romance
João Cordeiro
Memórias do Cárcere
Graciliano Ramos
Lampeão
Ranulpho Prata
Ariel Editora Ltd.
Lampião
de Rachel de Queiroz
Jorge de Lima
O Anjo
Sagarana
Suor
romance
Jorge Amado
Ariel
Cangaceiros
José Lins do Rego
S. Bernardo
Graciliano Ramos
Ariel
Graciliano Ramos
Infância
Livraria José Olympio Editora
Banguê
Mural
O Moleque Ricardo
O Beco
Raízes do Brasil
O Pátio
Descoberta do Mundo
Carlos Drummond de Andrade
contos de aprendiz
Livraria José Olympio Editora
O labirinto de espelhos
Histórias da Amazônia
Uniforme de Gala
Documentário do Nordeste
O homem de duas cabeças
Memórias de um Gorigião
Pureza
A viúva branca
Osvaldo Orico
Seiva
Maya
Eudes Barros
Dezesete
Fongetti
Gerard de Nerval
As filhas do fogo
Adalgisa Nery
Poemas
Jorge de Lima
Guerra dentro do beco
Graciliano Ramos
S. Bernardo
O Amanuense Belmiro
Emílio Moura
O espelho e a musa
Rubaiyat
Adalgisa Nery
cantos de angústia
O Jardineiro
Lêdo Ivo
Linguagem
Lêdo Ivo
Cântico
A Cidadella
Cornélio Penna
Dois Romances de Nico Horta
Ode ao crepúsculo
Lêdo Ivo
Dedo Mindinho
Poesia até agora
Crime e Castigo
Charles Seignobos
História da Civilização Européia
José Lins do Rego
O Moleque Ricardo
Dr. Joseph A. Jerger
Doutor, aqui está o seu chapéu
Margarida La Rocque
Sob a luz das estrelas
Graciliano Ramos
Vidas Sêcas
Graciliano Ramos
Caetés
O Romance do Dr. Harvey Leith
(Grand Canary)
A. J. Cronin
Emily Brontë
O vento da noite
A. J. Cronin
Três amores
A. J. Cronin
A família Brodie
Jorge Amado
O Burro
H. Gordon Garbedian
Einstein
O criador de universos
Mário Filho
O negro no foot-ball brasileiro
Eugene Lyons
Stalin
Tia Evelina
Novas receitas para você
Terra dos Homens
Os Inglêses
Dona Flor
Contos do mar
Agir

NOTA DAS EDITORAS

A obra de Tomás Santa Rosa é fundamental para o conhecimento da história da editoração e do *design* gráfico no Brasil. O estudo das encomendas que o artista recebia permite acompanhar a transição das capas predominantemente tipográficas para as ilustradas, bem como compreender o aprimoramento crescente do campo editorial. Foi na leitura interessada dos livros em que trabalhou que Santa Rosa fundou a sua reputação, interpretando as narrativas em seus desenhos para capas.

Esta publicação aborda a história editorial brasileira em sua dimensão estética, vinculando-se ao próprio desenvolvimento do *design* no país. Pretende se constituir como fonte de consulta para um amplo espectro de público, como artistas, editores, escritores, *designers* e leitores. O livro reúne cerca de trezentas capas que, até então, se encontravam dispersas em sebos, coleções particulares e bibliotecas, servindo como fonte de pesquisa para futuros trabalhos sobre a história do livro e das artes visuais.

SANTA ROSA

APRESENTAÇÃO E AGRADECIMENTOS

Este livro começou, como ideia vaga, quando redigia minha tese de doutorado, em 1999. A leitura seguida de romances brasileiros da década de 1930 me levou a ver o trabalho de Santa Rosa por dentro, pela leitura mesmo dos títulos menos conhecidos que tiveram capas suas. Não pude deixar de pensar: "esse cara era um leitor muito preciso, quem sabe não era possível reunir essas capas num livro que mostrasse isso".

Minha entrada no universo do Santa Rosa, portanto, foi o texto dos livros para os quais ele havia criado capas. Assim, é natural que neste livro o artista seja apresentado sobretudo como um leitor.

De todo jeito, o objetivo principal aqui é o de reunir o maior número possível de capas desenhadas por ele. Esse material está disperso e, à medida que o tempo passa, cada vez mais inacessível. Reuni-lo num volume é uma forma de preservá-lo – ainda que o contato direto com os livros seja importante – para que outras pessoas se animem a enfrentar a tarefa de avaliar a posição de Santa Rosa na cultura brasileira do século XX. É claro que procuro encaminhar uma leitura e uma avaliação, mas o esforço foi sempre o de compor apenas uma apresentação, ser breve, trabalhar com exemplos, rapidamente, e não deixar que o texto se avolumasse, de tal forma que a obra de capista do Santa ficasse sempre ressaltada.

Em 2002, assumi a direção da Editora da Universidade Federal do Paraná, tarefa em que mergulhei por cinco anos. Durante esse período, pude conhecer um pouco, na prática, o processo de edição de livros, e essa experiência só aumentou a admiração e a certeza da importância do trabalho de Santa Rosa – e me deu uma experiência que me animou a mergulhar num universo que não é o da minha formação. Por algum tempo, tudo ainda continuou apenas uma ideia vaga, alimentada pela leitura da biografia *A Vida Ilustrada de Tomás Santa Rosa*, de Cássio Emanuel Barsante, com sua lista de capas para a José Olympio, que orientou minhas primeiras buscas.

A ideia só se transformou num projeto de verdade em 2004, quando arrisquei propor a Plinio Martins Filho a publicação de um livro que reunisse as capas do artista. O acolhimento imediato e entusiasmado da proposta me surpreendeu e me animou ainda mais. Meu primeiro agradecimento, então, vai para o Plinio que, além de tudo, apresentou-me ao Cláudio Giordano, que me abriu as portas de seu incrível acervo da Oficina do Livro Rubens Borba de Moraes em São Paulo – e ainda me convidou para almoçar com sua família. Como Giordano é um apaixonado por livros, pela indústria editorial, seus interesses ultrapassam a bibliofilia convencional e sua coleção abriga todo tipo de título, de vários gêneros e autores, não apenas raridades com valor de mercado. Foi nessa visita a ele, em meados de 2004, que percebi, pela primeira vez, o volume e a variedade do trabalho do artista. Foi também a primeira vez em que notei que a localização e a reunião desse material talvez fossem tarefa muito mais difícil do que parecia. Meu segundo agradecimento se dirige, então, para o Giordano.

O desejo de finalizar o livro a tempo de marcar os cinquenta anos da morte de Santa Rosa fez com que em 2005 o trabalho de procura andasse muito, graças, inicialmente, à biblioteca do Instituto de Estudos Brasileiros da USP, que permitiu a reprodução de várias capas de seu acervo. Posteriormente, no final do processo de preparação do livro, pude contar novamente com o apoio do IEB, instituição a que sou muito grato, assim como à Biblioteca Brasiliana Guita e José Mindlin que, nessa mesma reta final do trabalho, permitiu a reprodução de algumas capas fundamentais.

Em março daquele mesmo ano de 2005, numa visita a trabalho à Universidade Federal de Minas Gerais, o professor, editor e amigo Wander Melo Miranda permitiu que eu copiasse algumas capas de livros pertencentes ao Arquivo de Escritores Mineiros daquela instituição, que naquela altura ele dirigia. Na reta final do trabalho, recorri a ele e ao Arquivo, e ajuda inestimável veio mais uma vez. A Wander, então, dirijo meus melhores agradecimentos.

Em maio, fiz uma outra visita decisiva para a existência deste livro. O professor e poeta carioca (copacabanense?) Antonio Carlos Secchin me aguentou durante duas tardes consecutivas, em maio de 2005, enquanto eu fuçava seus livros e digitalizava suas capas. Alguns dos exemplares de sua biblioteca foram as únicas cópias que eu veria de vários títulos – e dizer isso já dá a medida da minha gratidão por sua generosidade. Obrigado, Secchin!

Em julho daquele mesmo ano, tive a oportunidade de passar uma longa tarde com o querido amigo Júlio Paulo Calvo Marcondes. Eu poderia ter conhecido o Julião nos anos 1980, quando os dois andávamos, em estágios diferentes, já que ele nasceu uns anos depois de mim, pelos corredores e salas do IEL na Unicamp, no tempo em que éramos estudantes de Letras. Ele também poderia ter sido meu aluno em meus primeiros anos na Federal do Paraná, onde ele fez uma outra tentativa de concluir o curso. Mas nos conheceríamos em situação imprevista, naquela que seria a minha única experiência (por enquanto) no campo da música popular, quando um grupo de professores – Marcelo Sandmann, Benito Rodriguez, Fernando Belmonte (o Foguinho) e eu – se juntou a dois músicos de verdade, os percussionistas Zé Loureiro Neto e Sandrão Fernandes (que, por incrível que pareça, depois também iria virar professor!), para criar em Curitiba o efêmero, porém valente, conjunto de samba Vampiros da Garoa. O Julião, professor de literatura, grande amigo do Foguinho, foi um vampiro honorário, que participava de todos os ensaios. Nas conversas, descobri que ele era também um fino bibliófilo. Naquela tarde de julho de 2005, batemos um longo papo sobre literatura e muitas outras coisas interessantes, e tomamos café com leite enquanto eu examinava e separava os livros, cujas capas, num outro sábado, copiaria. Descobri que ele não tinha a primeira edição de *Caminho de Pedras*, de Rachel de Queiroz e, como eu tinha dois exemplares, dei um de presente a ele quando nos encontramos uns tempos depois. Na ocasião, ele me disse que tinha dois exemplares da segunda edição de *Menino de Engenho* com capa do Santa, e retribuiria o presente. Mas isso nunca aconteceu, não houve tempo. Só nos encontramos umas poucas vezes depois disso, casualmente, já que ele se mudaria para São Paulo, onde sofreria um AVC que o mataria em março de 2009, antes de completar quarenta anos. Para ele vai o agradecimento propositalmente mais longo, em memória.

Meu amigo de longa data, Mario Luiz Frungillo, também tem dois livros que ficariam faltando neste conjunto se não fosse ele. Além disso, conferiu várias informações para mim em livros pertencentes a bibliotecas da Unicamp, onde é professor. É bom ter mais esta oportunidade de agradecer.

Depois de 2005, o trabalho prosseguiu de forma muito descontinuada. A certeza de que o número de livros seria enorme me levou a prolongar as buscas quase interminavelmente. A redação seguia parada, mesmo depois da decisão de que seria um texto curto. Enquanto isso, percorria os sebos por onde eu andava – comprei capas de Santa Rosa pessoalmente em sebos de várias cidades, em São Paulo, em Curitiba, no Rio de Janeiro, em Porto Alegre, em São José dos Campos, em Campinas, no Recife, em Salvador, em Belo Horizonte, em Fortaleza – e até duas em Lisboa. Pela internet, nem arrisco uma lista: só Deus sabe de quantas cidades os livros vieram.

Há ainda três instituições a que gostaria de agradecer: à Biblioteca do Setor de Ciências Humanas da Universidade Federal do Paraná e à Biblioteca Municipal Mário de Andrade, pela permissão de digitalizar capas de livros de seus acervos, e à Biblioteca Nacional, a que devo a digitalização da capa de *Destino da Carne*, de Samuel Butler.

Por fim, quero agradecer à Patrícia, minha mulher, e à Lívia e à Carmem, minhas filhas. Sem elas, eu teria enrolado mais não sei quanto tempo, pronto a ceder à tentação de escrever longas análises, ou à espera, eternamente, de mais um livro que é impossível saber sequer se existe. Sem elas, é sabido, eu não seria capaz de fazer nada. Mas o caso deste livro é particular porque sem elas eu o ficaria fazendo pelo resto da vida, sem resultado nem bom nem ruim. O que talvez gere um tipo pior de inexistência do que o não fazer.

DOUTO cah
é É Sangu
GUÊ
U A A A
h D A
SUOR O
Bernardo d
U S E Abdi

INTRODUÇÃO

Tomás Santa Rosa Júnior (João Pessoa, 1909–Bombaim, 1956) dedicou-se a inúmeras tarefas no campo das artes plásticas. Executou pinturas e gravuras, criou capas, ilustrações e projetos gráficos para livros, revistas e jornais, elaborou cenários e figurinos para o teatro, projetou decoração para festejos de carnaval. Diante da delirante atividade desse homem morto antes dos cinquenta anos, o crítico, perplexo, pergunta: como avaliar sua obra?

A par da diversidade, levanta essa pergunta o caráter muitas vezes considerado menor das atividades às quais o artista dedicou a maior parte de seus esforços. Esse interesse apaixonado por atividades "menores", aliás, o afastou do cuidado com sua obra num gênero "maior", a pintura – e é sintomático que Walmir Ayala, em seu *Dicionário de Pintores Brasileiros*, não registre sequer uma exposição individual em vida do artista[1].

Essa espécie de fracasso foi abordada por Rubem Braga em crônica publicada poucos dias depois da morte prematura de Santa Rosa. Ao rememorar o tempo em que teve ocasião de conhecê-lo, o cronista fala da primeira impressão que lhe causou o trabalho do artista e do destino que essa obra acabou tendo:

> A primeira vez que o topei – acho que por causa de Lúcio Rangel ou Otávio Tirso – foi numa tétrica pensão do Catete em que ele ocupava uma *vaga* em 1935. Era um jovem bancário que acabara de chegar do Recife, onde às vezes cantava no rádio, e que fizera uns desenhos para ilustrar *O Anjo*, de Jorge de Lima.
>
> Vendo os desenhos e mais umas coisas dele fiz uma profecia – ali estava o grande pintor do Brasil. Não estava: Santa Rosa nunca chegou a ser o grande pintor que ameaçava, e mesmo seu desenho haveria de ficar com um não sei quê de duro e seco. Não é que ele não prestasse atenção à arte: ele prestava atenção a tudo, era um boê-

---

[1] Walmir Ayala, *Dicionário de Pintores Brasileiros*, 2. ed., Curitiba, Editora UFPR, 1997. Edição revista e ampliada por André Seffrin.

mio meticuloso. Lembro-me como trabalhava com Portinari aprendendo técnicas. Mas Santa se espalhava demais, era um apaixonado por música, por literatura, por estética, por teatro, principalmente pela vida, pelo amor. Ele sabia as coisas. Mas sentia demais as coisas, e às vezes não aguentava, ia arrastado pelo seu lirismo, sumia, parecia que tinha morrido: estava amando[2].

A variedade de interesses, como se vê, pareceu a Rubem Braga, mais que algo que dificulte pensar o legado do artista, elemento perturbador para a realização de uma grande obra que tudo permitia prever. Mesmo num momento em que a tendência seria a de louvar o homem morto apenas poucos dias antes, o escritor faz questão de assinalar seu desagrado com o que ele produzira.

Cinco anos depois, Paulo Mendes Campos abre uma crônica a respeito da inauguração do Teatro Santa Rosa no Rio de Janeiro com esse mesmo espírito: "Sua pintura e seu desenho, confesso, nunca me entusiasmaram"[3].

Quem se demorou um pouco na formalização desse ponto de vista foi Silviano Santiago que, mais do que apontar o fenômeno, procura ligá-lo às condições de produção que envolveram o artista:

> É capaz de executar, com horário marcado por cronômetro, qualquer serviço ligado às artes plásticas. Só a sua produção para os suplementos literários e revistas deixaria qualquer artista à antiga em polvorosa. Quantas vezes já, neste curto espaço de tempo em que estou no Rio, presenciei o José Olympio encomendar-lhe uma capa de livro – para amanhã. Não se faz de rogado. Recebe de suas mãos os originais e, não sei como, no dia seguinte a capa está pronta, bem inventada, pertinente, executada à perfeição. Num fim de semana, fez o álbum para o concurso infantil do MES e a capa para *Pureza*, de José Lins. Tenho a certeza de que ganha o primeiro lugar no concurso. A capa está bonita.
>
> Santa ainda tem tempo para ilustrar livros, fazer decoração em salões de carnaval, meter-se com a gente de teatro para desenhar figurinos e cenários. Seus conhecimentos gerais são parcos, mas entende como ninguém de tudo o que se refere a linha, cor e volume no espaço. É capaz de encontrar soluções originais para o que se mete a fazer, mas o trabalho – a obra – em si não é original. Tanto a sua concepção de desenho quanto a de pintura são derivadas. Pertencem mais à nossa época do que a ele. Falta-lhe uma opinião própria sobre a arte; sobra-lhe tudo o que se refere ao "saber fazer". Planeja, esboça, executa, faz. E muito bem. O bom gosto é sua marca registrada.

2. Rubem Braga, "Santa", *Diário de Notícias*, Rio de Janeiro, 30 nov. 1956.

3. Paulo Mendes Campos, "Santa Rosa É Teatro", *O Cruzeiro*, Rio de Janeiro, abr. 1961.

Não mantém, paralelamente, uma conversa crítica com o que faz: antes, durante e depois de o fazer. Ele não domina a linguagem que fala sobre a arte; só conhece a linguagem da arte. Exprime-se pela linha, cor e volume; não sabe por que esta linha, ou esta cor, e não aquelas. Parte, basicamente, de uma intuição genérica sobre o ofício das artes. Exprime-se pelas leis das artes plásticas, como uma criança de cinco anos exprime-se pelas leis da gramática: ambos inconscientes dos processos, das combinações e das regras, do peso enfim dos elementos. Quando trabalha, tem a alegria da criança que inventa frases sem o saber que está inventando. A finalidade do trabalho de Santa Rosa é compreendida e justificada pela necessidade que representa a encomenda do trabalho. Com que fim faço este desenho? Para ser capa de um livro. E este outro? Para ilustrar um poema num suplemento literário. Na função, esgota-se o significado e a área de influência artística que o trabalho pode ter[4].

Não se pode esquecer que este julgamento aparece na mistura de romance, crítica e biografia que é *Em Liberdade* – de toda forma, uma obra de ficção. E, nesta altura do romance, interessam de fato as condições de produção intelectual durante o período Vargas. Como desenvolver uma arte e um pensamento independentes, como trabalhar enfim, num regime em que as exigências do trabalho disponível para o intelectual tendem a tirar sua autonomia? Como é possível escrever para jornais cujo sentido de existência está em sustentar este ou aquele interesse político? Santa Rosa surge, nesse momento, como o artista que, encerrado no afazer artístico em si, pode sacrificar uma posição pessoal forte diante da arte ou dos destinos do país e permanecer produzindo. É como se o Graciliano-personagem, através de uma figura de grande interesse, procurasse aceitar seu próprio comportamento, uma vez que logo em seguida, dirá:

Se aceito, para safar-me da miséria econômica em que estou, os encargos que me oferecem alguns amigos, aceito também o meu silêncio. Serei um profissional competente a executar uma tarefa cujo lugar e função já estão predeterminados antes da minha entrada em cena[5].

Sendo assim, o foco de atenção no texto não é propriamente o trabalho de Santa Rosa. De toda forma, o que se diz dele é mais ou menos o que está expresso nas opiniões de Rubem Braga e Paulo Mendes Campos, que talvez discordassem apenas de sua caracterização como um homem sem interesse

4. Silviano Santiago, *Em Liberdade*, Rio de Janeiro, Paz e Terra, 1981, p. 178.

5. *Idem*, p. 180.

As únicas capas de livros de ficção com o layout de Santa Rosa para a José Olympio na década de 30 que não foram desenhadas por ele: *Renúncia* e as obras de Plínio Salgado.

pela reflexão crítica sobre a arte – e o próprio Paulo Mendes Campos trata da biblioteca de Santa Rosa e de sua grande curiosidade intelectual. Enfim, essa espécie de fracasso é uma visão possível sobre o artista que, posto ao lado de outros que se tornaram parte do cânone da pintura modernista, pode acabar parecendo um pouco desinteressante. Sem mencionar a espécie de vazio ideológico que o artista representaria, ao elaborar trabalhos para qualquer livro, de qualquer autor – o que é questionável se atentarmos para a produção global de Santa Rosa para a José Olympio nos anos 1930, e percebermos que, no que diz respeito a obras de ficção, todas as capas foram elaboradas por ele, com duas exceções: a do livro *Renúncia*, de Jayme R. Pereira, irmão de José Olympio, assinada por G. Lorensini, e absolutamente todas as dos romances de Plínio Salgado, creditadas à Revista dos Tribunais, gráfica paulista em que os livros eram impressos. É difícil saber se Santa Rosa se recusou a ilustrar os romances do "chefe nacional" integralista, ou se o autor não o quis como seu capista, mas o resultado final num caso ou noutro é o mesmo: uma incompatibilidade entre o escritor e o artista plástico que coloca sob suspeita essa figura sem cor, ciência ou ideologia.

Há, além destas, opiniões sobre as realizações de Santa Rosa que, partindo de focos diferentes, chegam a uma posição muito diversa dessas. Assim, o crítico de teatro Sábato Magaldi, ao invés do homem de parcos conhecimentos gerais, vê nele "um dos mais cultos intelectuais do teatro brasileiro"[6]. Para o estudioso da história do livro brasileiro Laurence Hallewell, ele seria, ao invés do artista medíocre, o "responsável, quase sozinho, pela transformação estética do livro brasileiro nos anos 1930 e 1940"[7] – se levarmos em conta que exatamente nessas duas décadas a produção editorial brasileira ganha maturidade e entra em sua fase profissional, a afirmação equivale a dizer que foi Santa Rosa o pai do moderno livro no Brasil.

Constatar essa diferença de opiniões não pode conduzir, no entanto, a um raciocínio dicotômico que nos faria voltar ao começo obrigando-nos a admitir o caráter menor do trabalho de Santa Rosa, já que seu valor só parece ficar evidente quando deixamos de confrontá-lo com a grande pintura modernista brasileira para o colocarmos como um cenógrafo ou artista gráfico – funções tidas como "menores".

Seria muito mais interessante pensar o lugar desse artista múltiplo num outro enquadramento: aquele que vê a grande revolução artística da modernidade como um movimento amplo que engloba tanto a pintura, a escultura e a arquitetura – "artes maiores" – quanto a decoração de interiores, a ornamentação de edifícios, a tipografia – enfim, as chamadas artes industriais, frequentemente entendidas como "menores".

Esse é o caminho seguido, por exemplo, pelo clássico livro de Nicolaus Pevsner, *Os Pioneiros do Desenho Moderno: De William Morris a Walter Gropius*, que procura construir um longo movimento de acumulação de experiências estéticas levando em conta a pintura dos pré-rafaelitas e os padrões de tecido de William Morris, os objetos de Christopher Dresser e a pintura de Gauguin, a *art-nouveau* e o *Bauhaus*.

6. Sábato Magaldi, *Panorama do Teatro Brasileiro*, 5. ed., São Paulo, Global, 2001.

7. Laurence Hallewell, *O Livro no Brasil*, São Paulo, Edusp, 2012, p. 512. Edição de Bolso.

Enfim, para perceber melhor o alcance da vasta obra que Santa Rosa construiu entre as décadas de 1930 e 1950, pode ser interessante uma discussão que, para ficar num caso estudado pelo próprio Pevsner, suspenda um pouco a diferença tão brutal de qualidade que parece haver entre o artista, figura de gênio que desde o Renascimento vinha ganhando corpo, e algo a que ainda poderíamos chamar, *grosso modo*, de o artesão – ou se preferirmos a palavra inexistente ao tempo de Santa Rosa, mas onipresente hoje, *designer*.

De toda forma, seja qual for a distância que se queira colocar entre *design* e arte, quem quiser contar a história da evolução das artes visuais no Brasil do século XX não pode escapar ao nome de Santa Rosa. Quando se leem os artigos sobre arte moderna que o artista reuniu no livro *Roteiro de Arte*[8], percebe-se o quanto ele se preocupou com esse problema da criação de uma nova sensibilidade, propondo a organização de exposições acessíveis e a criação de cursos que pudessem formar um público capaz de fruir a arte moderna. E, nesse sentido, é preciso reconhecer que Santa Rosa fez esse trabalho como mais ninguém. Se nem todas as ações oficiais que ele propôs se concretizariam, seu trabalho contínuo por mais de vinte anos deixou exposta em toda parte uma visualidade que não pode ser colocada noutro lugar que não o da arte moderna.

É assim que ele ajudou a formar o público. Se não era nas exposições que se vulgarizava uma nova percepção da arte, era nos jornais, nas revistas, nos cartazes, nas capas de livros, nos cenários de teatro. Enfim: na rua. E fez isso conscientemente, não como mero subproduto de uma faina cotidiana, derivado de uma atividade de aluguel.

De toda maneira, não convém entrar de cabeça em discussão tão complexa, talvez a mais candente num tempo em que arte e *design* cada vez se aproximam mais, e os *designers*, como é o caso dos grandes nomes da moda, começam a ver suas criações expostas em museus de arte. Mas é pensando num artista que, no cerne de sua atividade, fundiu arte e técnica sem dar necessariamente maior atenção à primeira, que a relação de Santa Rosa com o livro será apresentada aqui, e do ponto de vista de alguém muito mais familiarizado com a literatura do que com o *design*.

Nem é preciso repetir que o esforço principal foi o de reunir o maior número possível de livros cujas capas foram elaboradas por Santa Rosa – e aqui há mais de trezentos. Na ausência de registros confiáveis – a única lista consultada foi a de Cássio Emanuel Barsante – o procedimento foi sair a

8. Tomás Santa Rosa, *Roteiro de Arte*, Rio de Janeiro, Ministério da Educação e Saúde, 1952.

campo, procurar bibliotecas, sebos e colecionadores. Há trabalhos espalhados por várias editoras, edições de autor, numa gama que vai desde o livro de luxo com pequenas tiragens até os livros que dificilmente sobrevivem ao tempo, como os para criança ou aqueles que caíram no esquecimento e, por isso mesmo, se tornaram aquela coisa estranha que é a raridade que não desperta interesse e não tem valor comercial. Depois de mais de dez anos de busca, o que foi possível encontrar está reproduzido aqui.

Cesare

A ESEDA
h SeR douto
BAIYAT Suoré
pÉ GUÊ

1

AS PRIMEIRAS CAPAS

Uma pessoa que estivesse em Maceió no início de 1932 e entrasse para comprar um cigarro ou tomar uma cachaça no Bar Central poderia notar uma mesa em que se discutia literatura. Dificilmente perceberia, no entanto, que estava diante de figuras que em pouquíssimo tempo seriam das mais importantes para a cultura de seu tempo. Lá se encontrariam a já publicada Rachel de Queiroz e o conhecido jornalista José Lins do Rego, que logo estrearia no romance com *Menino de Engenho*. Mas estariam também figuras menos conhecidas, como o arredio Graciliano Ramos, esperando havia mais de um ano que a editora Schmidt, do Rio, publicasse seu *Caetés*, o futuro crítico e editor Alberto Passos Guimarães e um colega do marido da escritora de *O Quinze* no Banco do Brasil, autor apenas de um livro de contabilidade. Esse último seria exatamente Santa Rosa. A roda do Bar Central não se reuniria por muito tempo mais, logo se dispersando, com a maioria de seus participantes se transferindo para o Rio de Janeiro.

Santa Rosa trocou Maceió pelo Rio logo, em junho de 1932, e poucos meses depois, no início de 1933, já começava a se transformar em artista conhecido com a publicação dos dois primeiros livros que tiveram capas suas. A esta altura a José Olympio ainda estava em São Paulo e era muito mais uma livraria do que uma editora. As principais novas editoras brasileiras – pelo menos aquelas que se aventuravam a publicar os novos autores que surgiam – eram a Schmidt, a Ariel e a Adersen. Em seus primeiros lançamentos, apenas esta última produziu sistematicamente capas ilustradas, várias delas criadas pelo pintor Manoel Bandeira, homônimo e conterrâneo do poeta. As capas da Ariel costumavam ser apenas tipográficas, uma versão, com o título em cor, da página de rosto, trazendo, na parte inferior central, um pequeno desenho de Ariel feito por Paulo Werneck – aquilo a que hoje chamaríamos de uma logomarca. A Schmidt também adotou inicialmente a prática de publicar capas tipográficas, que traziam no máximo frisos nas margens.

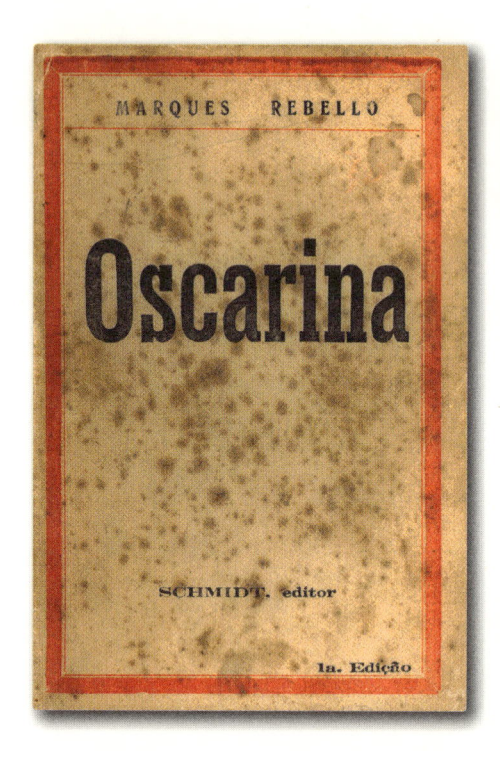

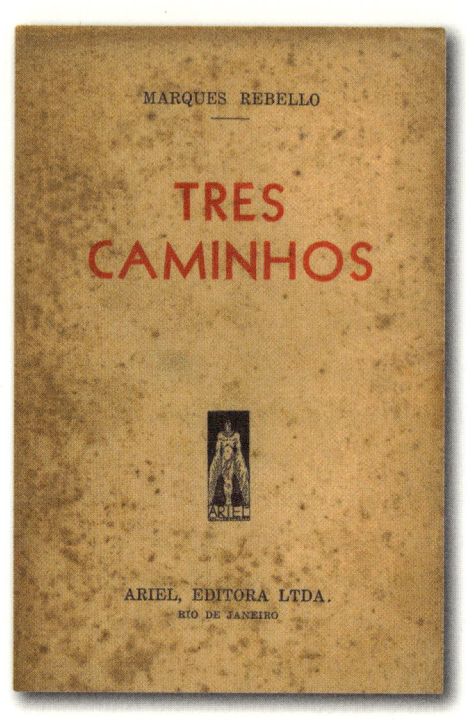

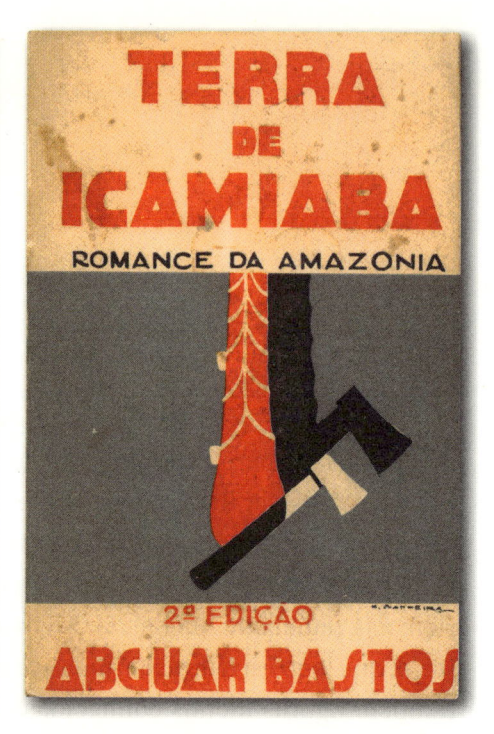

Nos anos que antecedem o início das atividades de Santa Rosa como artista gráfico, as capas ilustradas já eram amplamente empregadas no Brasil, ainda que as capas tipográficas permanecessem bastante comuns, mesmo em novas editoras que surgiam no início da década de 30, como a Ariel e a Schmidt.

1. Ver *O Livro no Brasil*, pp. 250-252.

2. Ver o capítulo "O Início do Design de Livros no Brasil", *O Design Brasileiro Antes do Design*.

Essa era, aliás, prática ainda bastante comum das editoras brasileiras naquele momento, embora as capas ilustradas e coloridas já não constituíssem novidade. Laurence Hallewell aponta como verdadeira revolução no livro brasileiro a decisão de Monteiro Lobato de usar em larga escala capas ilustradas e coloridas em sua primeira editora, a Monteiro Lobato & Companhia[1]. Mais recentemente, Rafael Cardoso recoloca em outros termos o papel do escritor-editor, sem deixar de reconhecer sua importância capital para o livro brasileiro, ao tratar das capas ilustradas das duas primeiras décadas do século XX feitas por artistas como Correia Dias e Álvarus[2].

Hallewell destaca especialmente o sentido comercial que Lobato teria dado ao uso da capa ilustrada, cuja função seria a de chamar atenção sobre o livro e, com isso, ajudar a vendê-lo. Essa foi a prática adotada muitas vezes, já naquele momento, para apresentar romances que não se envergonhavam de parecer um pouco escandalosos para atrair leitores. A editora de Benjamin Costallat, que produziu vários *best-sellers* nesse período, utilizou bastante esse expediente.

De qualquer maneira, a tendência dominante ainda era a da capa tipográfica. Mesmo entre os autores modernistas, para quem as capas tinham importante função artística, nem sempre foi possível tê-las ilustradas em seus livros. Se é verdade que a capa de *Pauliceia Desvairada* era um verdadeiro – e arlequinal – manifesto estético, o mesmo não se pode dizer dos livros que Mário de Andrade publicaria a seguir: as capas de *A Escrava Que Não É Isaura*, *Primeiro Andar*, ou mesmo *Amar, Verbo Intransitivo* e *Macunaíma* eram bastante simples, desenvolvidas provavelmente nas oficinas da tipografia encarregada de imprimi-los. Mesmo Alcântara Machado, que já publicara em 1926 um livro com grandes ousadias gráficas, e não apenas na capa, o *Pathé Baby*, em 1927 publica um outro, de capa bastante simples, o *Brás, Bexiga e Barra Funda*, voltando em 1928 à capa ilustrada com *Laranja da China*.

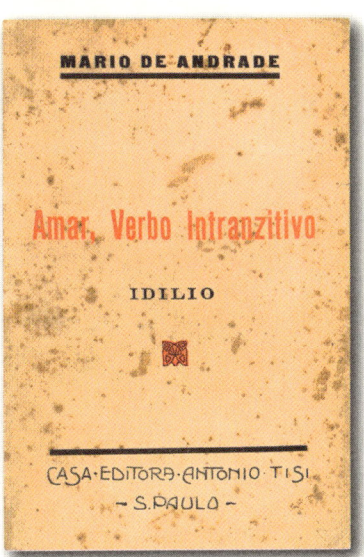

Duas capas do desenhista – e mais tarde romancista – Cornélio Penna para romances publicados em 1932.

É claro que, de uma forma ou de outra, seja para chamar a atenção, seja como forma de produzir edições mais cuidadas, em 1933 as capas ilustradas, se não constituíam a regra, também não chegavam a ser exceção como eram na virada do século XIX para o XX – e importantes artistas se dedicaram a criá-las, como Belmonte, Flávio de Carvalho, Di Cavalcanti e Cornélio Penna.

E seria exatamente uma daquelas editoras que se arriscavam a lançar novos autores, a Ariel, que abriria os primeiros espaços para Santa Rosa no mercado editorial: foi por ela que saíram suas duas primeiras capas, as únicas em que ele se assina "santa rosa jr.": a de *Urucungo*, de Raul Bopp, e a de *A Reconquista do Poder*, de Cid Corrêa Lopes. Cada uma a sua maneira, essas duas primeiras capas dão mostras da embocadura do artista para esse tipo de trabalho e já caracterizam plenamente essa que se poderia identificar como sua primeira fase, a das capas feitas entre 1933 e 1934, antes de sua colaboração com José Olympio.

A capa de *Reconquista do Poder* coloca certos problemas peculiares, já que é a única que não se faz a partir de um texto literário. Vale a pena discutir um pouco as soluções encontradas exatamente porque indicam o domínio imediato do *métier* que Santa Rosa demonstra. A distribuição geral dos elementos – título, ilustração, nome do autor – traz algumas diferenças em relação às primeiras capas que criaria para textos literários. O nome do autor aparece com maior destaque do que o título, no topo do conjunto; o tipo escolhido e, principalmente, o uso da caixa-alta, ainda mais com o efeito de tridimensionalidade no título; o espaço amplo ocupado pela ilustração que, no entanto, se compõe de poucos elementos: nada disso reapareceria nas demais capas desta primeira fase.

Mas as principais virtudes do ilustrador estão todas aí. É certo que fica evidente, para quem vê a ilustração de *A Reconquista do Poder*, a semelhança com o trabalho de Belmonte e outros artistas gráficos que faziam ilustrações para capas de revistas como a *Paratodos*, tão popular na década de 1920. Seu aspecto geral é todo *art déco*, perceptível desde o traço longo da roupa da figura da guerreira até o detalhe de seus cabelos.

O que chama a atenção aqui é o brilhante uso que o artista faz de uma limitação que, em geral, os criadores de capa daquele momento tinham: a restrição a apenas duas cores. Trata-se de limitação causada pelo alto custo da impressão em quatro cores. O que Santa Rosa fez foi utilizar o branco do papel como fundo e o preto naquilo que aparece em segundo plano, embaixo, e no que define a figura em primeiro plano: o contorno, o cabelo, os grilhões e o cabo da espada que está levantada. Há além disso apenas um sombreado cinza, que dá movimento à figura. A segunda cor, um vermelho vivo, só aparece num pequeno detalhe, o capacete. Usado assim com parcimônia, esse vermelho chama a atenção de quem olha a capa e a enche de cor. Como se vê, o artista fugiu do colorido como recurso a atrair o leitor e lançou mão da sutileza, para conseguir atrair o olhar. Isso sem mencionar o cuidado da composição, que coloca a cabeça da guerreira, exatamente onde está aplicado o vermelho, levemente à direita do eixo vertical central da ilustração, o que colabora para o sentido dinâmico da figura, que se projeta para a frente e confere, juntamente com as feições carregadas do perfil, uma expressão decidida que em tudo condiz com o assunto tratado pelo livro.

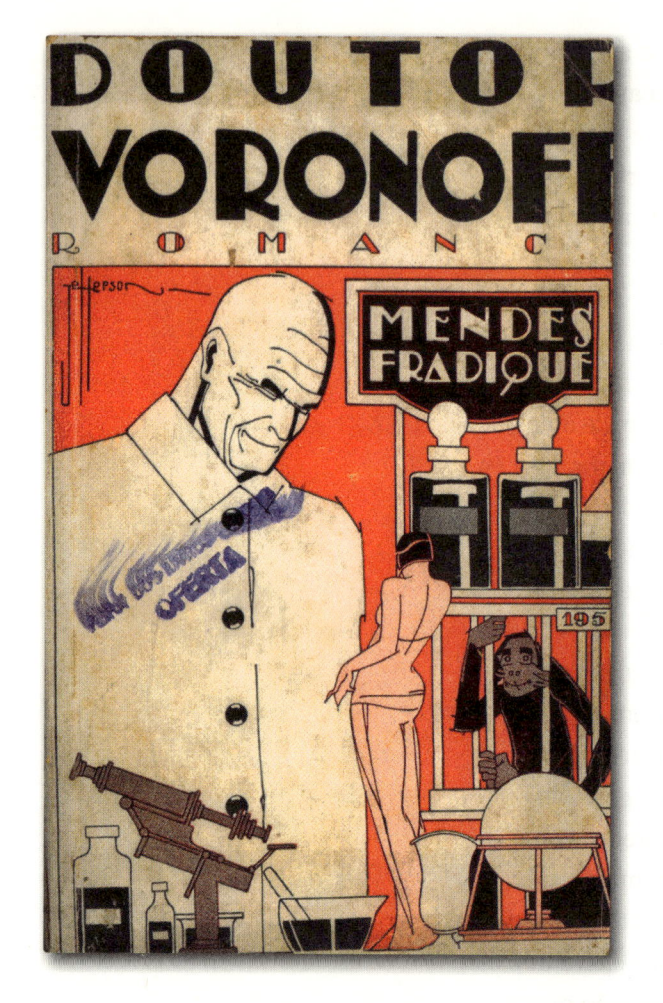

Compare-se com outro belo trabalho, feito por um artista que também ilustrava importantes revistas dos anos 1920, Jefferson: a capa de *Doutor Voronoff*, de Mendes Fradique, publicado em 1926. As limitações técnicas são as mesmas e, *grosso modo*, mesmo é o traço *art déco*. Consegue-se aqui o máximo que o uso de duas cores pode dar: além do cinza, que aparece nos rótulos dos grandes vidros que estão no alto, à direita, o artista faz uso do rosa, principalmente na bela figura feminina do centro, e de um cinza-avermelhado, quase um marrom, na cabeça, mãos e pés do macaco enjaulado e num estranho aparelho na parte inferior esquerda. O vermelho propriamente dito é usado apenas como fundo. É uma capa de alguém que prefere trabalhar com um grande número de elementos e que usa com mestria os recursos de que dispõe.

A opção de Santa Rosa é outra e dá a conhecer algumas características que sempre acompanharão seus trabalhos: a procura do elemento significativo, ainda que mínimo, a exploração discreta da cor, o uso do espaço vazio.

Mas é com a capa de *Urucungo* que Santa Rosa, logo no início das suas atividades como artista gráfico, criaria uma imagem que se transformaria num dos ícones da moderna literatura brasileira – ao lado da capa de *Cobra Norato*, feita por Flávio de Carvalho, de *História do Brasil*, de Di Cavalcanti, da *Pauliceia Desvairada*, atribuída a Mário de Andrade, ou das de Tarsila para as *Memórias Sentimentais de João Miramar* e *Pau-Brasil*. Nela, Santa Rosa utili-

Capa de Jefferson que faz uso riquíssimo da impressão em duas cores.

zou todos os elementos – inclusive o título e o nome do autor – como dados visuais. O título invade os domínios da ilustração, aos quais já pertencia pelo uso, nas letras mais de cima, das cores nela predominantes. As três letras seguintes em preto, seguidas pelas duas últimas em branco contra o preto de fundo da ilustração, participam do jogo de claro-escuro do conjunto todo. O nome do autor, na margem inferior, à direita, fecha o movimento descendente que o olhar é convidado a fazer pelo conjunto.

E é a própria ilustração que ganha com esse jogo, já que é de cima para baixo, e da esquerda para a direita que Santa Rosa sumariza o movimento geral do livro de Raul Bopp. A viagem, no canto superior esquerdo, capturada na imagem do pequeno barco sobre um fundo que é o mar com suas ondas e as palmeiras das praias, conduz à praia e a um símbolo africano tão generalizadamente incorporado à cultura brasileira, a figa, passando por uma impressionante figura feminina, sem rosto. Observando-se o movimento de cima para baixo como um todo, percebe-se que a batucada – que soa e é constantemente referida no livro, servindo de verdadeiro chão simbólico para toda a obra – também se coloca na base da ilustração, com as grandes figuras que tocam e cantam. Na parte de baixo, o movimento da esquerda repete o padrão da parte de cima. Não pode ser coincidência que a figura da esquerda, de perfil, seja representada de forma por assim dizer mais realista que as da direita, verdadeiras máscaras que aparecem como se contaminadas do aspecto da máscara propriamente dita da figura branca logo acima.

Ou seja, em qualquer dos dois sentidos sugeridos pelo aspecto geral da capa, o que se vê é a transição do passado para o presente, dos eventos históricos para os simbólicos, da memória para a criação artística.

Com essa capa, o artista estabeleceu uma espécie de método de trabalho que, com pequenas variações, seria repetido nas demais capas feitas para a Ariel em 1933 e 1934, além da de *Caetés*, para a Schmidt, e a de *Corja*, para a Calvino Filho.

Conceitualmente, está no centro desse método de trabalho a leitura inteligente do livro – aspecto que distingue especialmente Santa Rosa, em toda a sua carreira de criador de capas. Não é sem motivo que, por ocasião dos cinquenta anos do lançamento de *Caetés*, Antonio Candido analise as primeiras leituras feitas a respeito do romance de estreia de Graciliano Ramos e que, ao lado de textos críticos publicados no *Boletim de Ariel*, principal revista literária do período, levará em conta exatamente a capa do livro.

Em todos esses trabalhos, embora texto e ilustração apareçam claramente separados, sem a interação que há em *Urucungo*, a disposição geral dos elementos *é grosso modo* a mesma. Dá-se destaque ao título, postado no topo do conjunto, em contraposição com o nome do autor e da editora, que ficam na parte inferior. Uma grande área central é ocupada por uma ilustração colorida que propõe uma leitura por assim dizer dinâmica do livro. São ilustrações em que convivem diversos planos e tempos das narrativas.

Veja-se o caso da ilustração da capa de *Caetés*. O centro da figura é uma espécie de vazio, ocupado apenas por um canto de parede. Isso obriga aquele que examina a imagem – lembre-se que, em princípio, quem examina a capa ainda não leu o livro – a percorrer uma trajetória aberta: afinal, o que ali ocupa posição central? A mulher no canto inferior direito parece estar em primeiro plano. Por outro lado, o homem que escreve, à esquerda, pertence ao cenário, não é figura de sonho como a mulher. Os índios, por sua vez, estão bem atrás, numa espécie de terceiro plano, mas ocupam uma grande área da ilustração, e em sua parte superior. Quem define essa hierarquia é a leitura do livro. E, para quem o leu, é evidente que o elemento central é o homem, em quem identifica o protagonista João Valério, e os dois outros elementos – a mulher, Luísa, e os índios – são as suas duas grandes preocupações, os pontos de fuga de sua realidade de guarda-livros, que ele considera muito abaixo da que merece. Luísa é a jovem – e bonita – mulher do patrão, por quem ele desenvolve uma paixão que se revelará bem pouco consistente. Os índios são as personagens do romance que ele há anos tenta escrever e cuja publicação, imagina, o alçará a uma posição de respeito na pequena cidade em que vive.

Com essa ilustração, o artista nos dá os três planos principais de desenvolvimento do enredo, mas de forma que tudo só ganha sentido pela leitura.

As capas de *Doidinho* e *Corja* têm a mesma concepção. Na primeira, mais complexa, vê-se o menino mergulhado numa espécie de voo, de imagem de sonho, envolvido por figuras que remetem a diferentes situações vividas no decorrer da narrativa, toda ela passada na escola: a palmatória, o professor, a turma, um colega isolado, as figuras femininas. Na segunda, vê-se mais ou menos o mesmo tipo de imagem onírica. Aqui, no entanto, Santa Rosa preferiu criar uma imagem menos totalizadora, por assim dizer, concentrando-se na infância do protagonista Policarpo Praxedes. De um lado um gato, em referência às maldades feitas pelo menino, de outro um corpo feminino, dando conta de sua precocidade sexual – características apresentadas logo no início da narrativa.

Já em *Cacau*, livro que seria, aliás, todo ilustrado pelo artista, o que se construiu foi uma figura que sintetizasse o romance num único golpe, sem o recurso à criação de diferentes planos – embora com aspectos visuais que remetem diretamente à capa de *Urucungo*. Em três figuras humanas se constrói um corpo coletivo, com a simples técnica de definir as feições apenas da figura em primeiro plano. Nas mãos desses homens, significativamente negros, veem-se ferramentas que também podem ser armas: a foice e a faca. Tudo aquilo que o livro se propunha a representar, e que Jorge Amado defendia nos artigos que naquele tempo publicava nas revistas literárias, está aí: o romance sem heróis, preocupado com os movimentos coletivos de revolta contra a exploração do trabalho. Em *Suor*, já do ano seguinte, uma outra figura-síntese é apresentada ao leitor: a de sete criaturas que se recortam diante de uma entrada de edifício. Mais uma vez o corpo coletivo, representado em sua variedade – homens, um deles sem braços, mulheres, criança –, importante para o projeto literário do jovem Jorge Amado, encontra uma representação visual exemplar, que chama a atenção até pela escolha das cores. Aqui predominam o cinza e um tom esmaecido de amarelo. É, em seu conjunto, a capa de cores mais mortiças em toda esta primeira fase – nem o ponto vermelho-vivo que surgia em *A Reconquista do Poder* está aí, o que acaba por realçar o ambiente opressor e sem vida, quase sem ar, do casarão em que vivem amontoadas todas as dezenas de personagens do romance.

Dessa maneira, as capas de 1934 para a Ariel, embora visualmente estejam próximas das capas desenhadas em 1933, trazem uma concepção diferente de ilustração enquanto apresentação do livro: da multiplicidade de planos para a eleição de uma única imagem-síntese, como se vê em *S. Bernardo*, de Graciliano Ramos, que traz em primeiríssimo plano o proprietário, com a significativa presença da cerca, ícone máximo da própria ideia de propriedade, em segundo plano. No caso de *Lampeão*, de Ranulpho Prata, o mesmo se dá: a figura humana diante do ambiente em que circula.

A criação de imagens-síntese, a partir daí, será a forma de expressão que Santa Rosa usará para apresentar aos leitores o livro que estão prestes a abrir.

OURO

seiva

CONTOS

SUOR

ODE

A colaboração de Santa Rosa com José Olympio se inicia no mesmo ano de 1934, quando o editor decide tentar um grande salto, contratando com José Lins do Rego a publicação de seu novo livro, *Banguê*, com tiragem de 10 mil exemplares, juntamente com a segunda edição de *Menino de Engenho*, com tiragem de 5 mil – decisão ousadíssima que projetou sua editora como a casa dos novos autores brasileiros.

Ao preparar as capas desses dois lançamentos, a editora ousou ainda uma vez, contratando dois diferentes artistas para desenhá-las, Santa Rosa e Cícero Dias, de tal forma que o leitor poderia comprar o livro com a capa que mais lhe agradasse. As soluções encontradas pelos dois artistas foram bastante diferentes. A de Santa Rosa se tornaria a cara dos autores brasileiros na José Olympio, e, em pouco tempo, a cara da literatura brasileira de sua época.

Se fosse possível definir numa palavra o que diferenciou essas duas soluções, seria preciso dizer que Cícero Dias investiu no desenho, na ilustração, e Santa Rosa, no *design*. As duas capas de Dias trazem ilustrações de maiores dimensões – principalmente em *Banguê*, em que ocupa amplo espaço, fazendo um belo contraste com o grande vazio no quarto superior. O uso das duas cores é, de forma geral, bastante tradicional, de tal forma que o vermelho aparece nas próprias ilustrações e fazendo um pano de fundo para a identificação da editora, na parte inferior de ambas as capas. Também se nota que o artista preferiu uma tipologia por um lado bastante limpa, sem serifa, e, por outro, com irregularidades que a identificassem com a ilustração, deixando claro que a mesma mão que desenhou também escreveu.

Santa Rosa, por sua vez, tirou a cor da ilustração, além de diminuir suas dimensões e colocá-la na metade de baixo do conjunto. O uso da cor chapada ocupando todo o espaço da capa, com exceção da margem que, na verdade, apenas enfatiza pelo contraste o uso massivo da cor, constitui uma originalidade – sem mencionar que o amarelo e o azul escolhidos para cada um dos

UM PROJETO PARA O ROMANCE BRASILEIRO

livros dão um aspecto em tudo diferente daquele a que o leitor se acostumara, ou seja, o recurso constante ao vermelho como segunda cor.

A tipologia escolhida também difere dos hábitos do artista até ali. Embora feita à mão, como Santa Rosa jamais deixaria de fazer, a opção é por uma tipologia com serifa, confeccionada com auxílio de régua, que ganha uma regularidade que, no nome do autor e na identificação do "ciclo da cana-de-açúcar", chega a parecer coisa de máquina. O que aparece escrito aqui busca maior neutralidade ou, dizendo de outro modo, enfatiza o caráter puramente informativo – perde como elemento artístico e ganha como elemento de *design*.

As ilustrações, agora, parecem mais intimistas. Diferentemente das capas anteriores, em que procurava aquilo que se chamou aqui de um fio narrativo, a intenção é claramente de síntese, o que acaba conduzindo a um desenho mais uno – em certo sentido mais convencional –, sem o processo de colagem que se via no *Doidinho* da Ariel, por exemplo. Mas é preciso ter em mente que o apequenamento da ilustração não resulta em menor destaque, ao contrário. Sendo o único elemento puramente artístico do conjunto, salta à vista.

É claro que continua chamando a atenção o tipo de leitura que a ilustração faz dos livros. No caso de *Banguê*, Cícero Dias preferiu trazer o ambiente físico do engenho – seguindo, aliás, a tendência apontada pelo próprio título. Santa Rosa, por sua vez, escolheu uma cena da narrativa, o grande momento de harmonia do protagonista, aquele em que vive seu romance com Maria Alice, congelado nos deliciosos passeios a cavalo. Essa escolha é bastante significativa – e aí residirá a grande qualidade de leitor de Santa Rosa, revelada a todo momento em suas capas. Se, num primeiro instante, a cena pode parecer lateral em relação ao enredo global do livro, é significativa porque resume a situação desse Carlos de Melo que não pertence ao mundo do engenho. Essa relação amorosa lhe traz paz – mas é uma paz construída sobre nada, já que Maria Alice é casada e certamente o deixará, o que efetivamente acontece no final da primeira parte do romance.

Ao se transferir de São Paulo para o Rio, a José Olympio publicou *Banguê*, o novo romance de José Lins do Rego, com tiragem de dez mil exemplares e capas alternativas desenhadas por Cícero Dias (acima) e Santa Rosa.

Assim também é a experiência de senhor de engenho do rapaz. Luta pela posse das terras – e ganha, mantendo o engenho Santa Rosa exatamente como o avô deixara. Mas essa vitória de nada adianta. Não pertencendo àquele mundo, governa muito mal a propriedade e a acaba perdendo para o tio Juca, exatamente o parente que, desejando ter parte das terras, ameaçara dividir o engenho. Naquela imagem simples, que também apareceria na segunda edição, nove anos depois, o artista apresentara ao leitor potencial uma leitura em nada neutra, ingênua ou aleatória de *Banguê*.

O mesmo se dá com *Menino de Engenho* – e talvez com maior felicidade. A capa da primeira edição, de Manoel Bandeira, trazia uma solução belíssima: o desenho joga com as duas cores e se compõe quase como um mosaico. O resultado é um conjunto em que menino e engenho se misturam, constituindo um todo como que inseparável. Há mesmo uma linha que liga o ombro da figura da criança aos elementos da paisagem que aparecem ao seu lado – linha, aliás, que divide primeiro e segundo planos da imagem, fazendo com que a cabeça pertença ao primeiro plano, mas o corpo fique no segundo, juntamente com a paisagem. Ora, tudo isso aponta para uma unidade entre o personagem e o engenho.

Cícero Dias também dá uma ideia de integração – e maior ainda, já que é uma integração entre o herdeiro do engenho e o menino negro, filho de um cabra do eito. Brincam juntos, e a única marca a separá-los é a montaria do patrãozinho, inacessível ao moleque.

Santa Rosa difere de ambos quando prefere ressaltar o deslocamento do menino, posto em primeiro plano, afastado da chaminé que figura a propriedade e a produção. A atitude pensativa, melancólica mesmo, desse garoto que de costas para o engenho parece pensar em si mesmo, apenas sublinha esse descompasso. É, sem dúvida, uma leitura muito fina de um romance que, apesar do caráter documental, quase de crônica, que está em sua superfície e chamou a atenção do público, é a complexa construção de um processo social filtrado pela experiência desse herdeiro já deslocado da realidade econômica que o engenho representa. Na terceira edição, de 1938, embora a ilustração seja bem diferente, com o menino num primeiro plano ainda mais evidente, trazendo alguns passarinhos na mão, a leitura da melancolia e do distanciamento em relação ao mundo do engenho – novamente concretizado na chaminé ao fundo – permanece.

Isso mostra que, apesar do que se disse aqui, o ilustrador-leitor não foi eclipsado pelo *designer*, que chama a atenção porque revela uma preocupa-

Santa Rosa produziu capas mais introspectivas para *Menino de Engenho*, bem diferentes das de Manoel Bandeira, para a primeira edição de 1932, e Cícero Dias, para a segunda, de 1934.

ção especial com o *layout*, que resultou bastante plástico, adaptável, capaz de identificar um livro como da José Olympio e, ao mesmo tempo, de particularizar cada título pela cor e pela ilustração. Além disso, a presença predominante da cor, junto da ilustração sóbria, permitia que o livro chamasse a atenção sem que parecesse apelativo. Naquele momento, os escritores brasileiros, de forma geral, estavam engajados em projetos bastante sérios de discussão dos problemas do país, que não se confundiriam com a literatura de entretenimento. Sem ser carrancudo, o *layout* concebido por Santa Rosa era ao mesmo tempo colorido e discreto, sério.

A origem desse projeto está, no entanto, num livro todo ilustrado por Santa Rosa, meses antes, e não para a José Olympio – *O Anjo*, de Jorge de Lima. É uma pequena obra-prima de acabamento gráfico. Em formato pequeno, com muitas ilustrações, inclusive na quarta capa, seria um dos mais bem-sucedidos projetos do artista. É verdade que a tipologia usada na capa ainda era mais reta, sem serifa, e o espaço das margens era invadido pelo nome do autor e pelo da editora, mas a concepção básica já estava ali: a pequena ilustração na metade de baixo e o uso da cor chapada ocupando quase toda a área do conjunto.

Essas opções eram fundamentais enquanto projeto aplicável a uma série de livros. O uso da cor chapada permitia uma variação enorme sem custos adicionais, o que serviria para particularizar cada título. E Santa Rosa, com o tempo, abusaria dessas cores, desde as mais pastéis, como o bege e o cinza, até o vermelho mais vivo, passando pelo roxo, pelo rosa, pelo amarelo-limão. A ilustração, por sua vez, sempre em preto e branco, se destacava contra essa massa em cor, por um lado, e, por outro, permitia a produção dessas imagens-síntese que, muitas vezes, capturavam e apresentavam ao leitor o que havia de essencial num texto.

Esse projeto, em sua estrutura básica, foi mantido durante toda a década de 1930 nos livros de literatura brasileira da José Olympio. Nos dois lançamentos de José Lins do Rego em 1935 – a primeira edição de *O Moleque Ricardo* e a segunda de *Doidinho* – houve uma pequena variação: a cor invadiu os domínios da ilustração. Mas, mesmo assim, não se trata de ilustrações propriamente coloridas, e sim que trazem tons da cor dominante da capa, numa espécie de variação do preto e branco.

A partir de 1938, no entanto, sofre uma alteração maior. Mantidas a cor chapada predominante e a tipologia, abandonaram-se as margens e a ilustração foi ampliada, passando a ocupar a parte de cima do conjunto, com todas as informações colocadas sob ela. É como se Santa Rosa fizesse confluir suas primeiras capas – com as ilustrações de maior dimensão – e seu projeto para a José Olympio – a ilustração em preto e branco e sem a fragmentação das primeiras capas.

Na história do livro no Brasil esse *layout* ocupa um lugar único ao manter por anos uma aparência que identificava pela capa os livros de ficção de uma editora. Entre 1934 e 1939, nenhum livro de ficção brasileira publicado pela José Olympio saiu com outro projeto de capa (mesmo aqueles poucos não executados por Santa Rosa, referidos na Introdução). Por outro lado, nenhuma obra que não fosse de ficção brasileira apareceu nas livrarias com aquele projeto de capa – até mesmo a capa de *Documentário do Nordeste*, de Josué de Castro, que remete a esse projeto, pode ser vista como uma espécie de negativo dele na medida em que joga a cor chapada para as margens

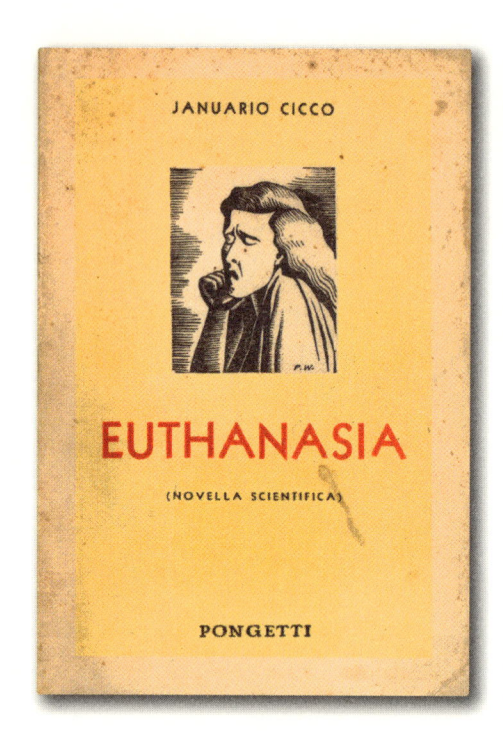

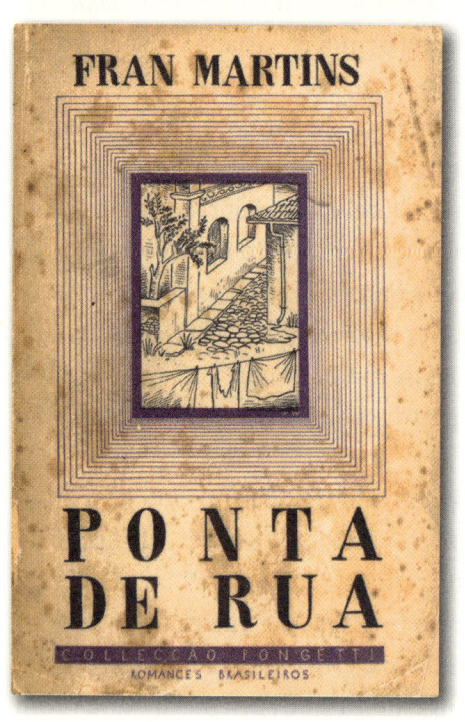

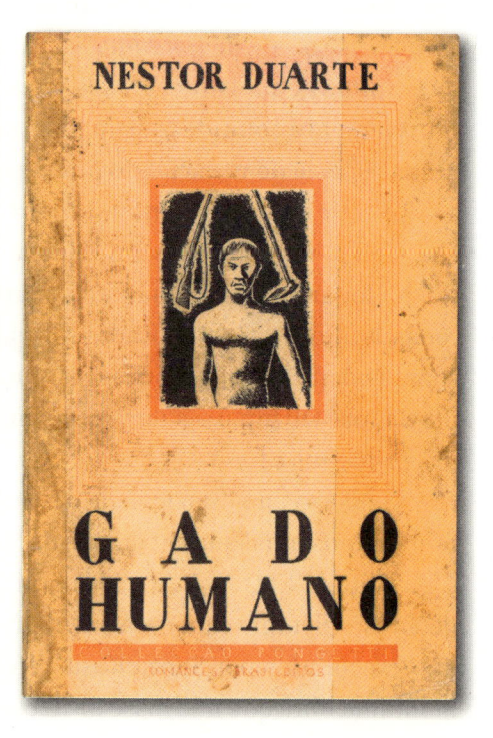

Capas dos anos 30 inspiradas
no projeto criado por Santa Rosa
para a José Olympio.

e mantém todos os elementos dentro do grande quadrado preto e branco que domina o conjunto, ou as *Memórias de um Cirurgião*, de Andrea Marocchi, em que a ilustração aparece no interior de uma moldura circular. Além disso, para nenhuma outra editora Santa Rosa desenhou uma capa aproveitando esse *layout*.

Por tudo isso, a José Olympio não precisou criar ou dar um nome a uma coleção: a identidade visual garantia a unidade. Nas décadas seguintes, nem a parceria entre Santa Rosa e José Olympio manteria tão radicalmente essa postura.

Esse foi um projeto tão bem-sucedido que outras editoras acabaram publicando capas que o lembravam. Este é o caso, por exemplo, de dois lançamentos de 1937: *Eutanásia*, de Januário Cicco, edição da Pongetti com capa de Paulo Werneck, e *Classe Média*, de Jáder de Carvalho, das Edições Reunidas, de Recife, com arte não assinada. A Pongetti lançaria, também em 1937, uma coleção de romances brasileiros com um interessante projeto de capa, mais uma vez elaborado por Paulo Werneck, que pode ser visto como uma reelaboração desse projeto de Santa Rosa, já que o uso da cor tem a mesma função, embora aqui não preencha um grande espaço, mas sim apareça em "quadrados concêntricos", se é que o termo faz sentido, em torno da ilustração. Werneck é, aliás, um marcante artista gráfico dos anos 1930 cujo trabalho ainda está por ser descoberto e analisado.

or
u
Rosas
Rosa
genho n
AJ □
Poet
Terr

3

A editora José Olympio nessa primeira fase também lançou algumas coleções e, ainda nos anos de 1930, Santa Rosa criaria outros projetos para diferentes séries de publicações da editora. O primeiro deles foi o de uma coleção de textos sobre o Brasil, uma espécie de resposta à coleção Brasiliana da Companhia Editora Nacional de São Paulo. É a Documentos Brasileiros: Gilberto Freyre foi chamado para dirigi-la e o primeiro livro publicado foi *Raízes do Brasil*, de Sérgio Buarque de Holanda.

Para uma coleção dessa natureza, que traria textos científicos sérios, Santa Rosa optou por um formato maior (22,5 × 14,5 cm, contra 18,5 × 12,5 cm) e um uso discretíssimo da cor, restrita a um friso colocado sob o nome da coleção, no alto, e no título do livro, ao mesmo tempo em que fugia do tratamento meramente tipográfico. A cada novo volume essa cor variava. O nome da editora ficava na posição usual, na parte de baixo. Todas as outras informações ficavam no terço superior da capa e, curiosamente, o centro exato do conjunto ficava vazio. Logo abaixo, um elemento mínimo de ilustração, a pequena palmeira que caracterizaria a coleção mesmo décadas depois, quando os demais elementos estivessem ausentes das capas da coleção.

Essa disposição é o segredo da concepção desse projeto. O olhar converge todo para o terço central da capa, atraído pela cor e pela ilustração. Num golpe, o leitor encontra o título do livro e a marca da coleção. Identificação imediata, informação completa. Toda a habilidade do *designer* se revela nesse *layout* simples, belo e eficaz.

Outra série criada ainda nos anos 1930, muito cuidada, era a Coleção Rubáyát, dedicada à poesia. Eram livros impressos inteiramente em duas cores (títulos e capitulares em cor, texto em preto), alguns ilustrados. O primeiro volume da coleção, saído em 1938, exatamente o livro de Omar Kayam que lhe deu o nome, traduzido por Octávio Tarquínio de Souza, teve capa e projeto gráfico de Santa Rosa – que definiu as feições de toda a série, mesmo

DUAS COLEÇÕES

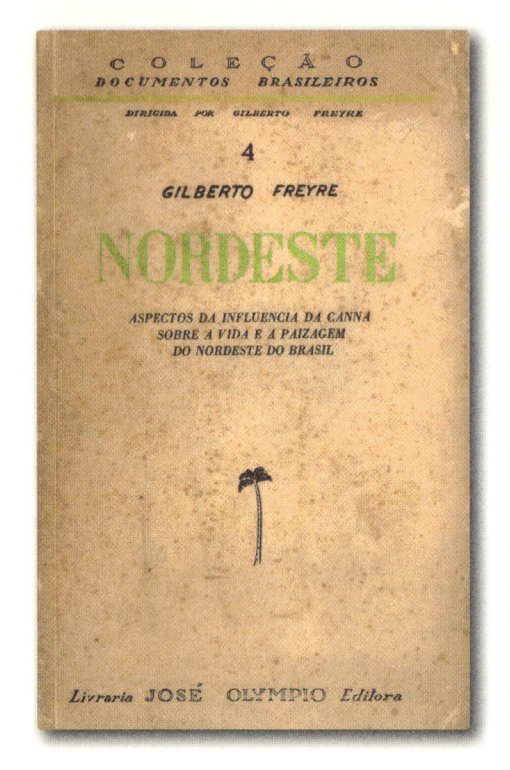

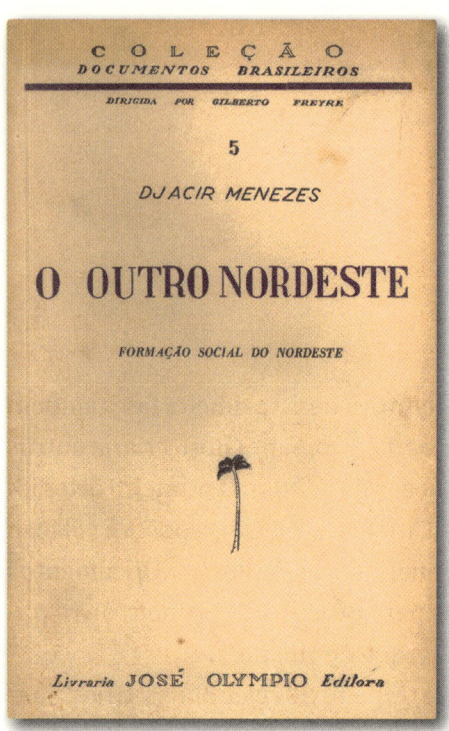

Desenhada por Santa Rosa em 1936, para *Raízes do Brasil*, a palmeirinha conferiu identidade à coleção Documentos Brasileiros durante décadas, como se vê na capa criada por Cecília Bandarra para *De Anchieta a Euclides* (*pág. seguinte*) já no final dos anos 70.

quando a capa fosse desenhada por outros artistas, como Luiz Jardim, nos anos seguintes. O formato era o mesmo do utilizado na publicação dos romances brasileiros, e o uso da cor na capa era intensivo, mas bem discreto, com a predominância do fundo branco.

Layouts sóbrios, mas diferentes, para séries diferentes, já que se trata de apresentar textos de naturezas bastante diferentes – de um lado, a seriedade do ensaio histórico e sociológico, de outro a da grande poesia, especialmente aquela de acentos espirituais, como a de Tagore.

O curioso a se notar é que tanto num caso como noutro a ilustração perde sua função de revelar ao leitor uma síntese do conteúdo do livro. Na Documentos Brasileiros, ela se reduz à pequena palmeira – que permaneceria identificando a coleção, por décadas, mesmo quando o *layout* já fosse outro, convertendo-se numa espécie de logomarca. Na Rubáyát, chamava a atenção a moldura trabalhada, que se repetia, com discreta variação de cor, em todos os títulos da série. A ilustração tendia, assim, para o decorativo, com o uso recorrente de motivos florais, que muitas vezes apareciam também na lombada e na quarta capa. Em outras palavras: a ilustração se mantinha na capa, mas com outra função. Eventualmente uma exceção se

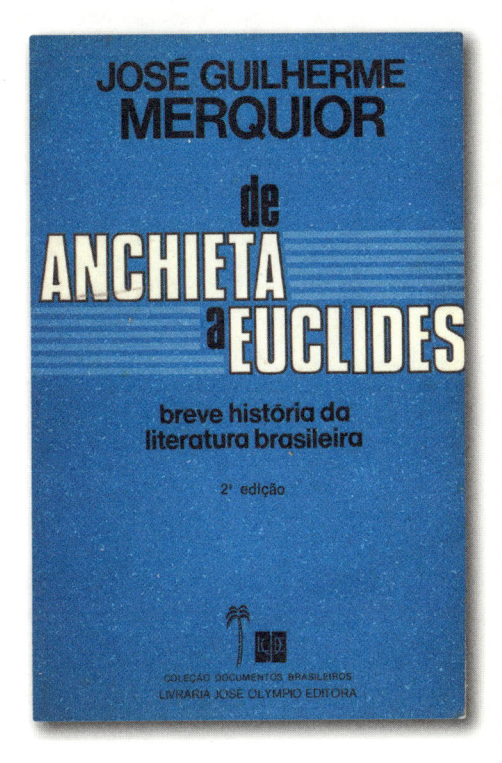

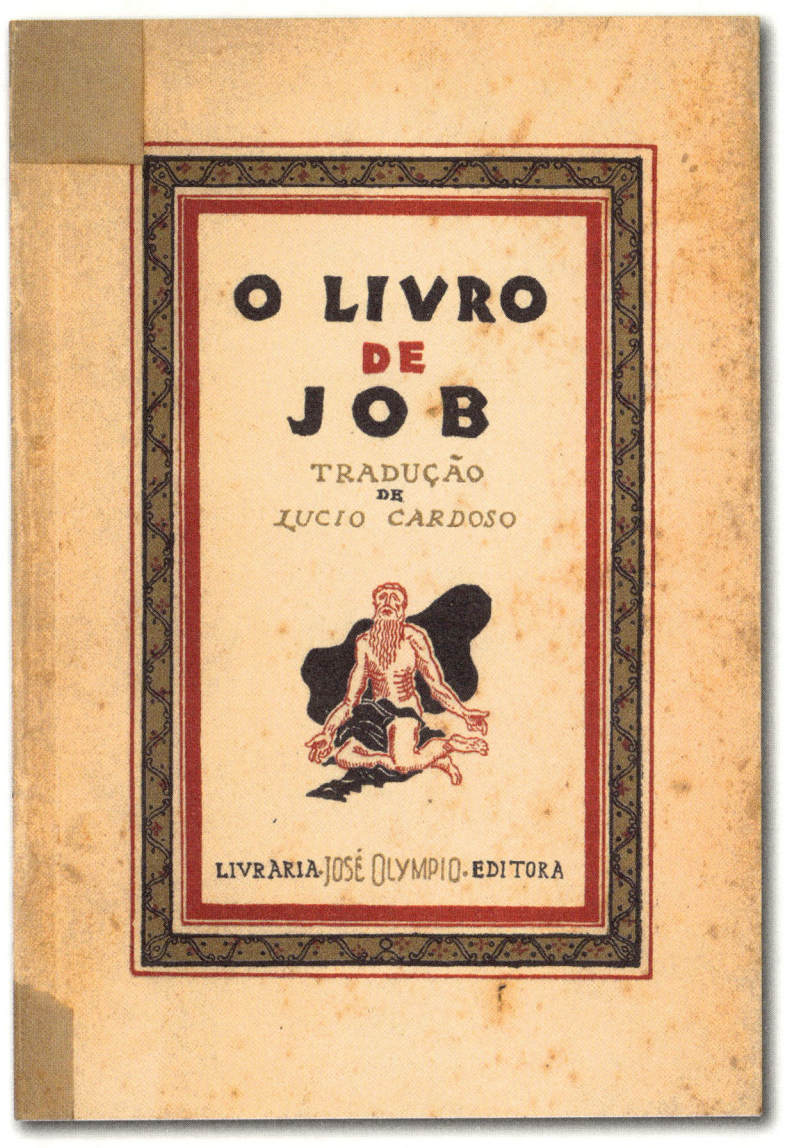

Projetos de Santa Rosa criados para coleções da José Olympio, como a Rubáyát, foram utilizados por vários outros artistas, muitas vezes sem a atribuição de autoria, como é o caso de O Livro de Job.

abria, como é o caso de *O Vento da Noite*, poemas de Emily Brontë traduzidos por Lúcio Cardoso. Este volume trouxe, além da capa, cinco ilustrações de Santa Rosa. Uma delas foi reproduzida, em tamanho reduzido, na quarta capa e, para a capa propriamente dita, o artista trouxe uma ilustração que procurava sugerir o clima do livro e traduzir seu título, ao compor uma noite tempestuosa com elementos simples: a lua e duas estrelas com um fundo negro desenhado com a mesma técnica utilizada na quarta capa para sugerir a ventania.

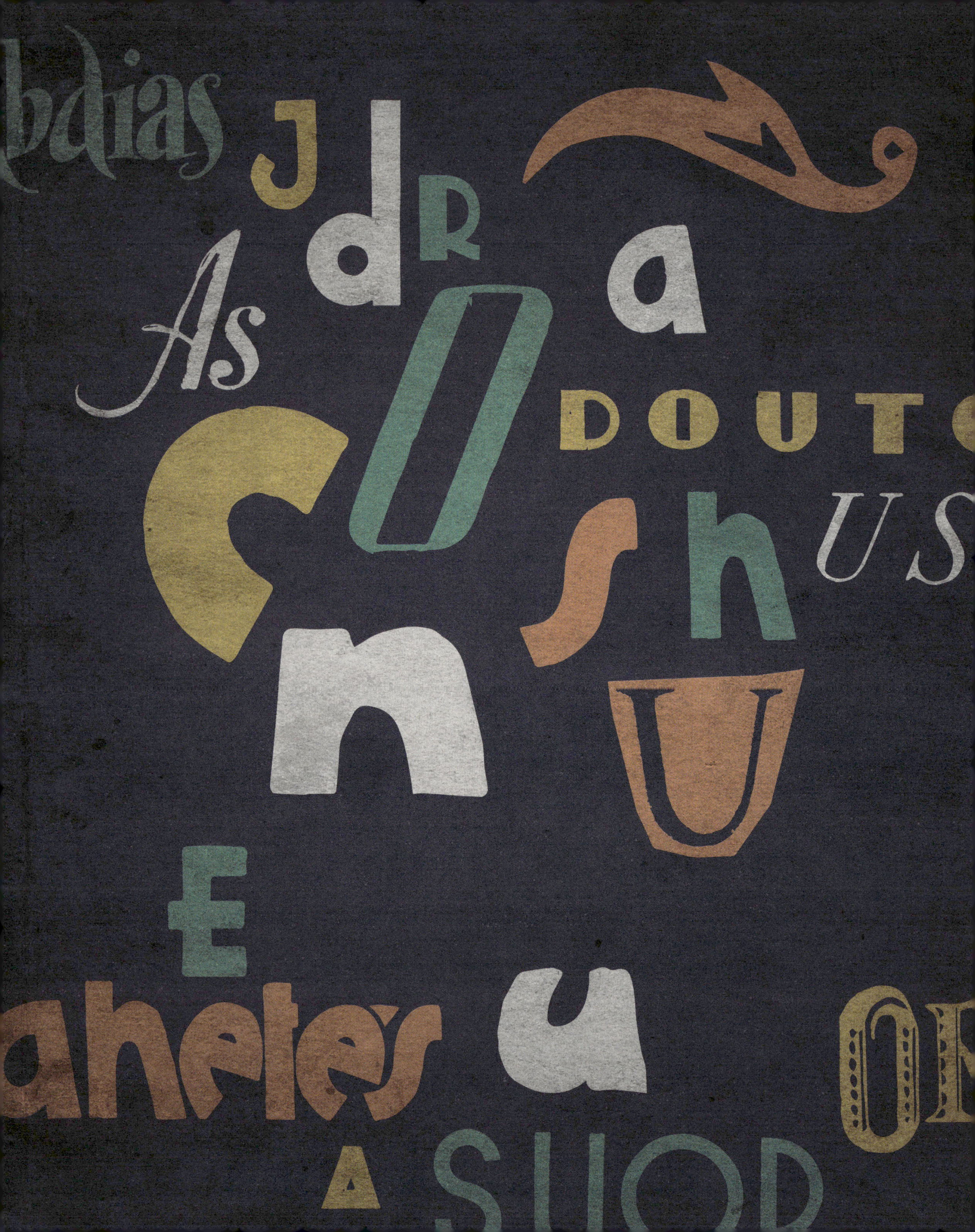
bdias
J
dR
a
As
DOUTO
US
c
O
s
h
n
U
E
anetes
u
OF
A
SUOR

4. ALGUNS LIVROS TRADUZIDOS E MAIS DUAS COLEÇÕES

No final da década, a José Olympio começa a investir mais fortemente na publicação de ficção traduzida, incluindo ficção contemporânea "séria" – ou seja, diferente dos romances de aventura que já vinha publicando – e alguns desses novos lançamentos teriam capas de Santa Rosa. A. J. Cronin é o autor que dá início a esse movimento editorial (algo casualmente, a julgar pelo depoimento de Genolino Amado, tradutor do primeiro desses lançamentos, *A Cidadela*)[1], e que seria um dos grandes sucessos editoriais da José Olympio nas décadas seguintes. A princípio, não se criará uma coleção, e talvez exatamente por isso esses lançamentos deram ensejo a experiências que tiveram impacto sobre os projetos futuros do artista. Em fevereiro de 1939 é lançado esse primeiro livro de Cronin, exatamente o que traz a capa de Santa Rosa que mais circulará – reimpressa muitas vezes, vários anos seguidos (a décima edição é de abril de 1950), com eventual modificação de cor, como acontece já no ano de lançamento, em maio, na terceira edição.

Trata-se de uma capa de *best-seller*, e o artista a trata como tal, procurando uma solução mais chamativa, mas sem abrir mão de produzir uma imagem-síntese do romance. Assim, para chamar a atenção, o recurso é o de empregar cores fortes – o verde e o laranja numa versão, o vermelho e o azul em outra – e, para dar conta do dilema central do livro – a medicina e seu caráter humanitário ou financeiro –, um desenho que deixa qualquer sutileza de lado, com sua representação direta obtida com a confusão bastante deliberada que faz entre as serpentes entrelaçadas, símbolo da medicina, e o cifrão a que se reduz sua sombra.

Detalhe interessante nesse lançamento é que se trata da primeira vez que Santa Rosa usará o formato maior, aquele de *Raízes do Brasil*, para um livro de ficção. Esse formato só se firmará para esse uso na José Olympio na segunda metade da década de 1940.

O segundo livro de Cronin editado pela José Olympio voltará ao formato menor, o mesmo dos romances brasileiros: *Sob a Luz das Estrelas*. Trata-se de uma

1. Ver o prefácio de Genolino Amado para o livro, reproduzido em diversas edições.

Capa de Raul Brito para um dos primeiros volumes da coleção Fogos Cruzados, em 1941.

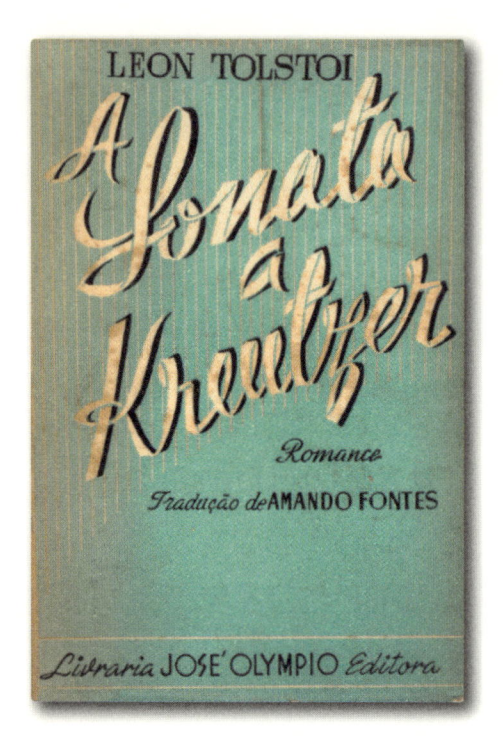

bela capa, em que o azul-claro serve de fundo tanto para o conjunto da capa quanto para a ilustração, com suas estrelas amarelas. A ilustração, à primeira vista, é algo lírica, constituindo uma espécie de tradução visual do título em português. Depois de lermos o romance, nos damos conta de que não é apenas isso. Trata-se de uma história de trabalhadores nas minas de carvão que centra seu enredo em dois mineiros: um desonesto, que vence na vida, e outro que, entrando na política com sérias intenções de melhorar as condições de trabalho nas minas, exatamente por essa boa vontade acaba derrotado e voltando ao trabalho perigoso e insalubre. A figura tão jovem, que olha para cima, é na verdade o jovem idealista cujos sonhos serão esmagados pela exploração econômica e pelos arranjos políticos. Quanto ao *layout*, a mesma disposição dos elementos, apenas com outro tratamento de cor, e uma inclinação do título, encontra-se em outro volume traduzido, *Doutor, Aqui Está o seu Chapéu*, de Joseph Jerger.

Em 1940, toda uma série de romances de Cronin é lançada. O primeiro, publicado em fevereiro, é *O Romance do Dr. Harvey Leith*. A peculiaridade de sua capa é a completa ausência de ilustração. Será também o último romance de Cronin publicado no formato utilizado para a ficção brasileira. Os outros três lançamentos desse autor no ano, *Os Três Amores*, *A Família Brodie* e *Noites de Vigília*, fixam a utilização do formato maior – e posteriormente a José Olympio faria uma coleção em capa dura, também várias vezes reimpressa, que manteria esse formato maior. Em todos eles, a intenção de chamar a atenção parece ainda bastante presente, por meio de recursos diferentes. No primeiro, é aquele terrível azul de fundo e uma tipologia excessivamente enfeitada no título, fora dos hábitos de Santa Rosa – ainda que relativizada pela bonita ilustração. No segundo, as cores e a tipologia são mais discretas, o que apela ao leitor é a ilustração. No último, somente a mistura e o tamanho dos tipos utilizados cumprem essa função.

No mesmo ano, a José Olympio lançaria uma coleção de ficção traduzida, a Fogos Cruzados, que reuniria autores clássicos, como Jane Austen e Tolstoi, e contemporâneos como Remarque e Sinclair. Curiosamente, não se fixaria nem um formato nem um projeto de capa para essa coleção. Inicialmente, seus volumes vinham no formato utilizado para os autores brasileiros e com capas sem ilustrações. Mas nos anos seguintes elas seriam ilustradas por diferentes artistas – a terceira edição do primeiro volume, *Orgulho e Preconceito*, em 1944, teria capa de Luiz Jardim, por exemplo.

Santa Rosa desenharia algumas capas para ela: *A Letra Escarlate*, de Nathaniel Hawthorne (1942), *Sangue e Volúpia*, de Vicki Baum (capas em cores diferentes para as edições de 1943 e 1944), *Grande e Estranho É o Mundo*, de Ciro Alegria (1944), *O Processo Maurizius*, de Jacob Wasserman (1946). Para cada uma dessas capas, aproveitando-se da ausência de um projeto único, o artista dará um tratamento diferente. Em *Grande e Estranho É o Mundo*, por exemplo, assim com em *Até um Dia, Meu Capitão* (1942), fará uso da ilustração colorida que abandonara em 1934 e só retomaria em alguns trabalhos dos anos 50, como a capa de *Lampião*, de Rachel de Queiroz.

Outro foi o caso da coleção de biografias e autobiografias lançada em 1940, O Romance da Vida, que manteria um *layout* de capa fixo (que incluía a lombada). É difícil ter certeza acerca da autoria desse *layout* (a capa do primeiro volume lançado, *A Coroa Fantasma*, era assinada por Raul Brito), mas é provável que seja de Santa Rosa, já que não é difícil encontrar semelhanças entre ele e o de *A Família Brodie*, de A. J. Cronin, com o uso da ilustração grande emoldurada – a diferença fica por conta do acúmulo de texto na parte superior, permanecendo isolada embaixo a indicação da casa editorial. Adicionalmente, Santa Rosa desenhou várias capas para ela. Aqui também a ilustração por vezes era mais grosseira, se é que cabe o termo, como é o caso da que aparece em *Minha Vida*, de Isadora Duncan, de 1940, e *Einstein, o Criador de Universos*, de H. Gordon Garbedian, de 1942.

Mas noutras vezes, como em *A Vida de Eleonora Duse* (1942), de Max Reinhardt, a ilustração é bastante sóbria e delicada. Também de 1942 é a capa da autobiografia do espião Jan Valtin, *Do Fundo da Noite*, que foge do *layout* geral da série. Trabalhando a partir da estética dos cartazes de filmes, o artista tira grande partido do preto, recortando a figura do espião com um reticulado do preto de fundo – exatamente o fundo da noite, da qual vem o tal espião. O detalhe da mão segurando a bomba, num belo traço que fica entre a representação realista e o desenho animado – de onde parece vir aquela bomba redonda –, completa essa que é uma das mais bem resolvidas capas de Santa Rosa.

No final da década de 40 as capas da Fogos Cruzados, como a de *Orgulho e Preconceito* desenhada por Luiz Jardim aproximavam os romances estrangeiros dos brasileiros publicados pela José Olympio, com seu fundo branco, título em cor e ilustração abaixo do título.

O d
ntos É João
 Bernardo
a Qué
 D o
Rosa Rubáiyát Suor
eiroa U

5

O ano de 1939 foi o mais ativo na carreira de Santa Rosa como capista. Foram 37 capas, 26 delas para obras de ficção brasileira da José Olympio que utilizavam o já consagrado *layout*. No ano seguinte, sua atuação seria muito diferente, já que faria seis capas para a coleção Os Romances da Vida, e o mesmo número para livros de ficcionistas brasileiros para a José Olympio: *A Vida Continua*, de Oliveira Ribeiro Neto, lançado logo em janeiro, e os demais no final do ano apenas, as novas edições de três romances de José Lins do Rego, *O Moleque Ricardo*, *Pureza* e *Usina*, saídos em outubro e novembro, *O Desconhecido*, de Lúcio Cardoso, e a segunda edição de *A Sucessora*, de Carolina Nabuco, ambos saídos já em dezembro.

Na verdade, o projeto tão bem-sucedido para os romances brasileiros da José Olympio em seus primeiros anos estava sendo aposentado – sairia de cena exatamente no lançamento de janeiro, a mais descolorida das suas versões. No mês anterior, fechando os anos 1930, havia saído *A Mulher Obscura*, de Jorge de Lima, com uma das mais belas ilustrações para uma capa de livro feita por Santa Rosa, que pareceu ter a intenção de captar, nas feições clássicas de uma mulher, a procura incessante do protagonista do romance por suas origens, que passavam pela busca do elemento feminino, da bem-amada, figura emblemática não apenas neste romance, mas em toda a obra desse período do escritor alagoano.

Na nova década, o formato para os autores brasileiros se manteria, mas o *layout* geral da capa mudaria. O que chama a atenção no novo projeto, em primeiro lugar, é a ausência de cor, presente agora apenas nas letras do título. O branco do papel é o que domina a composição. Além disso, a ilustração aparece mais livre, sem a moldura reta que a circunscrevia no projeto anterior – e isso acarreta também uma liberdade maior de dimensões, maiores no livro de Lúcio Cardoso, menores nos de José Lins e de Carolina Nabuco.

NOVA DÉCADA, NOVO PROJETO PARA O ROMANCE BRASILEIRO

Capa não assinada de obra de não-ficção desenhada a mão, mas sem ilustração, publicada pela José Olympio na década de 1930.

É um modelo ainda mais sóbrio – e também menos característico. Por isso é mais difícil a tarefa de rastrear suas origens. Pode-se entendê-lo como uma espécie de variação ilustrada – e sem o emprego de moldura – do modelo tipográfico dominante entre nós no início dos anos 1930. Há mesmo algumas capas da José Olympio, não ilustradas, ainda que desenhadas à mão, que podem ser vistas como uma espécie de anteprojeto do novo modelo. São trabalhos não assinados, como a capa de *Cristo e César*, de Octávio de Faria (1937), muito parecida com a de um livro de 1941, *Pierre Laval*, de Henri Torrès, assinada por Santa Rosa, assim como é a de uma outra, ainda dos anos 30, *Um Olhar Sobre a Vida* (1939), de Genolino Amado, que, aliás, pela cor de fundo, vai fazer lembrar um projeto posterior da José Olympio. Em todos esses casos, parece faltar apenas a ilustração para que tenhamos as capas dos anos 1940.

Por outro lado, podemos ver semelhanças grandes com outras capas, de outras editoras. É bem o caso dos dois romances de Luís Martins lançados pela Schmidt: *Lapa* (1936) e *A Terra Come Tudo* (1937). Neles, a disposição dos elementos é praticamente a mesma, com a única diferença de a dimensão dos tipos empregados no nome do autor e no título fazer com que a ilustração surja na parte inferior e mais horizontalizada do que a das capas de Santa Rosa.

No interior do trabalho do artista, esse modelo parece ter sido longamente gestado. A capa de *Raízes do Brasil* – e de toda a coleção Documentos Brasileiros –, elaborada em 1936, apesar do formato maior, tem o mesmo predomínio do branco do papel e a mesma disposição dos elementos – nome do autor, título, cuja cor variava, ilustração (neste caso, fixa, a palmeirinha), a identificação da editora ao pé.

No ano seguinte, 1937, ele desenharia sua primeira capa para a Pongetti, a do romance *O Dezessete*, de Eudes Barros, que, exceto pela dimensão maior da ilustração, a atravessar todo o espaço horizontal e quase todo o vertical disponível entre o título e o nome da editora, apresenta a mesma disposição de elementos e formato que encontraríamos no novo projeto.

Voltando ao *layout*, em 1938 o artista assinaria a capa – e as ilustrações – de uma edição de autor, *Escada da Vida* de Benjamin Silva, um outro livro em que também se faz uso do fundo branco, remetendo ao projeto dos anos 1940, ainda que com a inversão de posição entre a ilustração, que aqui aparece logo abaixo do nome do autor, e o título, que fica mais abaixo.

Essa mesma disposição aparecerá em três livros de 1939: *Doutor, Aqui Está o Seu Chapéu* e *Sob a Luz das Estrelas*, já mencionados, e *Olha para o*

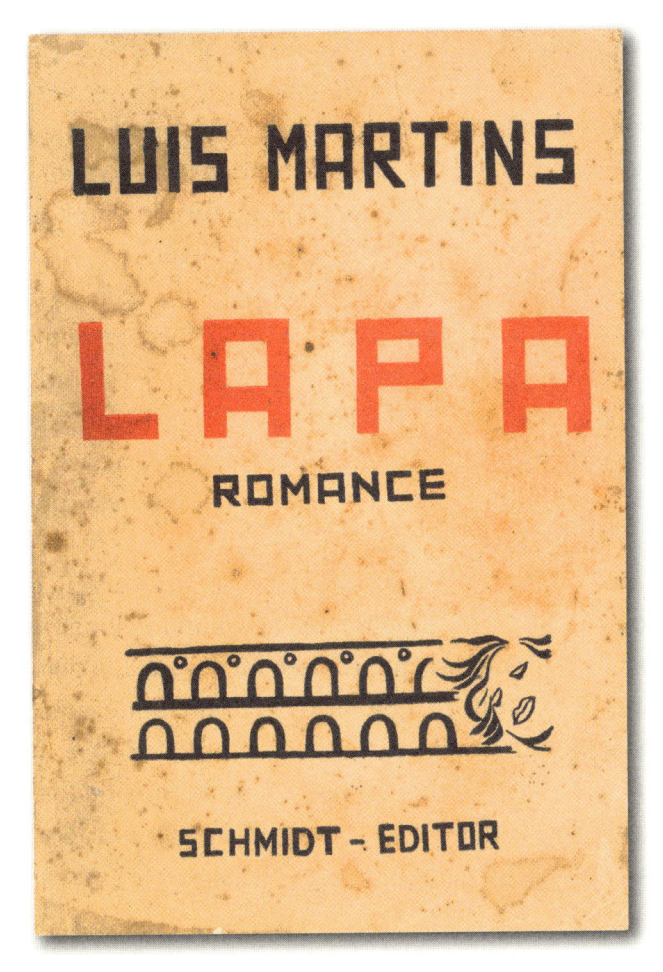

O projeto de Santa Rosa para capas de livros de literatura brasileira da José Olympio nos anos 40 guarda semelhanças com capas não assinadas destes dois romances publicados pela Schmidt na década de 1930.

Céu, Frederico!, de José Candido de Carvalho, para a Vecchi. Nestes livros se vê claramente um movimento que nasce do segundo projeto da década de 30, já que a ilustração ocupa espaço semelhante – apenas sem a moldura nos novos livros – tanto em suas dimensões quanto em seu posicionamento. Para não falar em *História da Civilização Europeia*, de Charles Seignobos, onde a ilustração, um mapa, prescinde da moldura mas se mantém num espaço retangular semelhante ao de *Cangerão*, por exemplo. É ainda nesse encerramento dos anos 1930 que o projeto novo aparece enfim na José Olympio, mas não para obras de ficção, nas capas de *História Literária de Eça de Queiroz*, de Álvaro Lins, livro de crítica, e de *A Sombra do Mundo*, de Odorico Tavares, coletânea de poemas.

Essas especulações todas interessam menos como explicação dos caminhos precisos por que passou Santa Rosa, coisa impossível de se estabelecer, e mais para atentarmos na inquietação do artista e no variado uso que ele faz de um número afinal de contas reduzido de elementos.

Até porque, se fizermos um outro exercício, que nos desvie a atenção do uso da cor, podemos entender o projeto dos anos 1940 como uma pequena variação do que o precedeu, nos anos 1930. O exercício é o de comparar as capas das três primeiras edições de *Pureza*, de José Lins do Rego.

Na primeira edição, de 1937, estamos dentro do projeto iniciado com *Banguê* e *Menino de Engenho*. A única diferença é que o título aparece numa segunda cor, vermelho, e não em preto. Na segunda edição, de 1940, estamos no projeto dos anos 40. Postas lado a lado, fica claro que a disposição dos elementos é a mesma. O que fica faltando é a cor – azul claro neste caso – emoldurada pelo branco. A falta da moldura leva a uma decorrência que é a possibilidade, se não a necessidade, de espalhar um pouco mais, verticalmente, os elementos, de forma que o nome do autor fica mais acima e o da editora, mais abaixo em relação à primeira edição. Quando olhamos a terceira edição, percebemos claramente que ela não foi desenhada pelo artista, mas sim aproveitada pela editora, que retira a cor de fundo, sobe o nome do autor, baixa o da editora e troca a indicação "Romance", feita à mão, por uma tipográfica, acrescida da informação de que se trata da terceira edição. Essa operação abre espaço para uma nova interpretação, a de que Santa Rosa tenha feito apenas uma variação de seu projeto inicial para a José Olympio.

O que o artista criou com esse novo modelo foi algo ainda mais versátil que o anterior. Nos anos em que foi usado, além da cor utilizada no título, variaram a forma, a técnica e as dimensões da ilustração, além do tamanho e do tipo escolhido para identificar autor e título. Esse modelo também possibilitou uma nova brincadeira com um procedimento das capas da José Olympio ainda antes da colaboração de Santa Rosa, ou seja, a diferença de tipo com que aparece o nome "José Olympio" e as palavras "Livraria" e "Editora". Essa diferença seria marcada de variadas maneiras – tipos com serifa contra tipos sem serifa, tipos cursivos contra tipos de forma, corpo maior contra corpo menor, entre outros. Agora se repetirá frequentemente a cor do título no nome do editor.

Eventualmente, uma espécie de pequena subversão ao modelo ocorria, como é o caso da invasão da ilustração nos domínios dos créditos escritos, com aquele sol antropomorfizado que se vê em *O Visionário*, de Murilo Mendes. Em *A Escolha*, de Xavier Placer, uma rara brincadeira também acontece nesse projeto tão sóbrio, quando o artista coloca sua assinatura no interior da ilustração, como se fosse a identificação de uma mala numa estação de trem.

Talvez por sua sobriedade, que a aproxima da tradição francesa, foi utilizada, com variações, por muitas editoras. Nesse período Santa Rosa começa a se revezar mais frequentemente, na José Olympio, com outros artistas – inicialmente Luiz Jardim, que fará capas neste modelo, e nas décadas seguintes Poty e Darel, entre muitos outros.

O próprio Santa Rosa utilizou variações desse projeto tanto para uma coleção de teatro da Zélio Valverde, em 1945, quanto para livros da Pongetti, da Agir e de outras editoras. Além disso, na própria José Olympio esse *layout* não pertenceria apenas à ficção brasileira, sendo usado igualmente para livros de poesia e de crítica.

O trabalho do artista-leitor permaneceu o mesmo da década anterior. É possível, no entanto, que, para quem vê de hoje, num mundo em que impera a uniformidade visual, fique a impressão de que algo se perdia, já que não era mais possível identificar de longe o lançamento de um ficcionista por aquela casa.

A decisão de uniformizar o que quer que fosse, no entanto, não era prioridade naqueles dias. Exemplo disso é a coleção Fogos Cruzados, que teria livros nos dois formatos indistintamente, com títulos anunciados e depois agrupados em outras coleções – como o caso das obras de Dostoiévski, anunciadas desde o lançamento da série e afinal constituindo uma coleção própria em 1948, ou outros, lançados fora da coleção, depois incorporados a ela e, ainda mais tarde, integrados a outra série, como é o caso dos romances de A. J. Cronin. Assim, o novo *layout* teria vida longa para a literatura brasileira, ainda que passasse a dividir espaço com um outro – na verdade, uma variação dele.

Em dezembro de 1944, Octávio de Faria publicaria *O Anjo de Pedra*, quarto volume da *Tragédia Burguesa*. Os dois anteriores, *Os Caminhos da Vida* (1939) e *O Lodo das Ruas* (1942), eram romances caudalosos que apareceram em dois tomos, sempre com capas individuais desenhadas por Santa Rosa. Mas no caso deste quarto volume, a opção foi outra, e o livro saiu num único tomo de quase setecentas páginas, em formato maior, constituindo-se no primeiro romance de autor brasileiro da José Olympio publicado no mesmo formato empregado na ficção estrangeira e nas biografias. Sua capa seria uma adaptação do projeto com fundo branco para aquele formato maior.

Dois anos depois, em janeiro de 1947, seria a vez da publicação da ficção reunida de Graciliano Ramos em cinco volumes uniformes: *Caetés, S. Ber-*

Capa de Luiz Jardim desenhada segundo projeto de Santa Rosa dos anos 40.

nardo, *Angústia*, *Vidas Secas* e *Insônia*. Todas as capas seriam de Santa Rosa, que utilizaria o formato maior, o mesmo de *O Anjo de Pedra* e dos romances estrangeiros e biografias. Além do tamanho, a diferença em relação ao projeto que abriu a década está no abandono do fundo branco, trocado por uma cor pastel de fundo. Nos romances de Graciliano Ramos o artista usaria tons de amarelo-claro, creme e bege. As últimas capas de Santa Rosa para a José Olympio, em 1954, seriam nesse modelo, com o amarelo-claro e o verde de fundo. O que o artista variaria nesse *layout* seria a técnica do desenho. Embora jamais abandonasse o bico de pena, em livros como *Tempo de Espera*, de Ricardo Ramos, *Assunção de Salviano*, de Antonio Callado, e *Cabra-Cega*, de Lúcia Miguel Pereira, usaria outras técnicas.

Nesses oito anos, embora tanto o projeto do início da década – são quatro títulos nesse período, o último deles o romance *O Pequeno Burguês*, de João Calazans – quanto o modelo das obras de Graciliano Ramos continuassem em uso, sendo mesmo utilizado por outros artistas, a José Olympio apostou no contrário da uniformidade. Muitas capas teriam tratamentos diferentes de cor e de *design*. É assim que a capa da terceira edição de *Sagarana* se afasta muito da de *O Labirinto de Espelhos*, de Josué Montello, ou da de *O Herói Imperfeito*, de Nelson Tabajara, para ficar somente em alguns exemplos.

vida Cesar

angue ODE OUI

RVBÁIY

Dezesete

DA

Joh

6

TANTAS EDITORAS

Faz sentido olhar a trajetória de Santa Rosa partindo de sua colaboração com a José Olympio, mas não faria sentido ficar restrito a ela. A atuação do artista foi bastante variada e pode contar uma fatia importante da história do livro no Brasil. É mesmo provável que, para todas essas editoras, ou pelo menos algumas delas, haja outras capas de Santa Rosa, que não foi possível localizar por enquanto.

Com a editora Pongetti, por exemplo, sua colaboração foi muito longa, de 1937 a 1955. Ali ele tanto foi contratado para desenhar a capa de um só volume de uma grande coleção, como é o caso de *A Revolta dos Anjos*, como de um livro de tiragem pequena, como *Sentimento do Mundo*. Um de seus mais belos projetos, o do volume ilustrado de contos de Francisco Inácio Peixoto, *Dona Flor*, também saiu por aquela casa.

Na década de 1940 teve colaborações frequentes com editoras efêmeras, mas que marcaram a história do livro no Brasil. A mais numerosa delas, decerto fruto da camaradagem, foi com a editora Ocidente, de Adonias Filho: são pelo menos dez capas entre 1943 e 1944. Além de editar bons autores brasileiros, a Ocidente publicou uma série de traduções pioneiras, daquelas que, décadas depois, outros editores anunciariam como "a primeira" feita no Brasil. Fez também trabalhos importantes para a editora Leitura. É possível que suas capas mais feias, como a de *A Vida de Miguel Ângelo*, de Romain Rolland, tenham saído por essa editora, que insistia em usar um papel-cartão colorido sobre o qual parecia ser impossível imprimir uma boa ilustração – o que a capa de *Estrada da Liberdade*, de Alina Paim, prova não ser verdade. Mas foi também por ela que saiu um dos seus mais belos volumes ilustrados, as *Histórias de Alexandre*, de Graciliano Ramos. Para a Editora Panamericana fez uma bela capa para a tradução de *O Jogador*, de Dostoiévski.

Para a editora Mérito, que publicou as obras completas de Lima Barreto, naquela altura autor muito menos valorizado do que hoje, desenhou duas capas, que são leituras agudas dos romances. Seu Policarpo Quaresma é capturado no encarceramento, com uma expressão que nos faz lembrar, a um só tempo, pelos cabelos em desalinho, a loucura que tantos atribuem a ele, pelo olhar fixo e a testa enrugada, a indignação de quem se sente injustiçado e, pelo apoiar-se sobre o braço, o desânimo de quem percebe que não adianta lutar a boa luta. Já nas *Recordações do Escrivão Isaías Caminha* o protagonista aparece em posição secundária à direita, com as mãos pendendo e o olhar fixo no chão. A figura em primeiro plano escreve, mas não é o escrivão. Dessa maneira, o que Santa Rosa faz é dar concretude à marginalidade do protagonista, menino negro talentoso que não encontra lugar senão às custas da própria dignidade.

Na Zélio Valverde, em 1945, criou a maior parte das capas de uma coleção de teatro, que reeditaria as obras de Joracy Camargo e publicaria pela primeira vez uma peça de Lúcio Cardoso, *O Escravo*, que dois anos depois abriria os trabalhos do grupo *Os Comediantes*, definitivo para a criação de um teatro moderno no Brasil.

Para uma editora maior e mais conhecida, a Agir, criou um outro projeto de capa para autores brasileiros, que acabou tendo apenas dois volumes: *O Lustre*, de Clarice Lispector, e *Banana Brava*, de José Mauro de Vasconcelos. Nesse projeto, ele voltaria à cor chapada com margem branca, mas a cor cobre até mesmo o espaço da ilustração. Na capa de *Banana Brava* ele faria estampar um desenho de trabalhadores com a força dos que criara para *Cacau*, de Jorge Amado. Foi também para a Agir que desenhou a capa do primeiro romance de Ledo Ivo, *As Alianças*, com ilustração que traz um daqueles rostos expressivos com que ele foi capaz de dar ao leitor todo o clima de um livro.

Também um rosto feminino expressivo está na sua primeira capa para a editora A Noite, a da primeira edição de *Perto do Coração Selvagem*, de Clarice Lispector. Já na virada para os anos 1950, com *layout* semelhante, ele criará as capas dos novos romances da mesma Clarice Lispector, *A Cidade Sitiada*, de Cornélio Penna, *Repouso*, e, de Jorge de Lima, *Guerra Dentro do Beco*. Para este último, que tem um protagonista que é um pintor, criou uma ilustração de tratamento cubista que faz lembrar suas primeiras capas, já que ali se apresentam os elementos mais importantes do enredo, ao mesmo tempo que serve para tratar dos dilemas do artista moderno, também centrais no romance. É dele também o projeto de uma série de literatura estrangeira, a Coleção Stendhal, que ficaria nos primeiros volumes, de 1950. Uma das capas, a de *Etzel Andergast*, de Jacob Wassermann, traria mais um daqueles belos rostos femininos, enquanto a de *Judas, o Obscuro*, de Thomas Hardy, traz outro belo rosto, agora masculino, em agonia, como convém ao romance. Esta capa, aliás, seria reproduzida três décadas depois pela Editora Itatiaia, sem dar crédito ao artista.

Outra grande editora para a qual fez alguns trabalhos, sobretudo de ilustração, foi a Martins, de São Paulo. Para ela, elaborou um projeto para livros de ficção que, no entanto, teria apenas dois títulos, a obra coletiva *Brandão entre o Mar e o Amor*, e *Negra a Caminho da Cidade*, de João Pacheco. Ilustrou o *ABC de Castro Alves*, quando Jorge Amado passou a publicar seus livros ali, e dois volumes de uma coleção de clássicos ilustrados: a primeira edição em livro de *Casa Velha*, de Machado de Assis, e as *Reflexões sobre a Vaidade dos Homens*, obra do século XVIII, de Matias Aires.

No início da década de 1950 iniciaria novas colaborações, com editoras como O Cruzeiro, as Organizações Simões e a Revista Branca, além de outras pequenas ou que escondiam por trás de um nome edições de autor, como é o caso da Opama, cujo único título, aparentemente, é o romance *Uniforme de Gala* (1953), de M. Cavalcanti Proença.

Aquela que seria sua última capa talvez representasse um início de colaboração com uma editora que teria grande importância nos anos seguintes, a Civilização Brasileira. Esta última capa é única no conjunto do trabalho de Santa Rosa, de forma que sua carreira de capista se fecha confirmando a versatilidade e a capacidade de renovação do artista, bem como anunciando um futuro que, afinal, não se realizaria. *Café-Society Confidencial* reúne crônicas bem-humoradas de José Mauro, gênero que faria sucesso nos anos 60 com títulos como *Tratado Geral dos Chatos* (1962), de Guilherme Figueiredo, os livros de Stanislaw Ponte Preta e os de Leon Eliachar. Tanto na capa como nas ilustrações do miolo, Santa Rosa nos remete ao mundo das revistas de variedades e de moda. Na capa emprega pela primeira vez a colagem ao invés do desenho, numa composição que flerta com a arte abstrata nos planos enviesados que cria. As ilustrações, por sua vez, vão lembrar os traços dos cartuns da época, como o do *Amigo da Onça*, de Péricles, ou as ilustrações de Frederico Kikoler para o mencionado *Tratado Geral dos Chatos*.

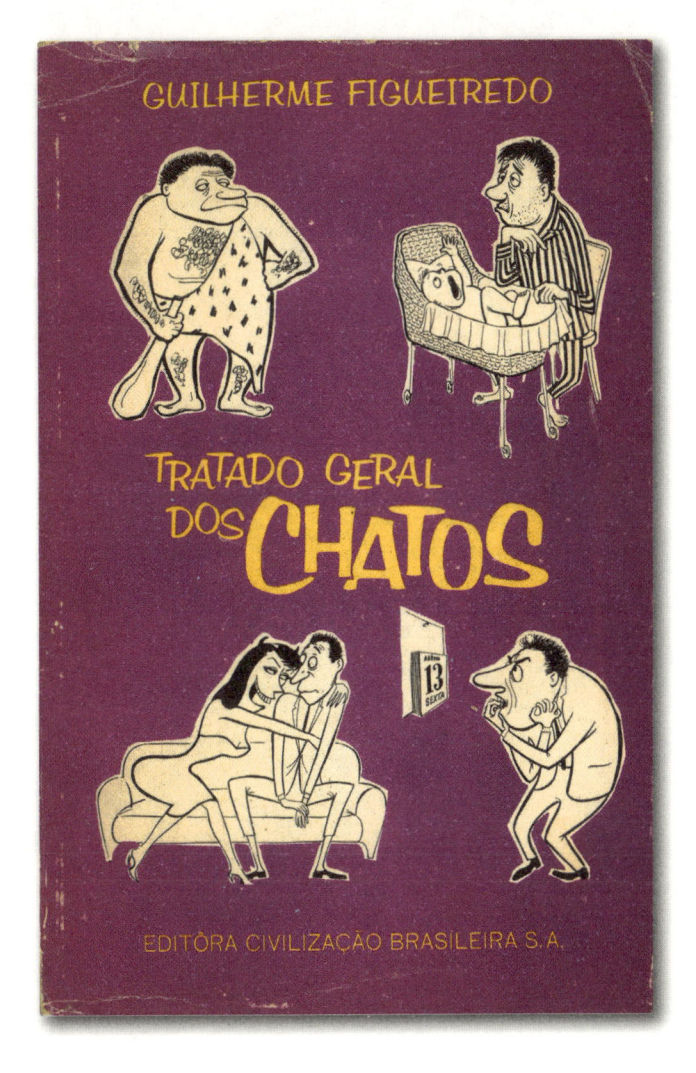

No último livro que ilustrou, Santa Rosa aproximou-se de um estilo muito utilizado em livros humorísticos no final da década de 60, o mesmo utilizado por Francisco Kikoler neste *Tratado Geral dos Chatos*.

As Jornadas da USR os É

7

O LEITOR

Dentre todas as qualidades de Santa Rosa como artista gráfico, a que mais se destaca é a sua capacidade de ler o texto e de apresentá-lo de forma a estabelecer um diálogo entre um leitor – o artista – e outro – o indivíduo que pega o livro para ler. É possível que alguém, como Paulo Mendes Campos, considere-o mau desenhista. Mas é muito difícil, depois de conhecer alguns títulos para os quais ele fez capa, dizer que suas ilustrações são banais como apresentação de um texto. Em suas reflexões sobre o papel do artista-ilustrador, Santa Rosa elegeria a leitura como a questão central do *métier*: "o seu primeiro problema, a par da aprendizagem do desenho e das técnicas gráficas, deve ser, sem dúvida, o não muito simples problema da cultura", "a ajuda do gosto literário é para o ilustrador o guia mais seguro"[1]. E é isso que distingue seu trabalho. Santa Rosa gosta do livro em todos os seus aspectos: enquanto objeto gráfico, é claro, mas sobretudo como texto.

Tendo participado, desde os tempos de Maceió, da vida intelectual brasileira, seu trabalho de criador de capas era evidentemente um modo de ganhar a vida, mas era também uma forma de participação direta na vida cultural e literária de seu tempo, além de representar uma modalidade de cooperação criativa com os confrades escritores. Vida profissional e camaradagem. No caso da literatura brasileira, mas não só, ler os livros para desenhar-lhes uma capa era mais que uma tarefa feita por obrigação. A essa mistura de arte e amizade Otto Maria Carpeaux se refere em artigo famoso, ao definir Santa Rosa como "um artista fabuloso de grande cultura literária, homem que ignorava o uso do relógio", "mistura encantadora de talento, inteligência, coração e impontualidade"[2].

Nesse artigo, Carpeaux utiliza duas palavras que dão boa definição do seu procedimento em relação aos livros cuja capa desenhava: "sintetizar" e "condensar". Ele se refere sobretudo aos trabalhos feitos para a José Olympio, sem tratar daquelas primeiras capas, onde se vê uma liberdade de compo-

---

1. Santa Rosa, "Sobre a Arte da Ilustração", *Roteiro de Arte*, Rio de Janeiro, Ministério da Educação e Saúde, 1952, pp. 27 e 28.

2. Otto Maria Carpeaux, "Significação de SR", *Ensaios Reunidos*, Rio de Janeiro, Topbooks/UniverCidade, 1999, p. 636.

sição maior, que permitiu o uso de um conjunto de imagens capaz de trazer para a ilustração diferentes planos de uma narrativa. Como vimos, o estabelecimento de *layouts* mais ou menos fixos o levou a outro procedimento: o de escolher um plano, uma cena ou outro elemento que, em sua visão, captasse "a atmosfera espiritual em que se movem os ritmos, os sentimentos, os personagens, o clima que evoca suas situações íntimas"[3]. Ou seja: condensar ou sintetizar uma obra – para Carpeaux, toda a literatura brasileira de seu tempo. Acompanhar o que ele foi capaz de fazer nesse sentido é o que pode ajudar a estabelecer o lugar de proeminência que seu trabalho ocupa na cultura brasileira do século XX.

Algumas vezes, o artista parece fazer uma simples transposição do título. O caso mais curioso de todos, nesse sentido, talvez seja o de *Vidas Secas* (1938). O título inicial do romance, tirado de um de seus capítulos finais, já nas provas de impressão, era *O Mundo Coberto de Penas*. Todos os leitores do romance sabem que, nesse capítulo, as aves de arribação, que prenunciam uma nova seca, chegam às centenas até o lugar onde vivem Fabiano e sua família. São, portanto, bichos de pena que cobrem o mundo, e se confundem com a pena maior para os homens, numa ambiguidade que aponta para a situação sem saída que vivem. É como se o artista aproveitasse o poder de síntese do título em sua ilustração. Além disso, ao colocar em primeiro plano um homem forte, com uma arma na mão, e o céu ao fundo tomado por pássaros, faz uma síntese fiel do capítulo, que se constitui num grande solilóquio de um homem que, naquele momento, já deixara a seca para trás, estava em plena forma, mas é obrigado a lembrar das penas passadas ao projetar as futuras – daí sua posição meditativa. Dessa forma, embora presa de certa maneira ao título abandonado, a capa pôde permanecer a mesma. Na capa da segunda edição, a figura de Fabiano aparece magérrima, junto a uma baleia também magra, ainda próximos da seca que abre o livro.

Em *30 Anos Sem Paisagem* (1939), mais uma vez Santa Rosa fica próximo ao título, que remete a um longo tempo de vida na prisão. O mesmo acontece no livro de crônicas de Rubem Braga, *Um Pé de Milho* (1948), ou nos livros de contos *Cadeiras na Calçada* (1936), de Telmo Vergara, e *O Homem de Duas Cabeças* (1951), de Almeida Fischer. No caso deste último, é interessante comparar a solução de Santa Rosa com a bela ilustração feita por Oswaldo Goeldi para o conto-título da coletânea, que nos narra a história de um homem que nasceu com duas cabeças que, evidentemente, jamais estavam de acordo. No final de muitos desencontros, não lhe sobra alternativa além do

---

3. Santa Rosa, "Sobre a Arte da Ilustração", *Roteiro de Arte*, Rio de Janeiro, Ministério da Educação e Saúde, 1952, p. 26.

suicídio – e ainda assim, uma cabeça decide tomar veneno e a outra dá um tiro no ouvido. Goeldi faz, por assim dizer, uma gravura realista, em que de um tronco emergem duas cabeças, cada uma com seu pescoço. A de Santa Rosa é mais alegórica, seja pelo traço empregado, seja porque as cabeças não parecem necessariamente pertencer a um mesmo homem. O que ele prefere colocar em primeiro plano é a oposição entre as cabeças, pela posição e pela cor – uma é o negativo da outra – numa leitura que aponta menos para o enredo e mais para o problema da cisão do homem de nosso tempo, que o conto procura representar.

Alguém poderia perguntar se ao se fixar no título o artista na verdade não está simplificando seu trabalho, dispensando-se mesmo de ler o livro. É possível, mas não acontece sempre, e isso pode ser visto de maneira exemplar na capa de *Navios Iluminados* (1937), romance de Ranulpho Prata. Se fosse somente uma transposição preguiçosa do título, a capa já seria um exemplo de engenhosidade e técnica. O que forma o perfil de um navio, com suas duas chaminés e dez escotilhas, são linhas brancas sobre fundo preto. Também estão visíveis, pelo mesmo processo, as ondas, que ficam menos visíveis quanto mais distantes do navio. No céu ao fundo, as estrelas são pontos minúsculos, quase invisíveis, postas ali para que possamos perceber claramente que a fonte de luz por excelência neste desenho é o próprio navio, iluminado, portanto, como pede o título. Mas aí fica a pergunta: por que só um e não vários, já que o título é no plural? E essa resposta, só a leitura do romance pode dar. O livro conta a história de um rapaz que sai do Nordeste para tentar a vida como estivador em Santos. As mudanças em sua vida são marcadas por navios, que ele observa de longe – como nós avistamos o da capa – mas um de cada vez. Nas últimas páginas, quando o protagonista José Severino está para morrer, tuberculoso, é ainda um navio que ele vê, num quadro pendurado na parede do quarto miserável em que vive, a soma de todos os navios iluminados que vira antes: "seus olhos embaciados viram bem o veleiro crescer, agigantar-se, iluminando-se todo. E nele Severino partiu para sua última viagem..."[4]. É seguindo o romance que Santa Rosa desenha um barco iluminado. Não este veleiro final, mas um navio que, visto nos momentos de esperança ou de tristeza, havia pontuado a vida de Severino – sintetizando-a, portanto.

Às vezes a capa remete à outra ponta, a cena final do livro. Esse recurso é interessante porque o leitor não tem ideia do que será o final, e pode passar toda a leitura se perguntando: "afinal, o que é aquilo na capa?" As quatro primeiras edições de *Os Corumbas*, um dos grandes sucessos da década

4. Ranulpho Prata, *Navios Iluminados*, Rio de Janeiro, José Olympio, 1937, p. 251.

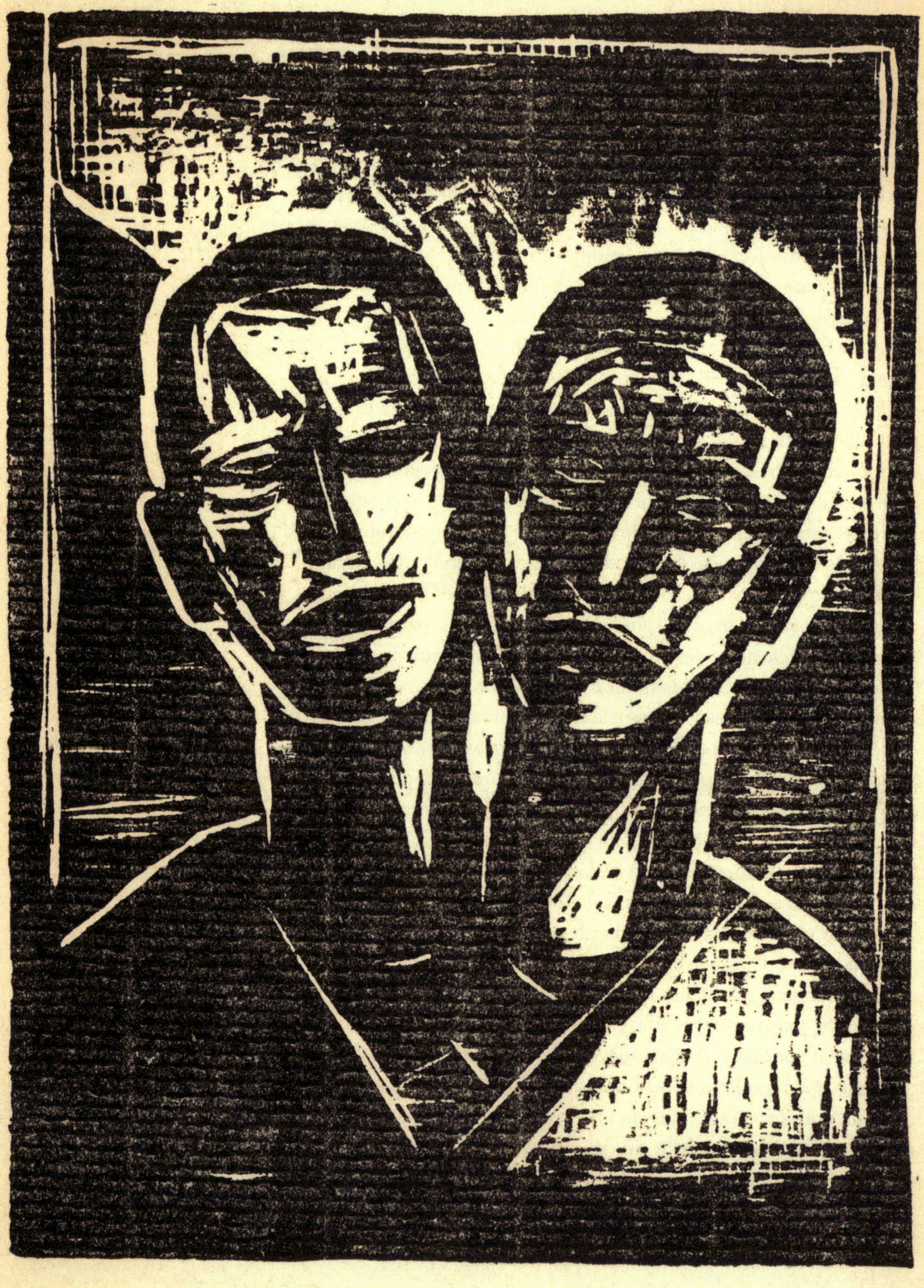

de 1930, não traziam ilustração. Santa Rosa, portanto, foi o primeiro artista a criar, em 1935, uma imagem-síntese do livro, que culmina no sofrimento de um casal que, depois de ir do interior para Aracaju, vê o filho ser preso, as filhas prostituídas uma a uma, enfim, as esperanças convertidas em sofrimento. O capítulo final do romance, de grande força lírica, nos mostra Geraldo e Josefa, depois de tudo, esperando o trem que os levará de volta ao sertão. Nas feições endurecidas de um homem e de uma mulher, Santa Rosa nos mostra todo o movimento do enredo. Na capa de *Planalto* (1939), romance de Flávio de Campos, vemos um rapaz desfalecido numa poltrona, dentro de casa. Precisamos ler todo o livro para saber que aquele rapaz, o talentoso Lauro, se mata. Na verdade, a capa vai além do final do romance, já que nos mostra morto um homem que, nas últimas linhas do livro, "fixou a vista no porta-retrato, e ficou a olhá-lo de longe, muito de longe, através da nuvem que veio vindo, veio vindo, veio vindo..."[5]. Também o suicídio de Elza, que fecha *Riacho Doce* (1939), de José Lins do Rego, é o que aparece na capa, e não o idílio entre a sueca e o pescador nordestino que se tornaria a marca popular desse romance em suas adaptações para o cinema e a TV – muito embora os seios à mostra da figura feminina, para quem ainda não leu o livro, possam sugeri-lo.

Mais intrigante é a capa da primeira edição de *Caminho de Pedras* (1937), de Rachel de Queiroz. O romance trata de um grupo de ativistas de uma organização de esquerda em Fortaleza. Na militância, Roberto, que esteve por anos no Rio e vem organizar uma célula do partido, acaba conhecendo Noemi, moça casada com um ex-militante, agora desiludido. Luta política, conflito amoroso, separação dolorosa de um homem e uma mulher que se respeitam, vida dura de uma mulher separada, morte do filho, prisão. Nada disso aparece na capa, só uma mulher grávida sozinha numa rua de pedra, que saberemos ser a própria Noemi nas últimas páginas, depois da prisão de Roberto, que a lança em situação financeira difícil. O drama aqui não é o da morte, o do fim, mas o da continuidade da vida, com as dificuldades de um tempo de obscuridade e de esperança como o entreguerras. É para esse drama que Santa Rosa chama a atenção do leitor.

Curiosa nesse sentido é a capa de *O Agressor* (1943), de Rosário Fusco, que faz uma espécie de curto-circuito entre o título e o desfecho. A ilustração mostra apenas um punho, à direita, e vários rostos, à esquerda. Quem via o livro na livraria poderia imaginar que veria alguém agredindo os outros todo o tempo. Mas o que essa ilustração faz é nos mostrar o momento

PÁGINA ANTERIOR
Ilustração criada por Oswaldo Goeldi para o livro *O Homem de Duas Cabeças*, de Almeida Fischer.

5. Flávio de Campos, *Planalto*, Rio de Janeiro, José Olympio, 1939, p. 392.

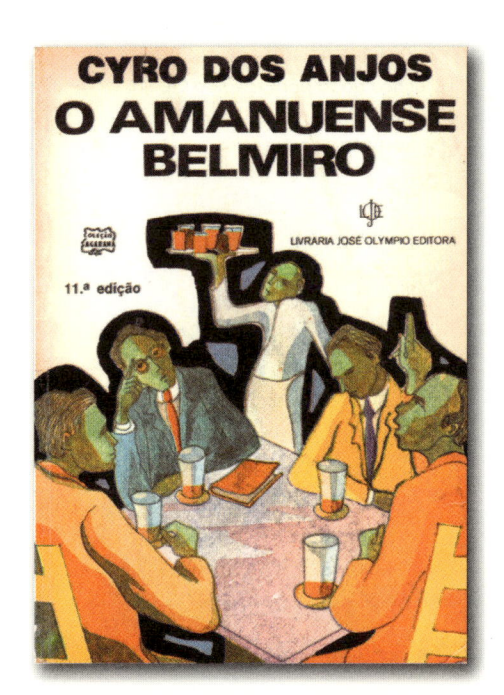

Capa para *O Amanuense Belmiro* criada por Guimarães Vieira nos anos 80.

culminante do romance, seu parágrafo final: "Calmamente, então, David fechou a porta com a chave. E, ao fazê-lo, a senhoria pôs-se a gritar. Mas era tarde: como se executasse algo premeditado há séculos, David começou a esmurrar, no rosto da proprietária, todas as caras – de homens, mulheres e crianças – que conhecia"[6].

Em outros livros, o artista escolhe uma outra cena, não a final, que condense o sentido geral do livro. O romance *O Amanuense Belmiro* teve, já nos anos 80, uma bela capa colorida de Guimarães Vieira, que apresenta o livro com sua cena de abertura, a de um grupo de amigos reunidos em torno de uma mesa de bar, com um garçom a pique de servir uma nova rodada de chope. Lembre-se que seu parágrafo de abertura é o seguinte: "Ali pelo oitavo chope, chegamos à conclusão de que todos os problemas eram insolúveis. Florêncio propôs então o nono, argumentando que esse talvez trouxesse uma solução geral. Éramos quatro ou cinco em torno de pequena mesa de ferro no bar do Parque"[7].

A capa da segunda edição, desenhada por Santa Rosa em 1938, faz uma outra síntese. Ele localiza na obra uma outra cena e a transforma numa leitura global do romance. O que vemos ali é uma figura desengonçada e tristonha, com uma roupa – não uma fantasia – que remete a outros tempos, em meio a um baile de carnaval a céu aberto (veem-se os postes de iluminação ao fundo). Ele compõe um cordão, e a silhueta curvilínea que o conduz é apenas uma alusão a uma figura feminina que permanecerá, para o leitor, assim como para Belmiro, apenas um vislumbre. Essa mulher que não vemos é a jovem em quem ele projetará a figura feminina ideal do passado. Nessa cena, o eixo sobre o qual todo o romance se estrutura se apresenta. Belmiro é um homem desejoso de mergulhar no presente, do qual se protege o tempo todo, refugiando-se no passado. Ou seria o oposto? Assim como em sua forma de projetado livro de memórias que se transforma num diário, a presença de Belmiro na festa pode ser vista como uma síntese dessa sua ambivalência insolúvel. Não é à toa que essa imagem por muito tempo ficaria grudada ao livro. A capa da terceira edição, saída pela Saraiva em 1949, é um claro decalque da de Santa Rosa – e a da tradução publicada no México em 1954 segue pelo mesmo caminho.

Um romance sem enredo central forte, na verdade composto por uma série de quadros de vidas de prostitutas, como *Rua do Siriri* (1937), de Amando Fontes, é ideal para esse tipo de procedimento. E Santa Rosa traz para a capa não mulheres participando da alegria dos bordéis, mas sim compondo

---

6. Rosário Fusco, *O Agressor*, Rio de Janeiro, José Olympio, 1943, p. 245.

7. Cyro dos Anjos, *O Amanuense Belmiro*, 11. ed., Rio de Janeiro, José Olympio, 1980, p. 5.

A ilustração feita por Santa Rosa para a segunda edição de *O Amanuense Belmiro* serviu de modelo tanto para a da terceira, de Guilherme Walpeteris, quanto para a edição mexicana, de Narro.

um cortejo fúnebre em que não se vê um único homem. O que a ilustração ressalta, sem fazer dramalhão ou discurso, é a solidão não da personagem morta, mas das vivas, unidas por um meio de vida que é encenado, no romance, como beco sem saída.

No livro de contos *João Urso* (1944), de Breno Accioly, temos outra escolha magnífica do artista. A narrativa que dá título ao volume trata de um rapaz esquisito, que ri inexplicavelmente nas situações mais inadequadas e termina isolado, internado mesmo em casa. Atravessam todo o texto referências a luzes – e ele se abre e se fecha com a imagem dos relâmpagos, vistos de longe. Uma das cenas em que a loucura de João Urso se manifesta acontece durante uma procissão, em que ele consegue levar a lanterna. Mas acaba tendo um de seus acessos: "João Urso, de lanterna em punho, ria à solta, tremia numa convulsão de estranho riso"[8]. A intervenção que Santa Rosa faz, um tipo de "infidelidade interpretativa" ao que se descreve no conto, é a de colocar João Urso sozinho, como se não houvesse procissão, e com isso, além da cena em si, ele dá concretude à condição de isolamento do personagem.

O protagonista de *Território Humano* (1936), romance de José Geraldo Vieira, vive numa espécie de redoma. Embora a situação dos pais seja complicada e ele seja criado pelos avós, sua vida toda se passa em ambientes tranquilos e até mesmo refinados. Forma-se em medicina, torna-se um escritor conhecido, vive um amor ideal. É claro que também sofre: com a perda das pessoas queridas, com a impossibilidade do amor ideal, com o vício do jogo que ameaça sua carreira. A ilustração da primeira edição, no entanto, não nos mostra nada disso. O que vemos ali são dois cavalos, uma roda fora do eixo e um homem jogado ao chão. Quando lemos o romance, precisamos chegar perto das cem páginas – afinal uma fração do total de mais de seiscentas – para encontrarmos a cena escolhida por Santa Rosa para sintetizar o livro. A primeira coisa que chama a atenção é que ela não acontece com o protagonista nem com algum personagem cujas ações incidam diretamente em sua vida. É um pequeno episódio que envolve um mendigo que não aparecerá mais na narrativa. E o que poderia haver de significativo nessa cena? Duas coisas. Em primeiro lugar, o contexto em que ela aparece. A casa em que José vive com os avós tem uma saída que dá para um morro. Nesse morro, há um túnel, que representa, para o menino, um limite intransponível. Mas chega o dia em que, em companhia do tio Heitor – que já saíra havia tempo de casa e tinha uma vida livre –, ele se verá na contingência de atravessar essa fronteira: "De repente o túnel apareceu. José parou, petrificado,

8. Breno Accioly, *João Urso*, Rio de Janeiro, Epasa, 1944, p. 19.

como um futuro herói diante da caverna de um dragão"⁹. Só que, em vez de um dragão, é um mendigo aleijado que ele encontrará no túnel. O encontro não é amigável porque, diante da recusa de uma esmola, o pobre ameaça o tio Heitor, que reage partindo para cima dele. É esse mendigo que Santa Rosa representa na capa do romance: "Um bonde de burros, do Portão Vermelho, doutor. Fiquei na Santa Casa de Misericórdia seis meses. Não fechava nunca, cheirava que era um horror"¹⁰.

O que parece ter atraído Santa Rosa nessa cena é a emergência, ainda que muito fugaz, de uma outra classe, de um outro sofrimento, que não tem muito lugar no drama de José. É como se o artista localizasse nessa pequena cena, que não toma nem três páginas, a consciência do escritor de que elide alguma coisa em seu livro, ao colocar esse contato com o desamparo e a pobreza – afinal o homem era trabalhador braçal antes do acidente – exatamente no instante em que o herói sai de casa, atravessa o túnel e entra na vida adulta.

Mas não são apenas as cenas que Santa Rosa escolhe para condensar numa imagem um livro. Muitas vezes ele projetará no cenário a turbulência de um enredo. O segundo volume da *Tragédia Burguesa*, de Octávio de Faria, o romance *Os Caminhos da Vida* (1939), mostra o momento de tomada de consciência de um adolescente, Branco, das aparências em que se baseiam as relações humanas na vida adulta. Esse menino, ao final dos dois volumes, estará pronto para assumir a dura tarefa de viver com retidão num mundo burguês em que só o dinheiro e o prazer pessoal têm lugar. Para representar isso, o artista escolhe a natureza. Um cenário bucólico, mas cheio de nuvens carregadas que anunciam chuva, no primeiro tomo, e uma paisagem noturna em que a árvore em primeiro plano encarna a solidão em meio às trevas que o menino – cujo nome, vale lembrar, é Branco – vai viver já neste segundo tomo, que narra sua volta ao Rio depois das férias numa cidade da serra que se narram no primeiro.

Esse procedimento seria repetido no volume seguinte, *O Lodo das Ruas* (1942), com o artista focalizando o cenário, para ali projetar os impasses dos personagens: um beco sem saída aparente no primeiro tomo e uma figura humana solitária, à noite, no meio da rua. Na última capa que desenharia para um romance de Octávio de Faria, *Os Loucos* (1952), mais uma vez é o cenário escuro, onde mal se veem as casas, que o artista escolherá para apresentar a obra.

É claro que em situações mais convencionais a paisagem também aparecerá. É o caso de dois livros de viagem publicados pela José Olympio em

9. José Geraldo Vieira, *Território Humano*, Rio de Janeiro, José Olympio, 1936, p. 85.

10. José Geraldo Vieira, *Território Humano*, p. 86.

1942, *Na Europa Fagueira*, de Alfredo Mesquita, e *Outros Céus, Outros Mares*, de Herman Lima – este com um elegante desenho horizontal que tem não só mares e céus como também as terras.

Também as personagens, encarnando as emoções dominantes da narrativa, são evocadas por Santa Rosa para apresentar os livros aos leitores. Com isso ele procurava dar forma visual à introspecção, ao drama interno que certos personagens vivem. Foi esse o caso, para lembrar um exemplo já mencionado, das três capas que desenhou para *Menino de Engenho* – e para três das quatro de *Doidinho*, já que na da terceira edição é uma turma de estudantes que aparece, diante de um professor de dedo em riste e de uma palmatória repousando sobre a mesa.

Às vezes uma visão de longe, por paradoxal que possa parecer, pode dar melhor a dimensão do drama interior de uma personagem. É o que acontece nas capas de *Mãos Vazias*, de Lúcio Cardoso, e de *Rola-Moça*, de João Alphonsus, ambos de 1938. O que vemos ali são mulheres sozinhas – e, saberemos pela leitura, em situação de enfrentar a morte. No primeiro, Ida é surpreendida em um momento da longa noite em que vaga por São João das Almas em busca de uma compreensão que não encontrará nem nos outros nem em si mesma e a levará ao suicídio. Já no segundo, a escuridão do corredor e a atitude de recolhimento que os braços cruzados sugerem nos mostram uma moça, Clara, não num hotel, mas num sanatório, enfrentando a tuberculose bem no momento em que a vida adulta se abre para ela.

Mas, na maior parte das vezes, Santa Rosa investirá nas feições mostradas de perto. Em duas capas que fez para livros de Dostoiévski, romancista psicológico quase que por definição, as figuras humanas se destacarão em primeiro plano. Para uma edição dos anos 40 de *O Jogador* o artista desenha um rosto atônito, de olho vidrado, ausente da vida, numa representação da absorção em que vive o viciado no jogo. Para a capa de *Crime e Castigo* (1949) ele nos mostra, ao fundo, a cidade e a escadinha que leva ao sótão desconfortável em que vive Raskolnikoff. O personagem aparece acuado, no canto direito do conjunto, embora quem esteja armado seja ele, que empunha um machado. As mãos e a arma limpas sugerem que o crime ainda não foi cometido, mas não temos diante de nós o rapaz confiante em suas próprias qualidades que desenvolve um pensamento sutil, capaz de justificar racionalmente, de antemão, o assassinato a ser cometido. Na angústia do rosto e no olhar que procura o nosso localizamos o Raskolnikoff de depois do crime, que ganha consciência da precariedade da justificação e procura redenção e punição num misto de medo e de desejo. Nessa figura em dois tempos, que se esconde e se oferece, Santa Rosa consegue condensar o drama que faz a narrativa de Dostoiévski andar.

O terceiro romance de Lúcia Miguel Pereira, *Amanhecer* (1938), também mereceu dele leitura sutil. Se não fosse a expressão dura, de alguém que se prepara para o pior, poderíamos dizer da figura da menina, com boina e camisa de escolar que olha para frente, que é um futuro promissor, um amanhecer radiante, que a espera. Além disso, a cidade parece enterrar a moça – e o mar ao fundo mal se coloca como possibilidade de ampliar a perspectiva fechada. Esses elementos compõem uma leitura bastante completa do romance. Muito jovem, Maria Aparecida encerra sua trajetória mudando-se do interior para a Capital Federal por escolha própria, para viver uma complicada – e precária – história de amor com Antônio, que se assume como uma espécie de ente superior, nem se casando com ela, nem a deixando. É essa escolha, que paga o preço da liberdade da mulher numa sociedade em que essa liberdade ainda não existe, que Santa Rosa consubstancia nessa Maria Aparecida – como, aliás, fará anos depois ao desenhar, na capa do que seria o último romance da autora, *Cabra-cega*, uma Ângela paradoxalmente quase sem olhos, mas de olhar perdido, em frente a uma casa escura, parecida com a de *Os Loucos* de Octávio de Faria, cuja história a prende e contra a qual ela vai lutar às cegas, sem saber exatamente o que fazer. E fazendo bobagem.

Algumas figuras masculinas também se destacam. Uma delas é a do protagonista de *Olha para o Céu, Frederico!*, primeiro romance de José Cândido de Carvalho, de 1939. O Frederico de Santa Rosa se dissolve no fundo negro. Na expressão cansada, ainda que resoluta, o leitor reconhecerá o bastardo desprezado de uma linhagem de proprietários de terra que se revelará o mais perfeito senhor de engenho. Sua face empreendedora, resultado exatamente de não se ter afundado na riqueza herdada, aparece nas chaminés da usina que vemos pela janela. Outra é a do menino aprendiz de alfaiate que começa uma vida sem sentido, em *Embrião* (1938), de Antonio Constantino, complementada por aquelas mãos inúteis que deixam tudo cair, ou o olhar duro, mais uma vez de quem olha para o futuro embora esteja na cadeia, do protagonista do livro de Antonio Callado, *Assunção de Salviano* (1954), um militante de esquerda que se mete numa situação terrível ao fingir ser um homem de fé para poder derrotar as influências da religião, mas acaba vivendo profundamente demais o que era para ser um simples papel. Em *Os*

Renegados, de Octavio de Faria (1947), é a vez de o artista extrair as feições de um homem para representar o burguês sem alma que povoa a ficção do autor. O que se destaca nesse desenho é o que o artista é capaz de fazer ao sugerir, com o movimento das linhas que estão onde deveriam estar os olhos da figura sem olhos, uma expressão má.

Essa ausência-presença do olhar remete para um curioso recurso recorrente do artista: isolar o olhar de suas criaturas, ampliando com isso o desespero que vivem. É assim na primeira edição de *Os Dois Romances de Nico Horta* (1939), de Cornélio Penna, em que um olhar assustado contrasta com o fechamento de um longo corredor que não permite a visão de mais nada. Outra é a do narrador do romance de Antonio Olavo Pereira, que se julga na *Contra-mão* (1950) da vida normal, ou a do *Herói Imperfeito* (1948) do romance de Nelson Tabajara.

A galeria de rostos angustiados, perplexos, atônitos, surpresos criada por Santa Rosa é vasta. Dentre os grandes personagens da ficção brasileira de seu tempo o que mais parece tê-lo fascinado é o Paulo Honório do romance de Graciliano Ramos, *S. Bernardo*. Jamais parece ter-se sentido tentado a criar uma Madalena, por exemplo. Nas capas para três edições que fez para o livro, a figura desse homem domina quase todo o espaço da ilustração. O que o artista faz é surpreendê-lo em diferentes momentos de sua trajetória. Na primeira edição, vemos um homem ainda jovem, de expressão dura, a nos olhar diretamente, como se nos desafiasse. Ao fundo, identificando-o como o proprietário em que se tornou, está uma cerca a se perder de vista. Na segunda edição, ele toma o fantástico capítulo 19 do livro, em que Paulo Honório ouve as pancadas do relógio apenas para não saber em que tempo está – no presente em que escreve sua história ou no passado, em que a viveu. Nas mãos grandes, tão referidas ao longo do romance, nos cabelos desgrenhados, na barba crescida e na expressão raivosa se projetam todas as ambivalências desse homem que começa suas reflexões afirmando "a culpa foi minha", para logo atenuar a admissão de culpa com aquele "ou antes, a culpa foi desta vida agreste, que me deu uma alma agreste" até chegar à transferência dessa culpa: "se eu convencesse Madalena de que ela não tem razão..."[11]. Na terceira edição, a cerca volta, mas o homem é outro: gordo, barba por fazer, cabelos mais uma vez desalinhados, o que vemos não é mais o proprietário orgulhoso da primeira edição, e sim o que viveu as experiências que, afinal, revelariam tanto os conflitos da propriedade como suas vantagens. Olha para trás, não para nós. Três leituras, três sínteses.

11. Graciliano Ramos, *S. Bernardo*, Rio de Janeiro, Ariel, 1934, pp. 114 e 117.

Para *Angústia* ele também desenhou três capas, mas agora com diferenças mais evidentes, sem a fixação numa figura só, nem mesmo a do protagonista. A capa da primeira edição é uma das mais belas que criou, uma espécie de consubstanciação da angústia mesma, na figura de um homem, Luís da Silva, cujo rosto foge de nosso olhar, cujas mãos se espremem num gesto de desespero, contra o fundo da cidade vazia. Na segunda edição, ao contrário, nada de angústia: um namoro no quintal, mamoeiro ao fundo, a pontuar a paz suburbana do casal. Mas uma cerca separa os namorados. Sem que o leitor possa saber, o que ele tem diante de si não é um idílio, mas sim os eventos que preparam a verdadeira tragédia que virá. Para a terceira edição, ele escolheu o assassinato de Julião Tavares por enforcamento, e a angústia não se atribui ao assassino-narrador, mas à vítima, ressaltando a inutilidade do ato radical do narrador, tanto no plano pessoal – a morte do rival Julião Tavares não trará Marina de volta – quanto no plano social – a morte do capitalista Julião Tavares não ameaça o capitalismo. Vingança besta, angústia certa.

O lançamento de *O Moleque Ricardo*, de José Lins do Rego, em 1935, gerou um debate muito interessante. O jovem Paulo Emílio Salles Gomes enxergou nele um grande romance proletário. O experiente Oswald de Andrade refutou a opinião do novato. Ora, Ricardo era o primeiro protagonista negro do autor, e também o primeiro a viver na cidade e levar vida de operário mesmo, ainda que carregue consigo sempre presente a vida do moleque criado no engenho. Para além da discussão acerca do que constituía o romance proletário – um debate cuja amplitude ultrapassava as fronteiras do Brasil – é inegável que o livro trazia uma novidade. E tanto essa novidade como sua duplicidade comparecem na capa. A novidade se liga ao estilo do desenho, que lembra os operários fortes e orgulhosos das representações soviéticas. A duplicidade está no olho coberto por algo que pode ser um capacete de operário, mas também um chapéu de lavrador, e pelas instalações ao fundo, que podem ser de uma fábrica, mas também de um engenho de cana. Para a segunda edição, ele preferirá destacar as ambivalências do livro de outra forma. Ricardo aparece agora viajando de navio. Mas essa viagem não é promessa de abertura, ao contrário, já que é para o presídio em Fernando de Noronha que ele vai, depois de participar do movimento grevista no Recife. Para a terceira edição, a leitura se repete num desenho diferente. Primeiro porque se afasta de vez a ilusão de promessas futuras, aquele Ricardo surge claramente desanimado e, depois, porque o navio não aparece, é apenas sugerido pelo enquadramento, desnivelado pelo balanço do mar.

Nas duas capas que desenhou para *Pureza* também vemos um deslocamento interessante de leitura. Na primeira edição é o espaço físico da pequena estação de trem de Pureza. O drama humano não transparece aí, o que acontecerá na segunda edição, em que vemos em primeiro plano um personagem secundário, o descendente de senhores de engenho decaído em chefe de estação e, em segundo plano, o protagonista, o herdeiro de senhores de engenho, Lourenço, um fraco que vai para aquele recanto sossegado para se recuperar de uma doença e que termina, vampirescamente, recuperando a saúde e sobretudo a força de senhor à custa da virgindade das duas filhas do homem, a quem seduz – ou submete.

Há ainda duas capas que vale a pena destacar, casos únicos de ilustrações abstratas para prosa de ficção. A primeira é a do romance de Cyro dos Anjos, *Abdias* (1945), a história de um professor de meia-idade, casado, que se apaixona por uma das alunas do colégio para moças ricas em que trabalha em Belo Horizonte. Por conta de um romance ridículo, que só existe para ele, acaba chegando ao extremo de desejar que a morte da mulher lhe abrisse o caminho. Ora, a mulher morrerá de fato, mas o caminho não se abrirá. É um romance brilhante, denso e tocante que o artista poderia sintetizar em um dos rostos patéticos que ele criava tão bem. Preferiu, no entanto, deixar o leitor intrigado – como de resto ele terminará o romance – numa capa que valoriza o aspecto gráfico, e cuja ilustração faz lembrar simples rabiscos, rasuras, ao mesmo tempo em que sugere uma paisagem mineira, montanhosa. Ao fim da leitura, da exposição íntima de um homem banal que, porque aprecia música e conhece a literatura moderna, julga-se possuidor de alguma forma de superioridade e demonstra uma capacidade aparentemente infinita para se justificar e se enganar, ficamos nos perguntando se Santa Rosa não quis condensar o livro numa imagem de indefinição e incompletude, brincando com nosso hábito de procurar representação inequívoca e tranquilizadora onde essa definição não é possível. Em outras palavras, é como se ele quisesse provocar, com traços apenas esboçados – entre os quais se encontra até mesmo uma linha reta, mas pontilhada, interrompida – o incômodo que o livro nos provoca.

A outra ilustração abstrata é para o estranho romance da escritora paranaense Didi Fonseca, *"Ele"* (1955), assim mesmo, com aspas e tudo. Cheio de intenções profundas, anunciando-se como "todo Alma", "introspectivo como a verdadeira vida de todos os romances"[12], não passa de uma trama repleta de frases pretensamente sábias e cheia de coincidências em que "ele", o homem certo, cara-metade da protagonista, é o marido de sua grande amiga dos tempos de colégio. Amor impossível, estoicismo de almanaque, moralismo mal contido, amor idealizado, esses são os elementos que compõem a narrativa. Para abstrair-se da realidade imediata, o livro não identifica nem o tempo nem o espaço de suas ações: há uma guerra, mas não se sabe qual, há uma grande cidade, povoada de negociantes ricos e honestos, mas não se sabe qual.

Ao contrário de *Abdias*, *"Ele"* tem substância de menos. Até mesmo o ideal masculino que o título evoca fica mal definido pelos clichês com que é caracterizado. Talvez por isso Santa Rosa tenha criado uma espécie de objeto indefinível, pairando no ar como as próprias ações do romance. Ao mesmo tempo, ele se exercita na técnica que empregaria em seus dois últimos quadros, *O Pensador* e *O Crucificado*, que levam Cássio Emanuel Barsante a se perguntar se uma nova fase não se anunciava em seu trabalho[13].

12. Didi Fonseca, *"Ele"*, Rio de Janeiro, José Olympio, 1955, p. 7.

13. Ver Cássio Emanuel Barsante, *A Vida Ilustrada de Santa Rosa*, Rio de Janeiro, Bookmakers, 1993, p. 144.

(h) é J
OUTO D
OURO A n
A U o Abd
A

8

LIVROS DE POESIA

No artigo em que analisa a capa da primeira edição de *Caetés*, Antonio Candido nos apresenta Santa Rosa dizendo que "também foi poeta"[1]. Num artigo publicado em 1933 no Boletim de Ariel, o crítico Valdemar Cavalcanti estabelece uma conexão direta entre o poeta e o pintor: "Nos seus desenhos e nas suas pinturas Santa Rosa em verdade encontrou uma solução plástica para sua poesia". E acrescenta mais adiante: "Tudo, nesse jovem paraibano, representa uma reação lírica sobre a sua 'atmosfera': as suas telas, os seus calungas, os seus raros versos, suas cartas de amigo, sua própria vida"[2].

Poeta sem livro, é bem verdade, mas com poemas. Talvez um levantamento detido possa recuperar sua produção nesse gênero, mesmo que sejam apenas uns "raros versos". Recentemente Ieda Lebensztayn localizou três deles numa importante e pouco conhecida revista literária publicada em Maceió no início da década de 1930, *Novidade*[3]. No artigo de 1933, Valdemar Cavalcanti reproduz mais dois, um dos quais é este:

Adágio

O silêncio total que flutua na sala
saiu da boca
do homem deitado
morto.

Nas suas reflexões sobre a arte da ilustração, procura o artista distinguir a tarefa do ilustrador com a prosa e com a poesia. Para ele, no caso da prosa "o desenho se afirma sobre o descritivo, apanha a forma dos objetos, a expressão do rosto dos personagens". Quanto à poesia, "é, antes de tudo, uma essência. Ela exprime uma condensação de sentimentos ou de emoções, uma soma de valores espirituais transformados em imagens sensíveis"[4].

1. Antonio Candido, "No Aparecimento de *Caetés*", *Ficção e Confissão*, São Paulo, 34, 1992, p. 92.

2. Valdemar Cavalcanti, "Santa Rosa Júnior", *Boletim de Ariel*, ano III, n. 1, Rio de Janeiro, outubro de 1933, p. 8.

3. Ieda Lebensztayn é autora da tese *Graciliano Ramos e a Novidade: O Astrônomo do Inferno e os Meninos Impossíveis*, São Paulo, USP, 2009. Nos anexos da tese se encontra o poema "Bucólico". Posteriormente, ela transcreveu e me cedeu a transcrição dos dois outros, "Momento" e "Memória".

4. "Santa Rosa. Sobre a Arte da Ilustração", *Roteiro de Arte*, Rio de Janeiro, Ministério da Educação e Saúde, 1952, p. 30.

Artigo de Valdemar Cavalcanti sobre Santa Rosa, que transcreve dois poemas do artista, publicado no *Boletim de Ariel* em outubro de 1933.

---

8 — BOLETIM DE ARIEL

SANTA ROSA JUNIOR

Nos seus desenhos e nas suas pinturas Santa Rosa encontrou em verdade uma solução plastica para a sua poesia. Os calungas maravilhosos de vida e côr com que elle tem illustrado o frontespicio de alguns livros modernos e as paginas de jornaes e revistas cariocas demonstram nesse parahybano de extraordinario talento mais que uma expressão de agudo faro interpretativo — revelam um poeta que conserva sempre a sua sensibilidade de promptidão para qualquer tarefa. Temperamento de uma tropical exuberancia de imaginação, capaz de illustrar com harmonia um poema *surréaliste* de Raul Bopp, Santa Rosa foi a exquisita victoria de um humilde no meio grande. Numa época em que ainda se acreditava na existencia e no problematico talento de um Corrêa Dias e de um J. Carlos, Santa Rosa ancorou no Rio e venceu, pôz em ordem do dia a sua personalidade inquieta e tão cheia do appetite da acção.

Não sei de mais expressivas illustrações de livro que as que Santa Rosa realizou para o ultimo volume de Jorge Amado — o *Cacáu*. Uns desenhos, estes, que dão ao admiravel ensaio de romance proletario do meu jovem amigo uma impressionante decoração a branco e preto. Onde muita vez sentimos a ausencia de certos sôpros de lyrismo necessarios á intensidade e á realidade de côres da dramatica paizagem humana da fazenda de cacáu, é que então percebemos a força da collaboração artistica de Santa Rosa: no lyrico descriptivo de seus desenhos achamos a suggestiva dialectica da poesia, que tem mais poder de commoção, junto aos leitores, do que mesmo certas manobras estrategicas do romancista revolucionario. A vehemencia da revolta, a eloquencia de pamphleto que sentimos incisiva, de vez em quando, não nos impressiona mais que a doce linguagem dos traços de Santa Rosa. E já não posso mesmo comprehender o Cacáu sem a sua notavel decoração interna; sem aquelle retrato de familia, da gente de Mané Flagello, sem aquellas gravuras sobre a rua da Lama, sem aquella criação arbitraria de correspondencia, sem as mulatas já habituês dos desenhos de Santa Rosa — bôas mulatas de beiços grossos, de sexos se esbugalhando em appetite do peccado —, creio que o *Cacáu* falaria uma lingua ainda meio barbara para o nosso mundo de pequenos-burguezes. Dessa lingua aspera é que taes desenhos foram, a cada pagina, uma tradução parcial maravilhosa.

*

Lendo um dia desses um volume de poemas de Henri-Philippe Livet (*Chants du Prisme*, R.-A. Corrêa, Paris, 1933) encontrei no prefacio de André Fontainas o conceito, não muito novo mas opportuno, de que hoje ser poeta é candidatar-se a um orgulhoso anonymato: é uma como renuncia á publicidade a publicação actualmente de um caderno de poesia. Mas Fontainas se refere ahi apenas aos poetas que localizam nos versos o seu lyrismo.

Não é este, assim, o caso de Santa Rosa, em quem a poesia possue as mais differentes e plasticas maneiras de se apresentar em publico. Tudo, nesse joven parahybano, representa uma reacção lyrica sobre a sua "atmosphera": as suas telas, os seus calungas, os seus raros versos, suas cartas de amigo, sua propria vida. Para viver como Santa Rosa, com o seu humor permanente em presença de um mundo tão velho, com o seu impertinente *sans façon*, viver tão *au dessus de la vie*, evadindo-se um dia do norte para lutar sózinho na cidade grande, abandonando uma vez de repente um emprego do Banco do Brasil, tão displicente nisso tudo, é preciso realmente possuir sobre o reino da razão um quasi absoluto dominio da sensibilidade; é preciso chegar-se a um candido e meio infantil senso da realidade, que é o prisma do mundo aos olhos do poeta.

Ainda tenho commigo alguns numeros especiaes de exercicios poeticos em versos deixados em Maceió por Santa Rosa, no tempo em que o Banco do Brasil impunha ao grande lyrico a disciplina de oito horas diarias de luta contra os numeros, um livro de ponto a assignar e uma constante e monótona convivencia com homens de negocios. Os seus poemas eram uma evasão ao tragico conflicto travado quotidiana e soturnamente entre a sua sensibilidade extranhamente sentimental e a unanime incomprehensão do ambiente. A poesia chegava pelos versos, então, para Santa Rosa, nos seus mais fluidos e admiraveis momentos de lyrismo:

ADAGIO

O silencio total que fluctúa na sala
saiu da bocca
do homem deitado
morto.

RUBAYAT

Lá fóra, a noite
se desenvolve como um rio.

Vem.
As horas escorrem fugitivas
e o amor espera a tua presença
para cumprir-se.

As rosas oscillam.
O vento é tão manso.
Vem.

Emquanto, lá fóra
a noite se desenvolve como um rio,
dá-me em tua bocca
o sabor de todas as alegrias do mundo.

cusar, como não soube tambem se furtar, sente-se, á simples reproducção do "vivido" para tentar se elevar ás alturas do "creado", — etc. Mas quando se fecha o livro e se sente o caminho percorrido e o impulso que nos levou livro afóra, da primeira á ultima pagina, a força com que ficou a aventura que atirou do campo para a cidade e depois da cidade para o campo o casal Corumbas, quando se percebe que o "organismo" ficou de pé e está vivo na nossa lembrança e que não foi apenas "litteratura" mas "romance" o que se leu, então se esquece tudo mais e se reconhece simplesmente que se está deante de um romance de verdade — essa *avis rara* do Brasil — onde os romancistas de talento escrevem documentarios "romançados" sobre os soffrimentos dos plantadores de cacau, sem coragem de "construir" o romance que apenas ficou esboçado...

OCTAVIO DE FARIA.

VALDEMAR CAVALCANTI.

E, de fato, nas capas para livros de poemas – e também em ilustrações para poemas – Santa Rosa se dará uma liberdade de criação maior – a ponto muitas vezes de proceder, como em *Abdias*, praticamente elidindo a ilustração ao reduzi-la a alguns traços. Esse é bem o caso dos *Poemas* (1947), de Joaquim Cardozo, com os mesmos elementos do romance de Cyro dos Anjos. Em *Poesia Até Agora* (1948), de Carlos Drummond de Andrade, o traço se reduziria ainda mais, desta vez contra um fundo vermelho intenso. O próprio poeta diria que essa capa, "rubra veste", "entrelaça um desespero aberto ao sol de outubro/ à aérea flor das letras, ritmo e graça"[5]. E, de fato, o elemento puramente gráfico, os próprios tipos, ganha valor de ilustração em vários livros de poesia que o artista faria a seguir. É assim nos livros de Ledo Ivo, por exemplo, *Ode ao Crepúsculo*, de 1945, *Cântico*, de 1949, e *Linguagem*, de 1951.

Mínimas também são as ilustrações para dois livros de Augusto Frederico Schmidt, *Estrela Solitária* (1940) e *Fonte Invisível* (1949). Neste último a solução encontrada pelo artista é muito expressiva. Um único traço ondulado posto muito embaixo, junto mesmo à identificação da editora, é a presentificação do título com os mais econômicos meios. Assim também a capa de *Triângulo e Fuga* (1954), de Emanuel de Moraes, em que a ilustração parece ela própria prestes a fugir pela parte superior direita do livro.

Mas a ilustração de maiores dimensões também está presente em muitas das capas de livros de poesia. Em *Sentimento do Mundo* (1940), de Carlos Drummond de Andrade, um livro cujo título expressa um desejo de ligação direta com o real, vemos um desenho ao mesmo tempo realista e irrealista, já que se constitui como uma paisagem feita a partir de elementos naturais não naturais – uma rocha que é uma pedra lapidada, uma escultura que pode ser vista como uma espécie de cacto (e colabora na construção de um espaço desértico), um estranho objeto voador, nem pássaro nem avião, enfim, um desenho que só pode ser classificado como surrealista. É sem dúvida uma tradução admirável para o título do livro, que aproxima o que é mais individual, o sentimento, àquilo que está fora do indivíduo, o mundo. É, assim, um mundo transfigurado pelo olhar que Santa Rosa oferece como apresentação desse divisor de águas na obra de Drummond.

Da mesma família surrealista, de acordo com o espírito geral do livro, é o desenho na capa de *O Visionário*, livro de 1941 de Murilo Mendes. O mesmo traço anguloso para criar uma natureza artificial cujas pedras são pirâmides e uma figura humana irreal, capaz de comandar estrelas e aste-

5. Carlos Drummond de Andrade, "A um Morto na Índia", *Poesia Completa e Prosa*, Rio de Janeiro, Nova Aguilar, 1973, p. 298.

roides num céu dominado por um sol alto, que a tudo assiste. Alguns anos depois, o livro *Metamorfoses* (1944), do mesmo Murilo Mendes, ganharia a mais sóbria das capas de poesia do artista, que traz apenas o título em letras vermelhas sem serifa, embora o artista tenha criado para ele uma figura colhida em plena metamorfose que acabou não sendo utilizada.

Também de sabor surrealista, mas num outro sentido, são as ilustrações de *Mar Desconhecido* (1942), de Schmidt, e de *O Sangue das Horas* (1943), de Cassiano Ricardo. Tirando partido do caráter explicitamente não linear da poesia, ele desenharia um conjunto de elementos díspares, todos eles colhidos na leitura dos poemas. Os peixes que voam na capa do livro de Cassiano Ricardo, por exemplo, são referência direta aos versos "entre o passado e o porvir/ aqueles peixes prata/ não me deixam dormir"[6].

No final da Segunda Guerra, Santa Rosa criaria duas capas cujas ilustrações "se afirmam sobre o descritivo", como ele descreveu o trabalho com a prosa. Mas, nesses casos, o procedimento faz sentido, pois se trata de livros que procuram refletir sobre o presente imediato, descrevendo-o como um tempo de esperanças depois de muito sofrimento. *Chuva Sobre a Tua Semente* (1945), de Jorge Medauar, é um livro que fala de destruição, como em "Passam Tanques Pela Vida", "Sangue de Estalingrado", mas todo perpassado por uma ideia de futuro a se cumprir depois da destruição. Encerra o volume o poema que lhe dá título, e que, em diálogo com o poema de abertura, "Paz na Gleba" faz uso da plantação como metáfora da fé no que está por vir. Em *Cantos do Tempo Presente* (1946), de Ary de Andrade, o clima é o mesmo, e o artista traz para a capa uma cena de vitória num campo de batalha, significativo para um livro cuja última seção se chama "mas a luta continua".

A capa mais famosa de Santa Rosa para um livro de poemas é exatamente desse momento, a de *Rosa do Povo* (1945), de Carlos Drummond de Andrade. Mas aqui o artista foge do relativo verismo dos outros dois livros, talvez recuperando algo do surrealismo de outros trabalhos, ao criar essa rosa gigantesca, elemento claramente alegórico. Otto Maria Carpeaux localiza, com precisão, no poema "A Flor e a Náusea" ("Uma flor nasceu na rua!"[7]), a origem dessa rosa: "Numa hora triunfal que emergira das trevas, 'SR' desenhou a *Rosa do Povo*, de Carlos Drummond de Andrade, o grupo de populares em torno da rosa que desabrocha no asfalto da rua: a 'santa rosa' do povo"[8].

6. Cassiano Ricardo, "O Sangue das Horas", *Poesias Completas*, Rio de Janeiro, José Olympio, 1957, p. 224.

7. Carlos Drummond de Andrade, "A Flor e a Náusea", *Poesia Completa e Prosa*, Rio de Janeiro, Nova Aguilar, 1973, p. 140.

8. Otto Maria Carpeaux, "Significação de SR", *Ensaios Reunidos*, Rio de Janeiro, Topbooks/ UniverCidade, 1999, p. 634.

Ao mesmo tempo, o artista liga o livro do poeta maior aos dos jovens poetas, ao evocar a figura do agricultor identificável pelo chapéu, numa transfiguração do eu lírico de "A Flor e a Náusea", que afirma: "Sento-me no chão da capital do país às cinco horas da tarde/ e lentamente passo a mão nessa forma insegura"[9]. Num único movimento, a particularidade desse que é um dos grandes livros de poesia brasileiros e a inserção em seu tempo, hoje tão difícil de fazer, dado o esquecimento em que caíram experiências como a de Ary de Andrade e Jorge Medauar.

[9]. Carlos Drummond de Andrade, "A Flor e a Náusea", *Poesia Completa e Prosa*, Rio de Janeiro, Nova Aguilar, 1973, p. 141.

A Terra dos Meninos Pelados

João Contos

Dezesete

canetes

9 ENTRE AS CAPAS

A atividade de artista gráfico de Santa Rosa não se restringiu à elaboração de capas e, embora sejam elas que constituam nosso interesse aqui, não é possível deixar de pelo menos mencionar que sua produção como ilustrador de ficção e poesia em jornais, revistas e livros foi numerosíssima. Levantar esse material e avaliar seu alcance é um trabalho que ainda está por ser feito – e seriam várias centenas de ilustrações a serem encontradas. Mas não é possível falar do capista sem pelo menos tocar no ilustrador.

Até porque o trabalho de artista-leitor que vemos na criação das capas está igualmente presente nas ilustrações que produziu. Uma das características que marca a produção de Santa Rosa em todos os campos – incluindo a pintura – é a grande variedade de técnicas e de estilos que costumava empregar. Essa versatilidade pareceu a alguns críticos ecletismo ou falta de uma personalidade artística forte no campo da pintura. Mas o fato é que ele soube tirar grande partido disso em seu trabalho com o livro, ao empregar traço e técnica variados para sintetizar o espírito de uma dada obra. A comparação do que ele fez em trabalhos diversos como os desenhos para *Dona Flor* (1940), de Francisco Inácio Peixoto, e *Casa Velha* (1944), de Machado de Assis, dá bem conta disso. Mesmo no interior de um longo trabalho, como o que executou em 1951, ilustrando a ficção completa de José de Alencar, nos dá mostra de sua capacidade de alternar e adequar técnicas para apresentar um texto. Os desenhos que criou para dar corpo a Ceci e Peri, de *O Guarani*, fazem uso de um traço fino e definido, suavizador. Já o Jão Fera, de *Til*, é apresentado em um desenho mais "sujo" e mais realista.

Um de seus trabalhos mais marcantes no campo da ilustração foi o realizado para *Crime e Castigo*, publicado originalmente nas *Obras* de Dostoiévski (1944), coleção para a qual ele também desenhou uma capa com um retrato do autor. Nessas ilustrações ele lançou mão de uma concepção moderna de

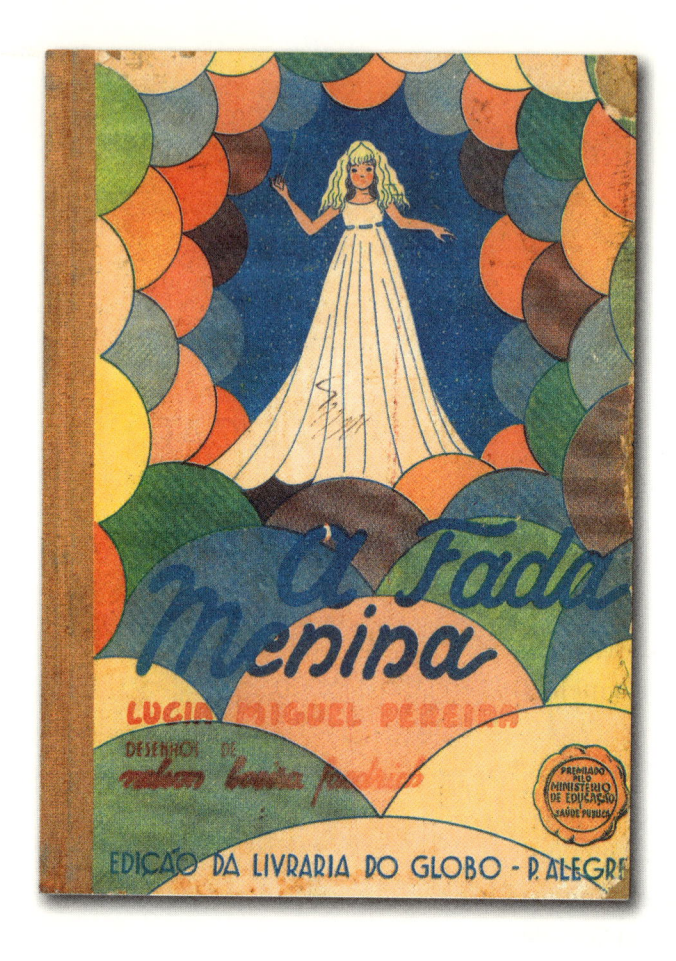

Capa ilustrada por Nelson Boeira Faedrich para a coleção de literatura infantil brasileira publicada pela Editora do Globo, de Porto Alegre, na década de 30.

arte para concretizar o clima de desespero do romance. O que ele já havia feito, de uma outra maneira, em suas primeiras experiências na ilustração de livros, em *Cacau* (1933), de Jorge Amado, e *O Anjo* (1934), de Jorge de Lima.

Naturalmente, as tendências que o artista demonstrou em sua obra de capista reaparecem na de ilustrador. Para ficar num exemplo significativo, basta ver a fluidez que predomina nas suas ilustrações para livros de poemas – e a composição que tende ao abstrato de seu último trabalho com poesia, *Viajante Impreciso* (1955), de Edelweiss Barcellos Mello, tipifica isso – em contraste com o descritivo, para retomar o termo do próprio Santa Rosa, dos desenhos para ficção.

Dentre suas experiências no livro ilustrado, encontram-se algumas destinadas ao público infantil. Na segunda carta que escreve para a mulher, Heloísa, depois de sair da cadeia, em 14 de fevereiro de 1937, Graciliano Ramos conta uma visita a Santa Rosa, feita naquele mesmo dia: "Hoje fomos à casa do Santa, onde vi os bonecos admiráveis de que já falei. Enquanto lá estávamos, o pintor arranjou a capa do *Pureza*, serviço de uma hora, feito na presença da gente"[1]. O escritor testemunha a criação rápida de uma capa – resta saber quanto tempo antes ele tivera os originais em mãos. Mas o que nos interessa aqui é a observação sobre "os bonecos admiráveis". Graciliano estava no Rio, trazido de navio pelo Estado, como preso, e vivia em casa de José Lins do Rego, afastado da família, que permanecera em Alagoas. Sem emprego, procurava viver do que escrevia – precariamente, portanto. Nesse ano comporia *Vidas Secas*, e, antes do lançamento em livro, nas palavras de Rubem Braga, "por necessidade financeira", "ia vendendo o romance à prestação"[2].

Certamente por necessidade financeira ele também escreve uma história infantil, *A Terra dos Meninos Pelados*. O Ministério da Educação e Saúde lançara um concurso de livros infantis e o autor de *Angústia* estava de olho no prêmio. Assim como Santa Rosa. Logo no primeiro parágrafo de sua carta, Graciliano diz a Heloísa Ramos: "Nada fiz depois da sua saída. Apenas acabei de emendar os meninos pelados, que não sei se prestam. Vi hoje uns desenhos admiráveis que o Santa vai mandar para o mesmo concurso de coisas infantis. Os meus meninos não valem nada diante das figuras de nosso amigo, um circo de cavalinhos formidável. Formidável"[3].

---

1. Graciliano Ramos, *Cartas*, 8. ed., Rio de Janeiro, Record, 1994, p. 175.

2. Rubem Braga, "Vidas Secas", *Diário de Notícias*, 14.08.1938, 1º suplemento, p. 3.

3. Graciliano Ramos, *Cartas*, 8. ed., Rio de Janeiro, Record, 1994, p. 173.

Os dois trabalhos terminariam premiados. *A Terra dos Meninos Pelados* seria publicado em 1939, com ilustrações de Nelson Boeira Faedrich, numa importante coleção da Editora do Globo de Porto Alegre, a Burrinho Azul, que também incluiria, além de clássicos estrangeiros, obras de outros autores brasileiros, como Lúcio Cardoso e Lúcia Miguel Pereira. O livro de Santa Rosa, escrito para crianças pequenas, sairia também em 1939, em edição de luxo feita na Bélgica.

Esta história poderia sugerir uma atividade grande de Santa Rosa enquanto autor e ilustrador de histórias para crianças, mas termina por ser testemunha do caráter episódico de sua atuação nesse campo: um artista gráfico afamado como ele, ao contrário do que se poderia imaginar, não trabalhou em muitos livros para crianças, e *O Circo* é sua única experiência como autor. Foram projetos profissionais – como um livro de tabuada patrocinado pela Nestlé e um livro didático da editora Francisco Alves, escrito por Amarylio Albuquerque – ou com escritores próximos a ele, como Jorge Amado e o próprio Graciliano Ramos, que o ocuparam.

É claro que, nas décadas de 1930 e 1940, o mercado do livro destinado às crianças não era a máquina comercial em que se converteria a partir dos anos 1970, mas ainda assim chama a atenção que não cheguem a dez títulos em obra tão extensa. E a concepção de livro ilustrado para crianças, àquela altura, era diferente da de hoje, quando é corriqueiro o uso intensivo das cores em todo o volume e as ilustrações muitas vezes ocupam todas as páginas do volume.

Dessa forma, seu método de trabalho, nesse campo, não é diferente do que se nota nos livros para adultos. Leitura cuidadosa e confecção de desenhos que procuram condensar as narrativas. É o que se vê desde suas primeiras incursões no gênero, no volume *A Descoberta do Mundo* (1934) escrito por Jorge Amado e sua primeira mulher, Matilde Garcia Rosa, e *Histórias da Velha Totônia* (1936) de José Lins do Rego, até a última que localizamos, o livro para jovens *Contos do Mar* (1947) de Yvonne Jean, passando pelo belo trabalho de *Histórias de Alexandre* (1944), de Graciliano Ramos.

SO CAPAS

"Os *Poemas Negros*, a Ariel os editou, reunidos sob o título de *Urucungo* com capa de Santa Rosa, a primeira que o paraibano desenhou no Rio". (Jorge Amado, *Navegação de cabotagem*).

Como acontecia em todos os seus números, na edição de março de 1933 o *Boletim de Ariel*, a principal revista literária da década de 1930 no Brasil, anunciava em sua terceira capa, como acabados de aparecer, quatro livros da Editora Ariel. Dentre eles, os dois que constituiriam a estreia de Santa Rosa como capista, *Urucungo (Poemas Negros)* e este *A Reconquista do Poder*.

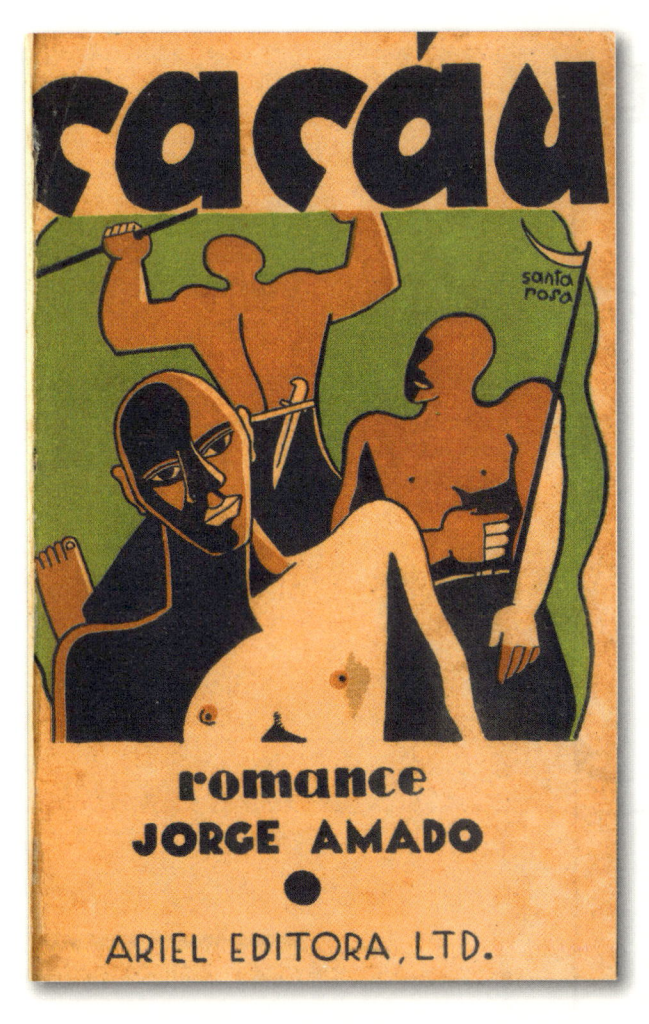

"Com ilustrações de Santa Rosa, as primeiras do desenhista que revolucionou as capas e as ilustrações dos livros brasileiros, *Cacau* esgotou em quarenta dias a edição de dois mil exemplares". (Jorge Amado, *Navegação de Cabotagem*).

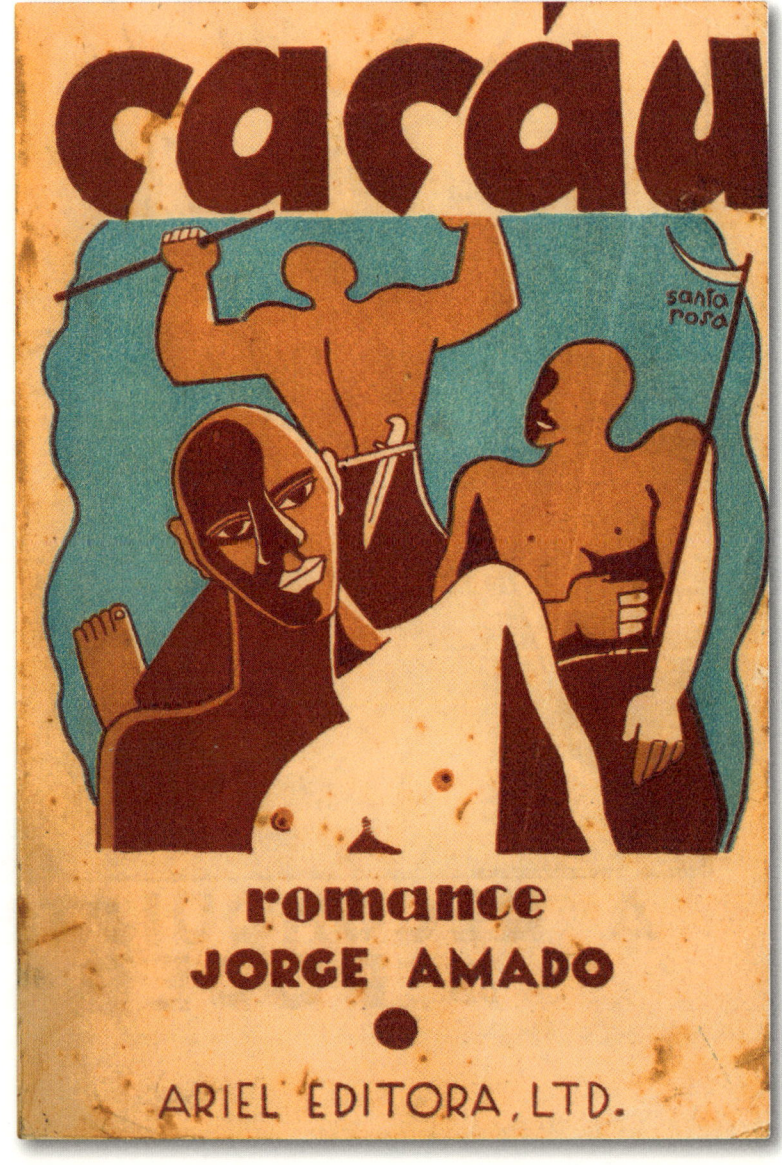

JACA

Jaca! Jaca! Os garotos trepavam nas arvores como macacos. A jaca cahia — tibum — elles cahiam em cima. Dahi a pouco restava a casca e o bagunço que os porcos devoravam gostosamente.

Os pés espalhados pareciam de adultos, a barriga enorme, immensa, da jaca e

GREVE

Tenho que voltar atraz para dizer que quando a familia do coronel seguiu para Ilhéos eu e Mária estavamos bons camaradas.

Esse livro está sem seguimento. Mas

CORRESPONDENCIA

A familia do coronel voltou para Ilhéos nos principios de julho. Osorio restabelecera-se. Apenas o talho do rosto continuava tomando o lado todo. Passaram o Dois de Julho em Pirangi. Houve festança grossa. Mária recitou Castro Al-

AMOR

No outro dia me despedi dos camaradas. O vento balançava os campos e pela primeira vez senti a belleza ambiente.

Olhei sem saudades para a casa grande. O amor pela minha classe, pelos trabalhadores e operarios, amor humano e grande mataria o amor mesquinho pela

Todos os planos da narrativa do segundo romance de José Lins do Rego são convocados pelo capista para uma de suas mais marcantes criações, o início de uma colaboração que atravessaria toda a obra do autor.

doidinho

romance

JOSÉ LINS DO REGO

ARIEL, EDITORA LTD.

"Assim, podemos considerar este desenho como 'leitura', na medida em que sugere, não apenas o enredo, mas as ambiguidades do texto, vinculadas à ironia criadora de Graciliano Ramos, ironia que está na estrutura e é um dos maiores encantos do livro". (Antonio Candido, "No Aparecimento de Caetés").

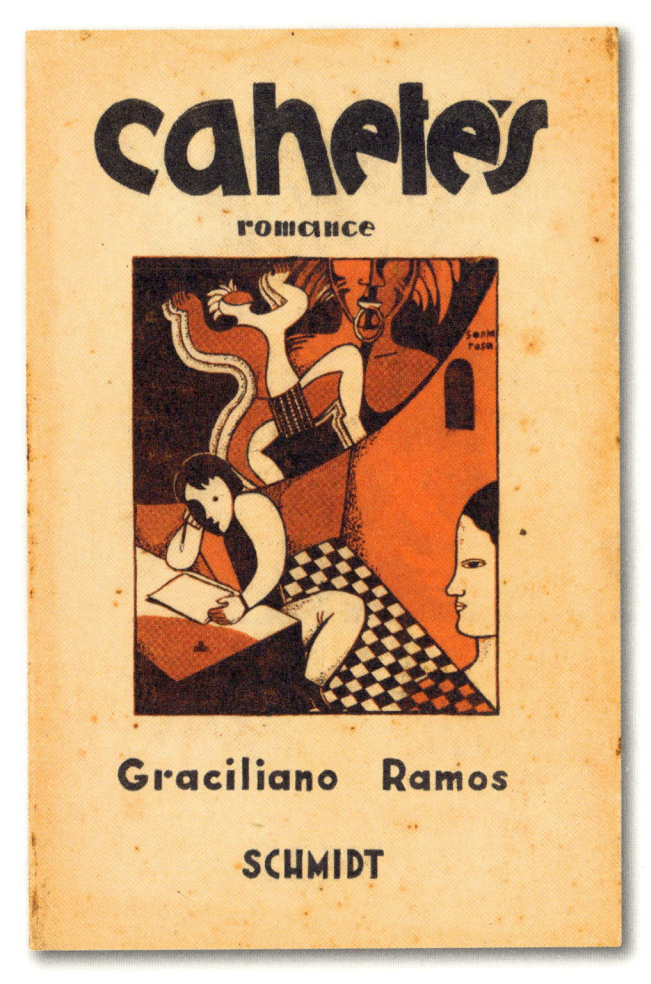

Na capa de *Corja*, Santa Rosa não nos dá uma síntese do livro, mas fixa a caracterização do protagonista quando criança, depois de perder o pai. De um lado do menino sem olhar, um gato com apenas três patas: "vivia a perseguir os gatos, descadeirando-os com pauladas rijas, impiedosas". De outro, o começo do interesse sexual: "Ela, Alzira, surgia-me então, completamente nua, a carne morena e sedosa, os seios empinados, provocantes, e as coxas perfeitas, admiráveis".

Se o vermelho constituía um detalhe na capa de *A Reconquista do Poder*, aqui ele se espalharia pelo céu e pelo chão, compondo, o pano de fundo violento sobre o qual se destaca a figura alerta de Lampião.

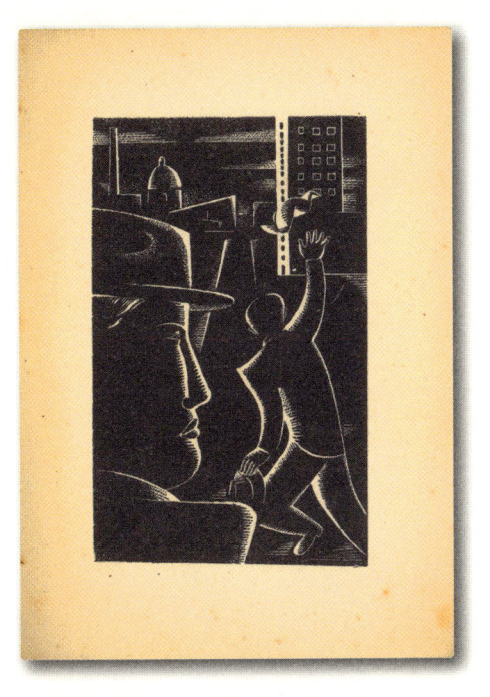

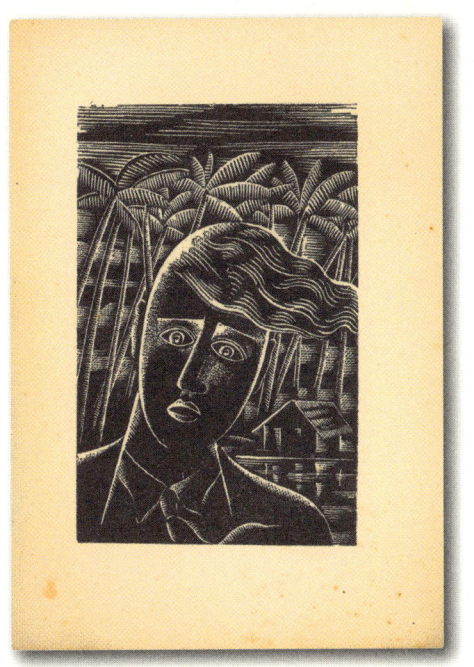

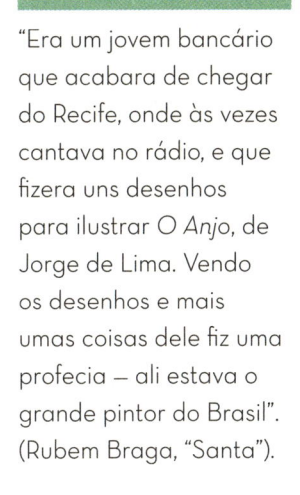

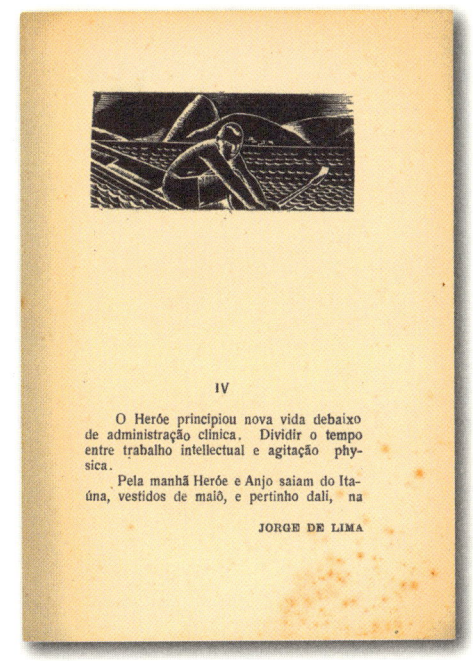

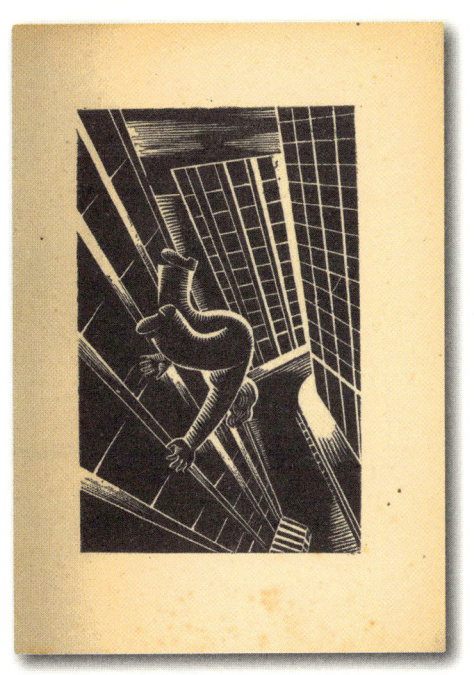

"Era um jovem bancário que acabara de chegar do Recife, onde às vezes cantava no rádio, e que fizera uns desenhos para ilustrar O Anjo, de Jorge de Lima. Vendo os desenhos e mais umas coisas dele fiz uma profecia — ali estava o grande pintor do Brasil". (Rubem Braga, "Santa").

Preço 5$000

JORGE DE LIMA

O ANJO

EDITORA CRUZEIRO DO SUL, LIMITADA

Não apenas nas expressões, mas também nas cores esmaecidas — o cinza e o amarelo-claro — o grupo dos moradores do cortiço localizado na ladeira do Pelourinho, onde se passa a ação de *Suor*, antecipa para os leitores a miséria que testemunharão.

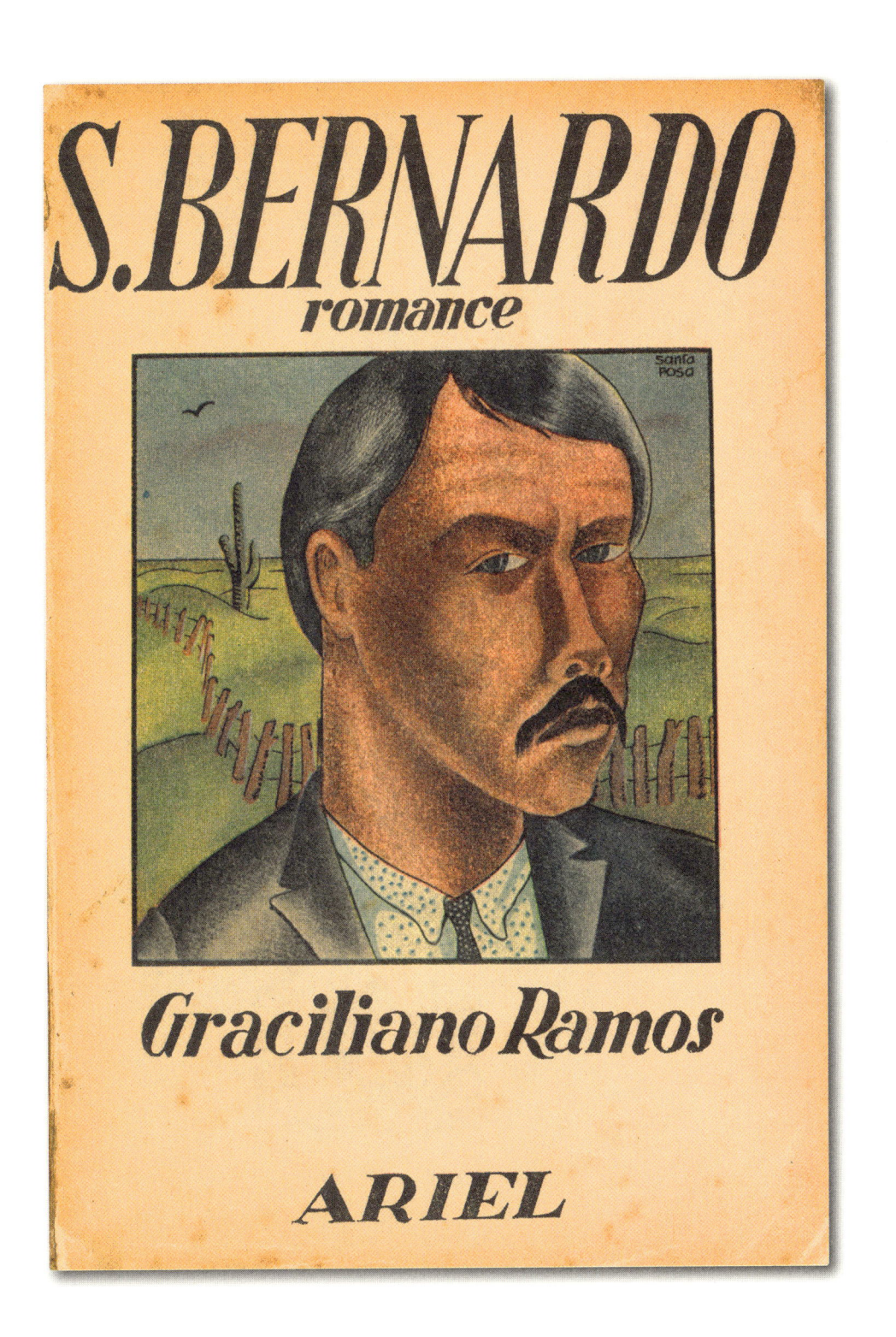

"Em Palmeira dos Índios, onde foi gerado, ninguém deu por ele. Apenas seu Digno, parente de minha mãe, vaqueiro, informado de que certo livro tinha sido feito por mim, duvidou. E como lhe falassem com segurança, pegou a brochura, mediu-a, pesou-a, examinou-lhe a capa, a ilustração de Santa Rosa — e opinou:
— Quem diria? Sim, senhor, está um trabalhinho direito".
(Graciliano Ramos, "Paulo Honório").

Com estas capas de *Menino de Engenho* e de *Banguê*, Santa Rosa lança o *layout* que seria a verdadeira cara do romance brasileiro da década de 1930.

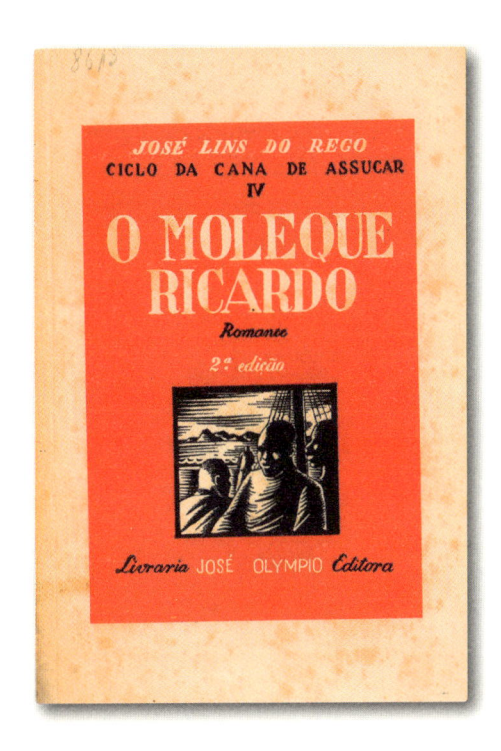

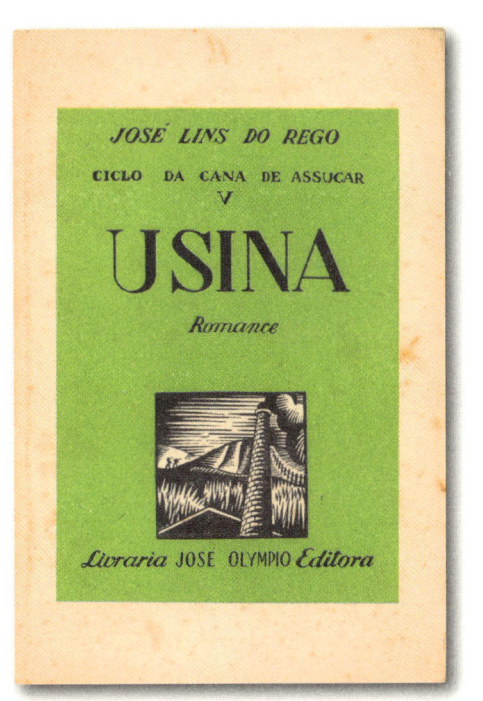

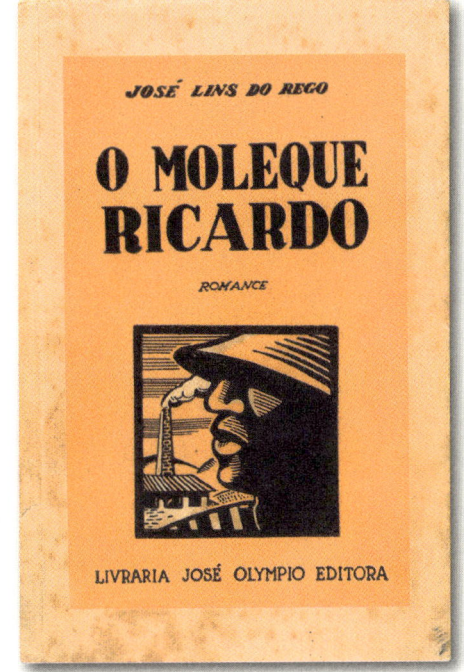

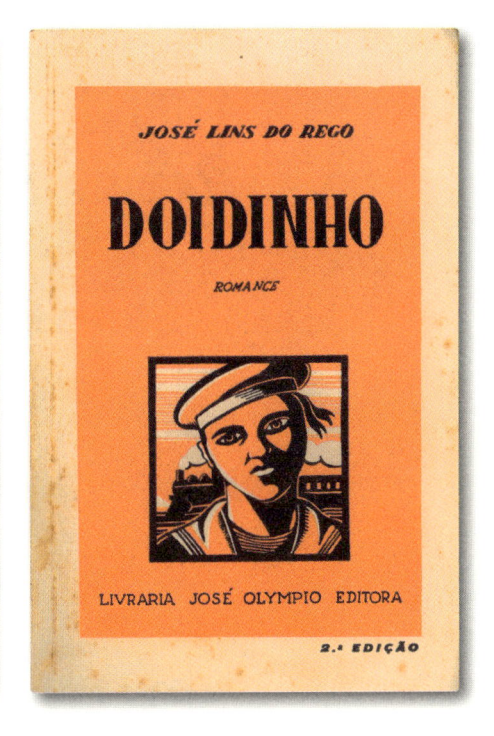

"O mestre dos desenhos das capas passou a ser o maior intérprete de meus livros. As vinhetas de Santa resumiam a vida inteira de meus romances". (José Lins do Rego, "Santa Rosa").

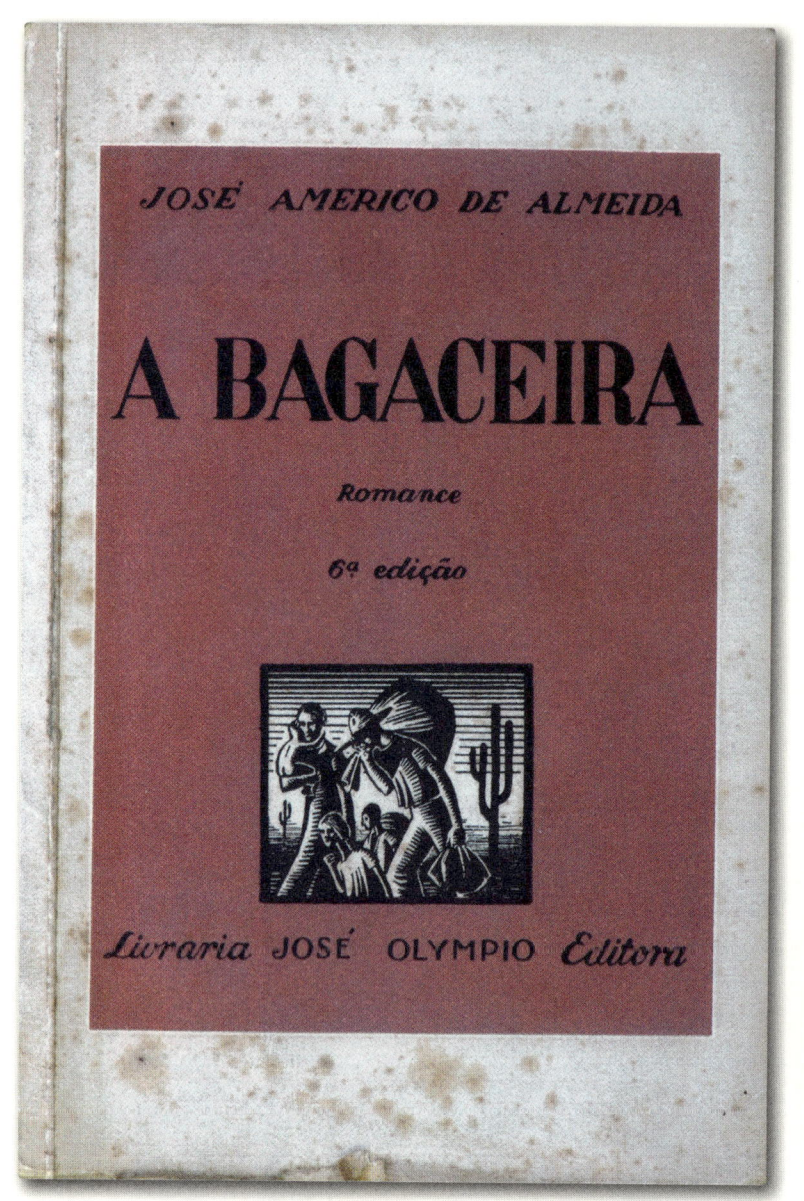

O drama central de *A Bagaceira* gira em torno dos proprietários, Dagoberto e seu filho Lúcio. Mas Santa Rosa decidiu apresentar "um grupo de retirantes, com o cacto do deserto no fundo", como descreveu Otto Maria Carpeaux, destacando o conflito social que se infiltra na trama.

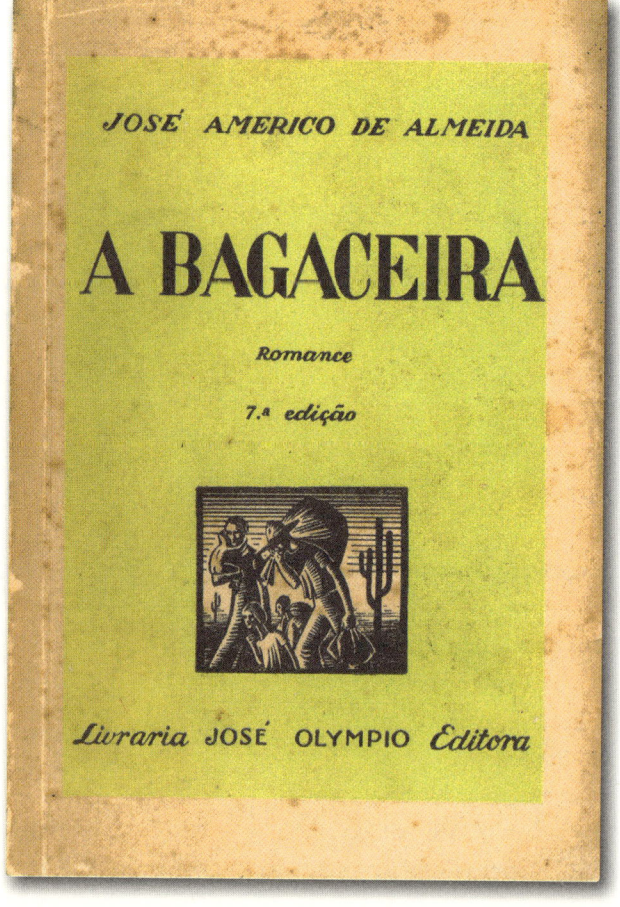

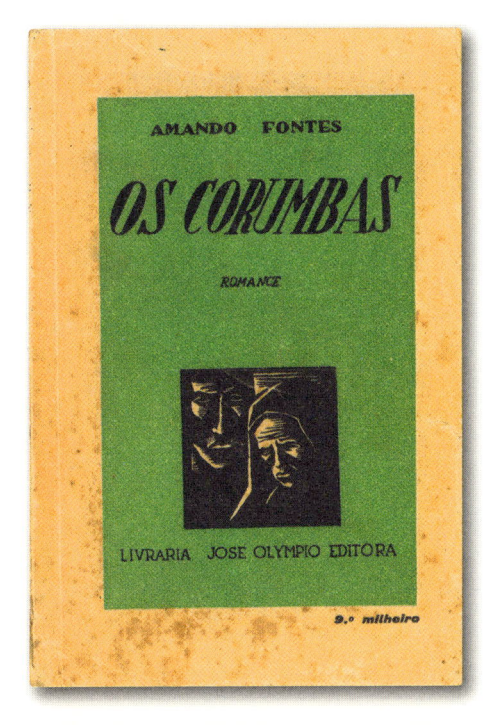

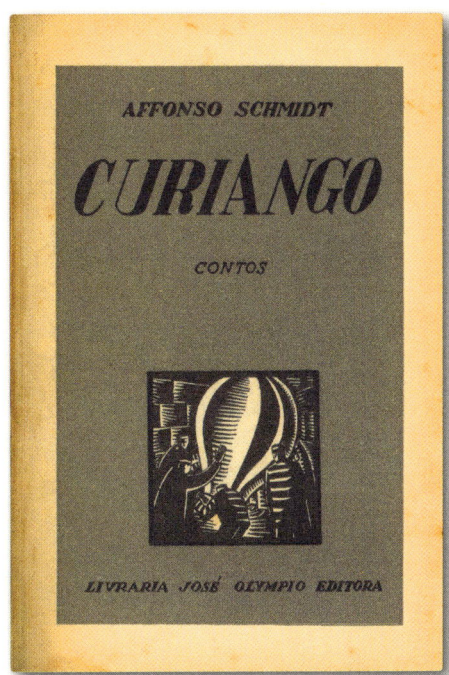

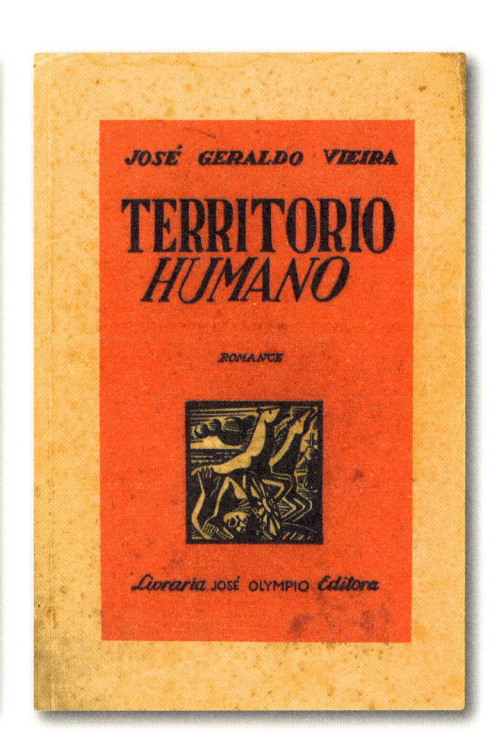

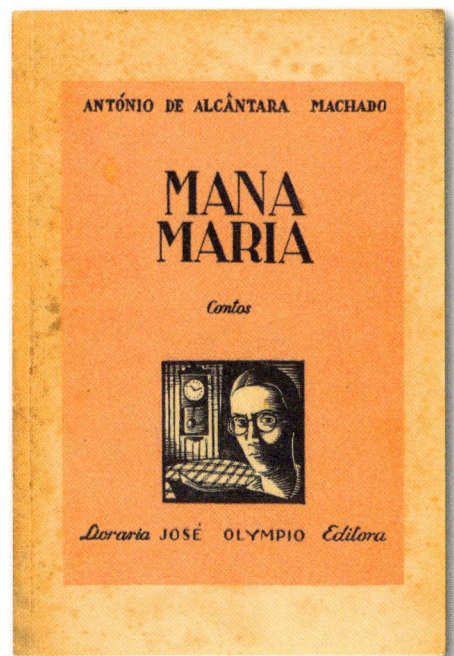

As muitas formas da desesperança: no rosto em *close* do casal sofrido e envelhecido que perde tudo em Os *Corumbas*; na liberdade impossível para o presidiário em contraste com o voo do balão que ele mesmo lançara, em *Curiango*; no acidente que converte o trabalhador em pedinte de *Território Humano*, no olhar duro da mulher convencida de que seria para sempre só, que pensa que "no enterro dela não viria ninguém" de *Mana Maria*; na ânsia de luz em meio à escuridão que afeta as criaturas de *A Luz no Subsolo*.

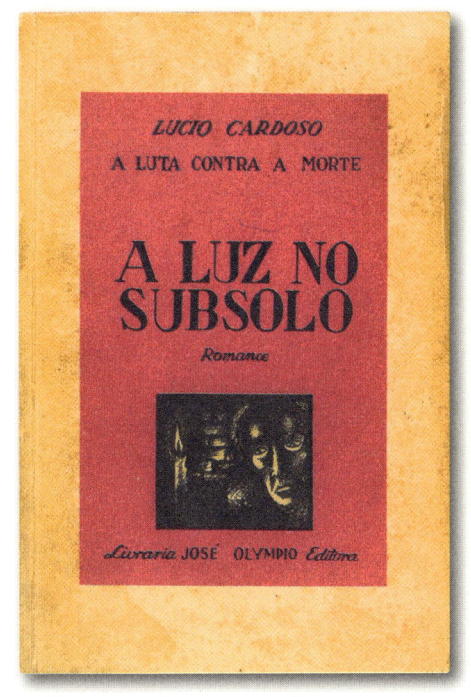

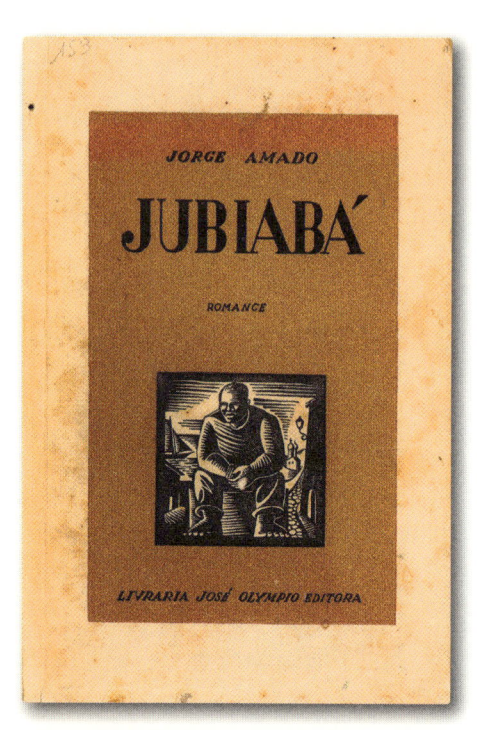

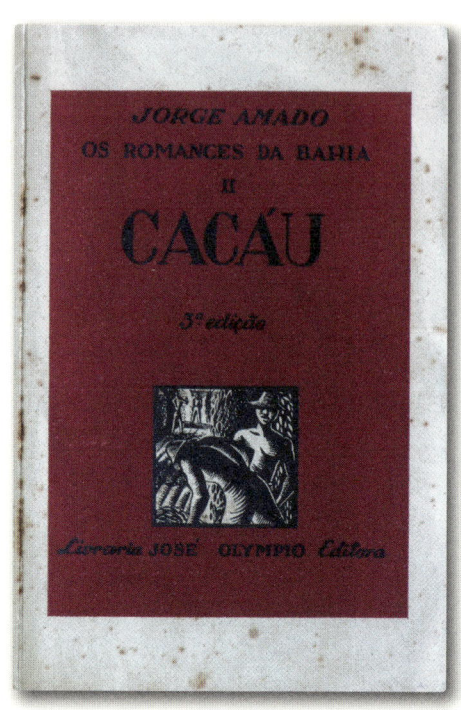

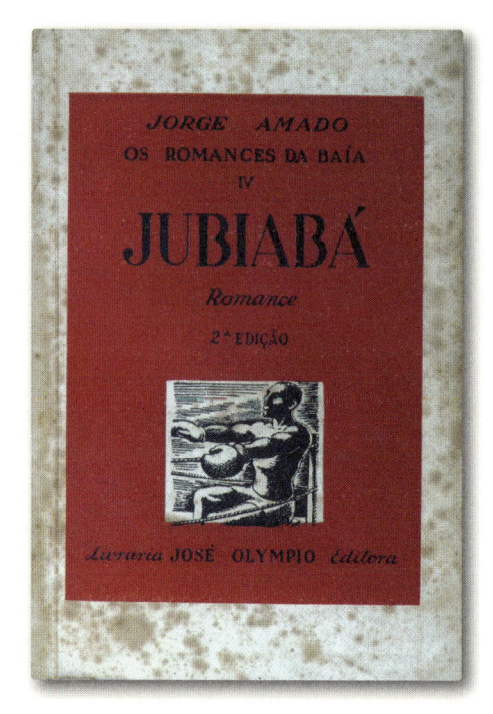

Jorge Amado estreou na José Olympio com *Jubiabá*, em 1935. No ano seguinte, seus livros foram reeditados em conjunto, sob o título geral de "Os Romances da Bahia". Mas sua passagem pela editora foi curta e ali todas as capas de seus romances foram desenhadas por Santa Rosa.

JORGE AMADO
OS ROMANCES DA BAHIA
V
MAR MORTO
Livraria JOSÉ OLYMPIO Editora

JORGE AMADO
OS ROMANCES DA BAÍA
I
O PAIZ DO CARNAVAL
Romance
3.ª EDIÇÃO
Livraria JOSÉ OLYMPIO Editora

156
JORGE AMADO
OS ROMANCES DA BAÍA
VI
CAPITÃES DA AREIA
Romance
Livraria JOSÉ OLYMPIO Editora

"É admirável, nesse sentido, a arte do capista Santa Rosa na edição original de *Angústia*. A pequena gravura que desenhou, ao pé da folha, destaca o retrato do protagonista: o corpo, entortado para um dos flancos, sugere a indecisão do funcionário entre o município, ao fundo, e a projeção vazia à frente do quadro; tem a cabeça pendida, em sinal de dolorosa humilhação, e as mãos cruzadas, dedos compressos, acentuam a cólera. Na dimensão vertical, o contraste claro-escuro lança a neblina em preto e branco, cinde imprecisamente as linhas, como a insinuar a contração dos fatores psíquicos e sociais responsáveis pela atmosfera do romance". (Erwin Torralbo Gimenez, "Mal Sem Mudança – Notas Iniciais Sobre *Angústia*").

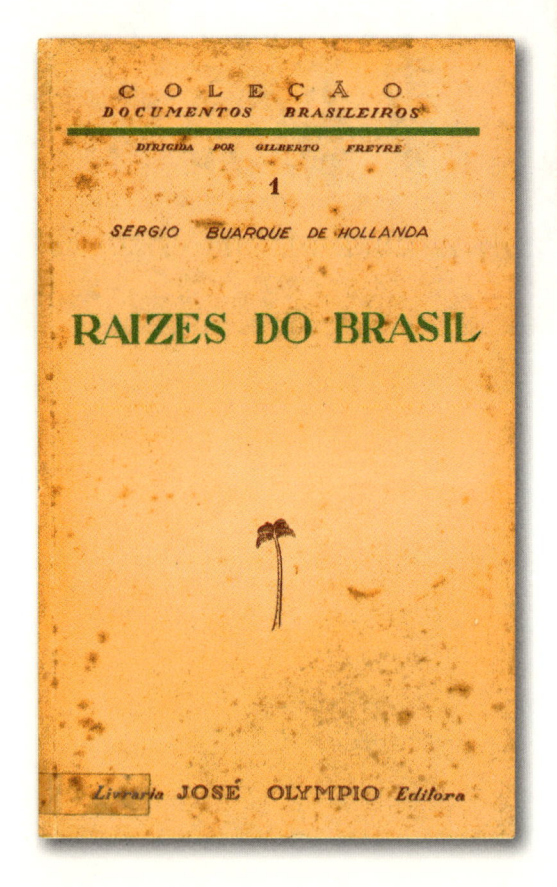

"Para todos esses autores e obras, por mais diferentes que tenham sido, criou 'SR' o símbolo comum que distingue, invariável e inconfundivelmente, os volumes todos da Coleção Documentos Brasileiros, símbolo de significação profunda e simplicidade surpreendente: uma palmeira. A árvore típica cujas raízes se confundem com as próprias raízes do Brasil; a árvore que deu sombra à Casa Grande do senhor e à senzala dos escravos; a árvore que, através das vicissitudes da história do Brasil, sombreou o cemitério das derrotas e se hasteou, às vezes, como bandeira da vitória; a palmeira bem brasileira, as raízes na terra e a coroa no alto, na região da poesia". (Otto Maria Carpeaux, "Significação de SR").

O primeiro trabalho de ilustrador de Santa Rosa no campo do livro para crianças foi para este quase desconhecido livro que Jorge Amado escreveu com sua primeira mulher, Matilde Garcia Rosa.

"Por este tempo ilustrou o meu livro infantil *Histórias da Velha Totônia*. O nosso José Olympio mandava-lhe recados urgentes. E Santa lhe dizia que a obra estava quase terminada. Sabia eu que não havia uma linha traçada. E para evitar os desgostos do editor fui à casa do amigo. E saí de noite com todo o livro ilustrado. Santa caprichara numa obra--prima, naquele domingo, em Laranjeiras". (José Lins do Rego, "Santa Rosa").

HISTORIAS DA VELHA TOTONIA

POR

JOSÉ LINS DO REGO

LIVRARIA JOSÉ OLYMPIO EDITORA

Diferentes flagrantes do cotidiano: a conversa entre vizinhos do conto que dá título ao livro de Telmo Vergara; o caboclo em meio à floresta das histórias de Peregrino Júnior; a conversa casual entre colegas numa redação de jornal de que parte a narrativa da novela de Armando de Oliveira; a cena de descanso no interior em Valdomiro Silveira.

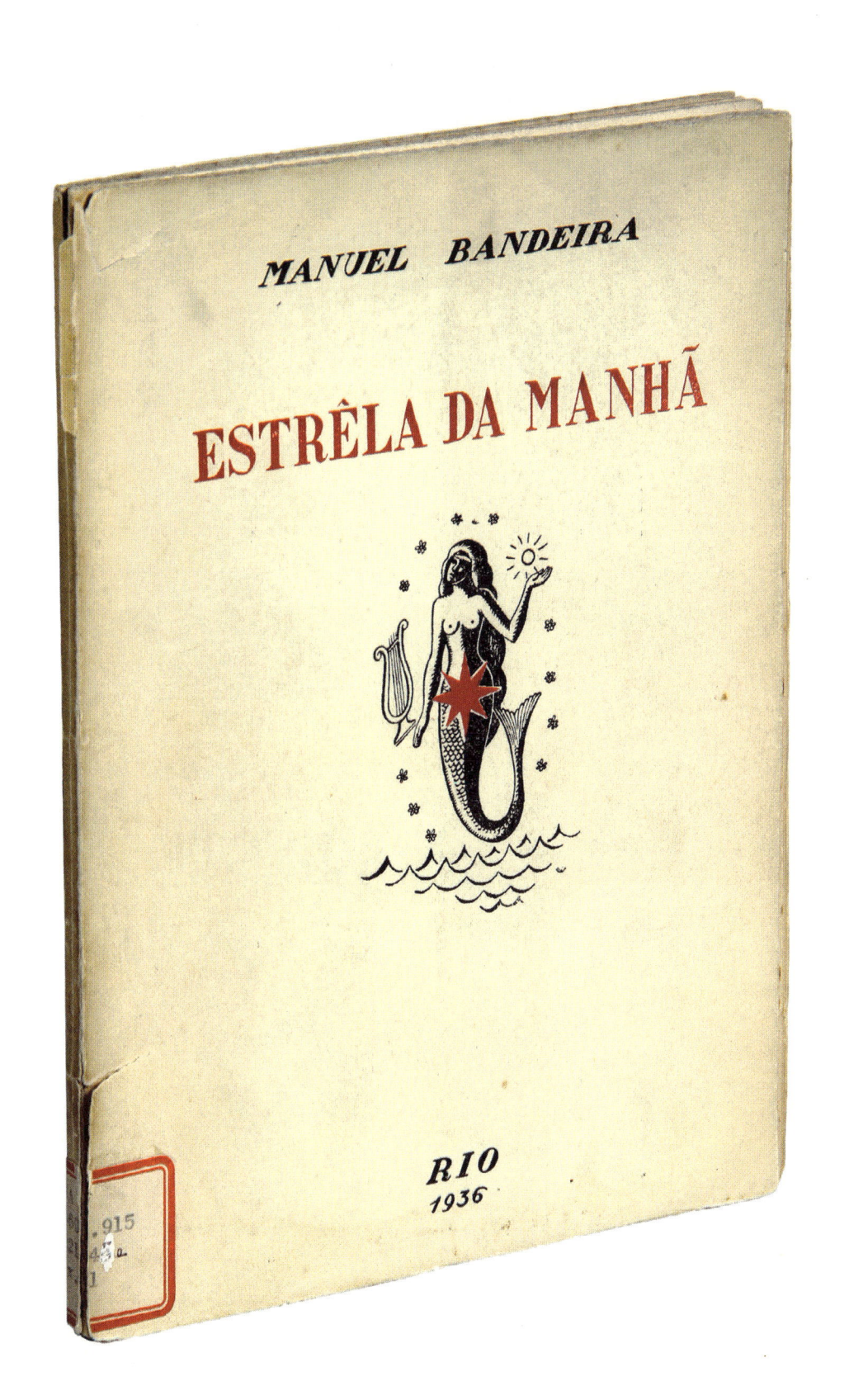

"— Meu bem, minha ternura é um fato, mas não gosta de se mostrar:
É dentuça e dissimulada.
Santa Rosa me compreende".
(Manuel Bandeira, "Poema para Santa Rosa").

Na década de 1930 nas capas para obras de não ficção elaboradas para a José Olympio Santa Rosa em geral dispensou o uso da cor tal como era usada nas obras de ficção. No entanto, nestes dois lançamentos de não ficção Santa Rosa utilizou a cor chapada que caracterizou os livros de ficção da editora. Para *Documentário do Nordeste* ele faria quase um negativo de seu *layout* mais famoso, já que a cor está na moldura e não no centro do conjunto, e, em *Memórias de um Cirurgião*, o formato da ilustração, circular, o distinguiria dos romances de autores brasileiros.

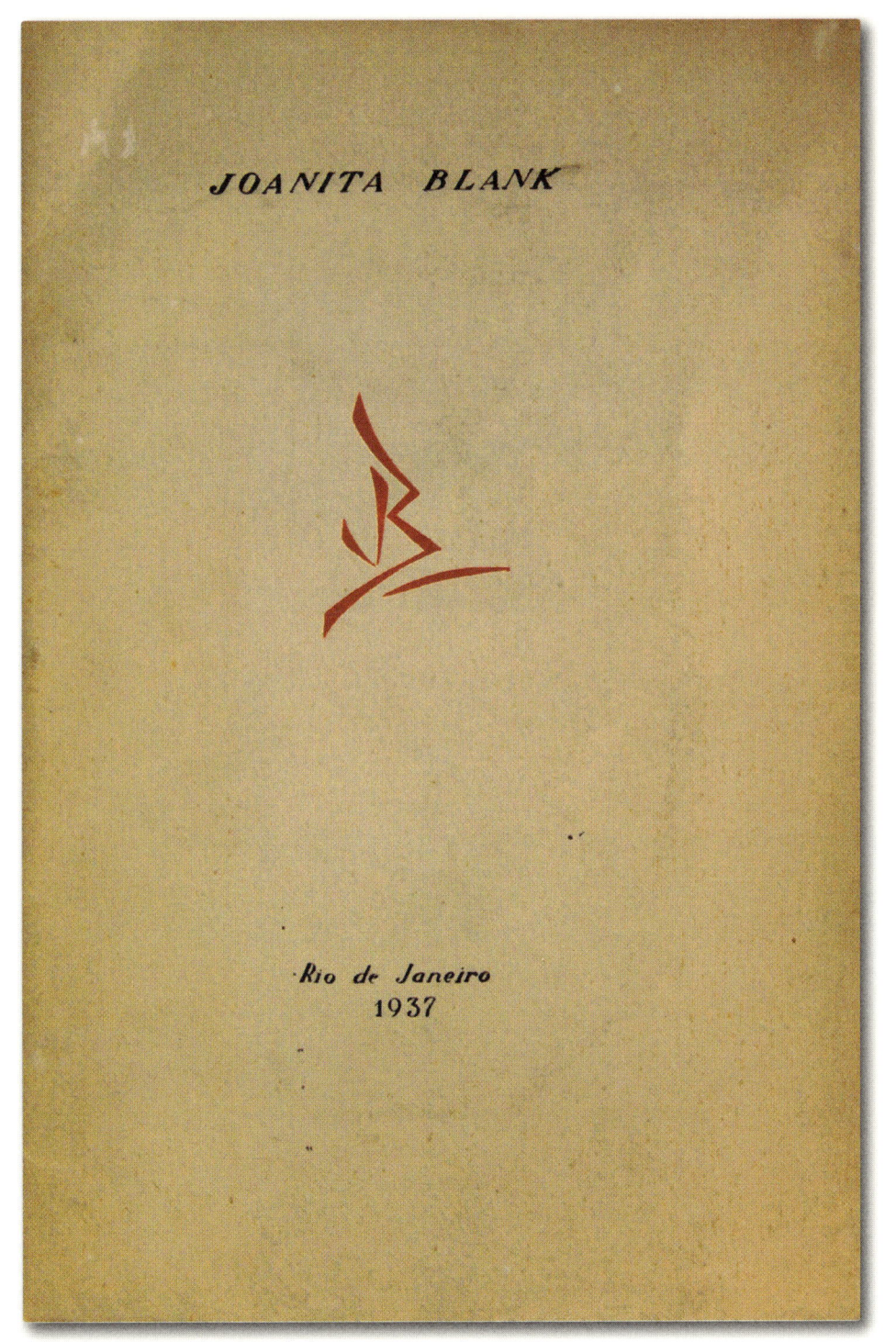

Manuel Bandeira reuniu num pequeno volume com tiragem de apenas 30 exemplares dez poemas da artista plástica Joanita Blank. O minimalismo do projeto já se apresenta na capa, em que as iniciais da autora se convertem em ilustração.

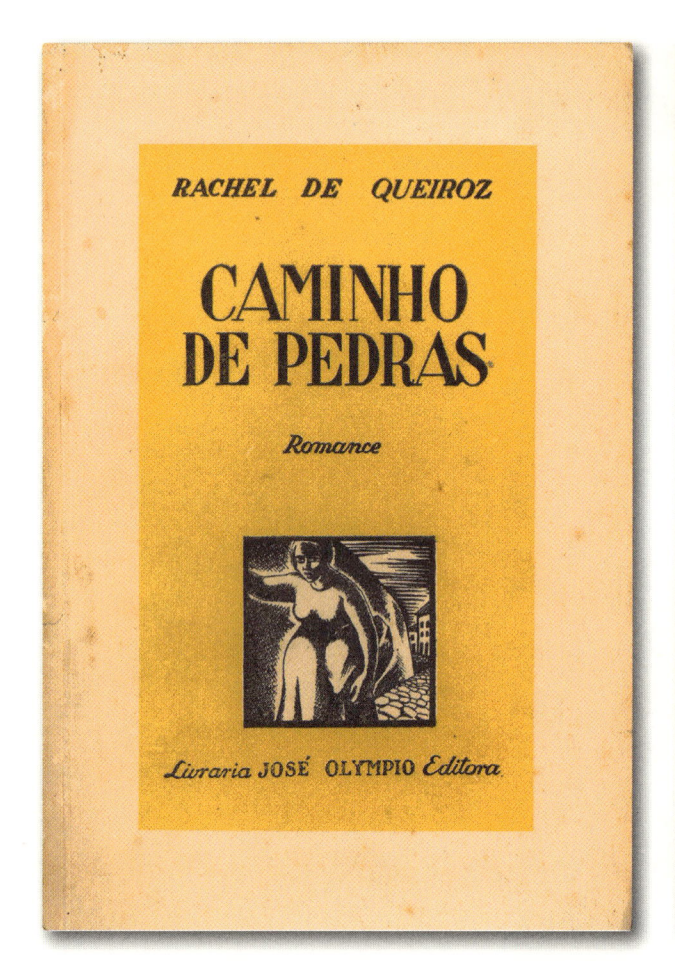

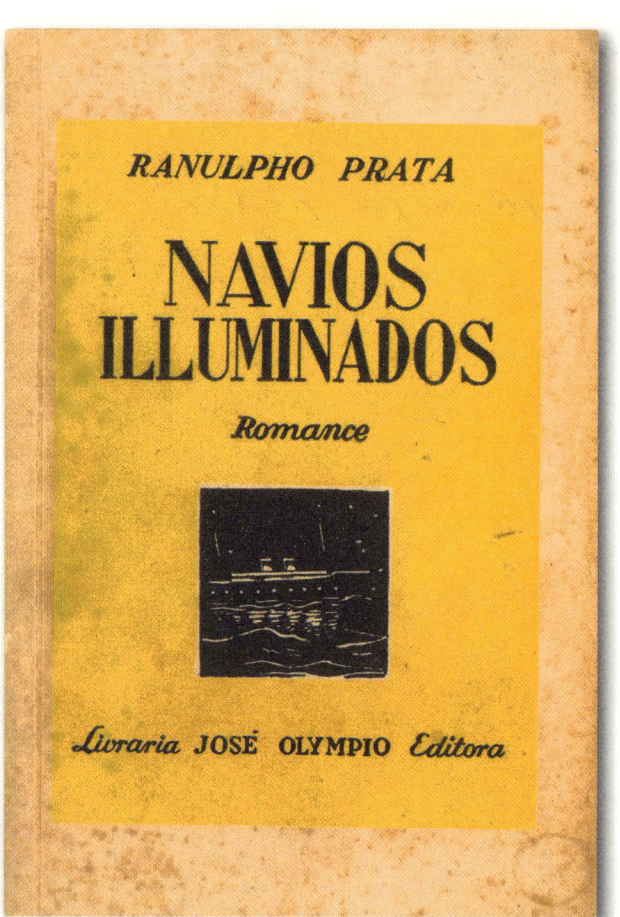

"Pisou em falso numa pedra solta. Arrimou-se ao muro. O pequeno parece que se sacudiu todo, comovido também com o choque.
Noemi sorriu, amparou com a mão o ventre dolorido:
— Mais devagar, companheiro!"
(Rachel de Queiroz, *Caminho de Pedras*).

Em *Navios Iluminados* não é uma cena, como em *Caminho de Pedras*, que Santa Rosa escolhe para apresentar o romance. É apenas um dos navios iluminados que captam o olhar do protagonista José Severino nos momentos decisivos de sua trajetória.

"Hoje fomos à casa do Santa, onde vi os bonecos admiráveis de que já falei. Enquanto lá estávamos, o pintor arranjou a capa do *Pureza*, serviço de uma hora, feito na frente da gente". (Graciliano Ramos, Carta a Heloísa de Medeiros Ramos de 14 de fevereiro de 1937).

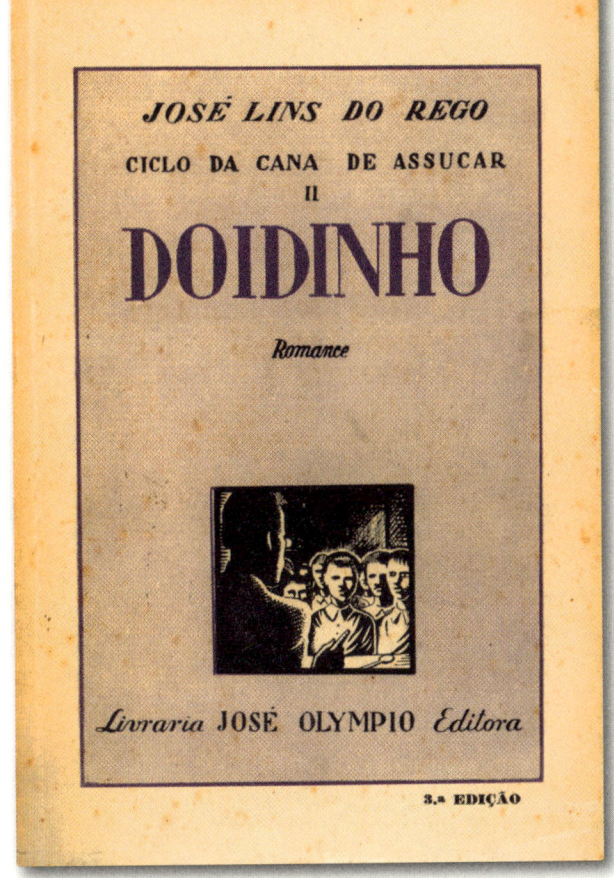

Impresso na
Empreza Graphica da "Revista dos Tribunaes"

Osvaldo Orico

Seiva

ROMANCE

1937
COMPANHIA EDITORA NACIONAL
SÃO PAULO — RIO DE JANEIRO — RECIFE — PORTO ALEGRE

Com um *layout* que antecipa a mudança que faria nas capas de ficcionistas brasileiros da José Olympio, em *Seiva* Santa Rosa retoma o uso da cor na ilustração. A muiraquitã fecha o livro ocupando sozinha todo o espaço da quarta capa,

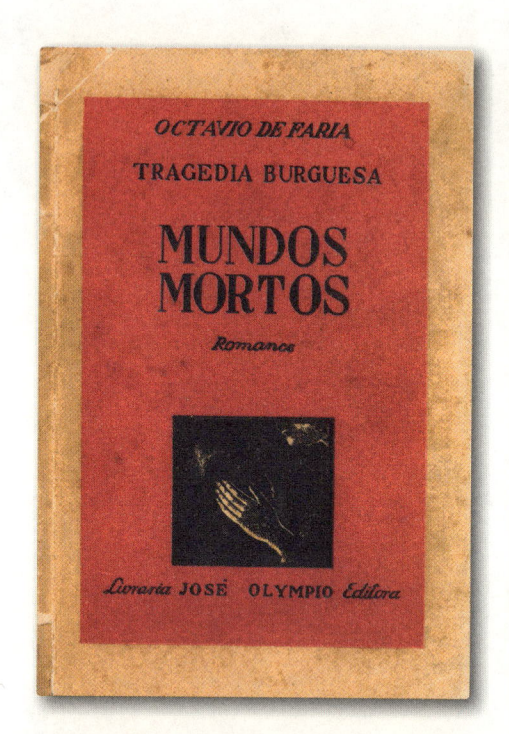

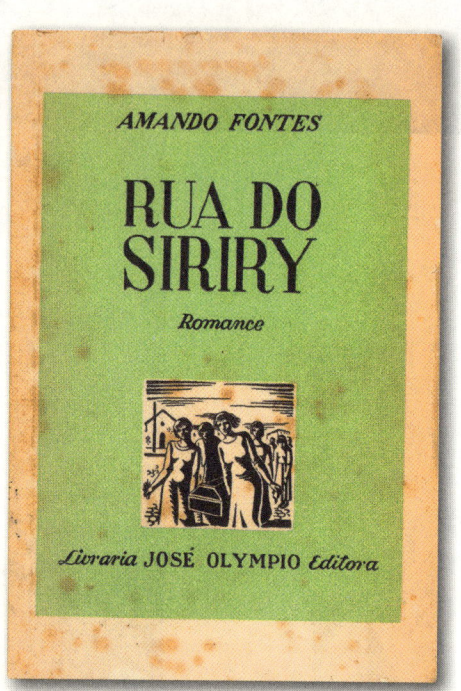

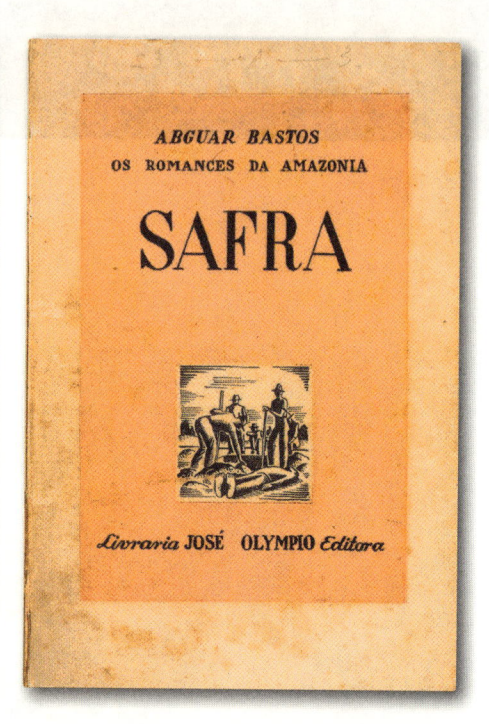

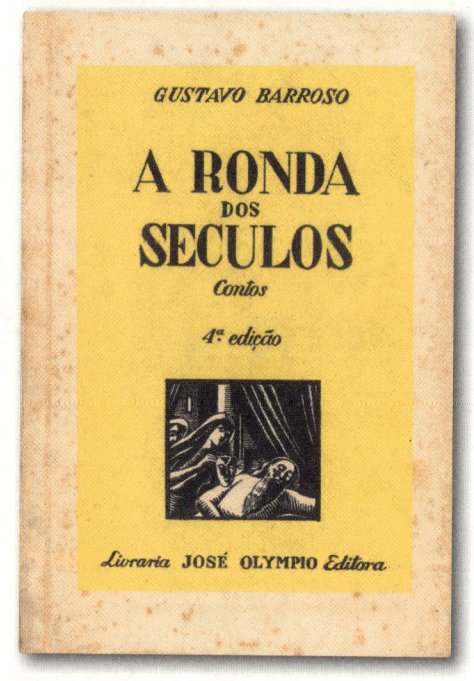

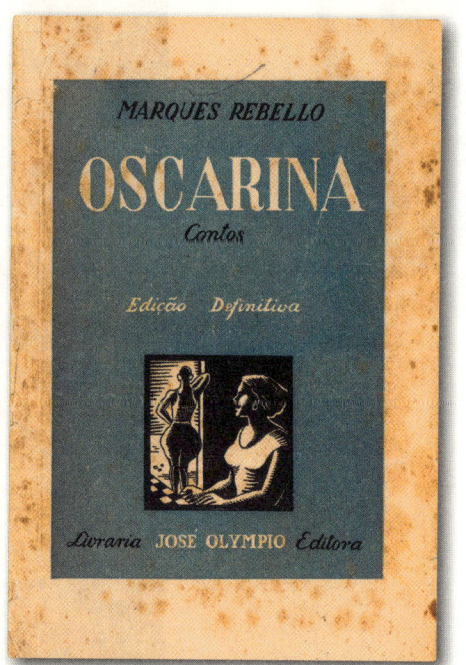

Vista em confronto com as capas da José Olympio, do mesmo período, a de *Dezessete*, lançado pela Pongetti, chama a atenção pela ausência da cor chapada de fundo e pelas dimensões da ilustração.

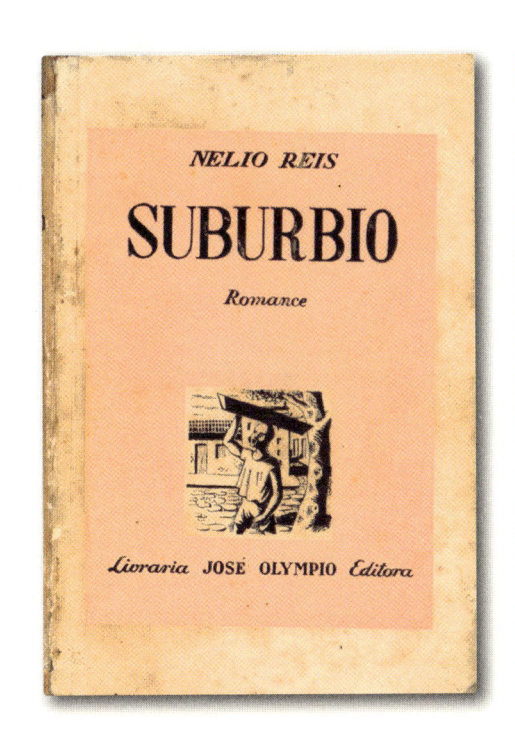

SUBURBIO
NELIO REIS
Romance

Livraria JOSÉ OLYMPIO *Editora*

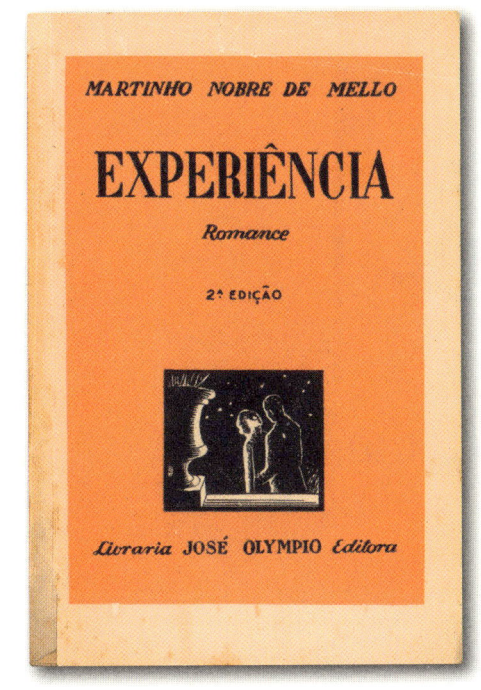

EXPERIÊNCIA
MARTINHO NOBRE DE MELLO
Romance
2ª EDIÇÃO

Livraria JOSÉ OLYMPIO *Editora*

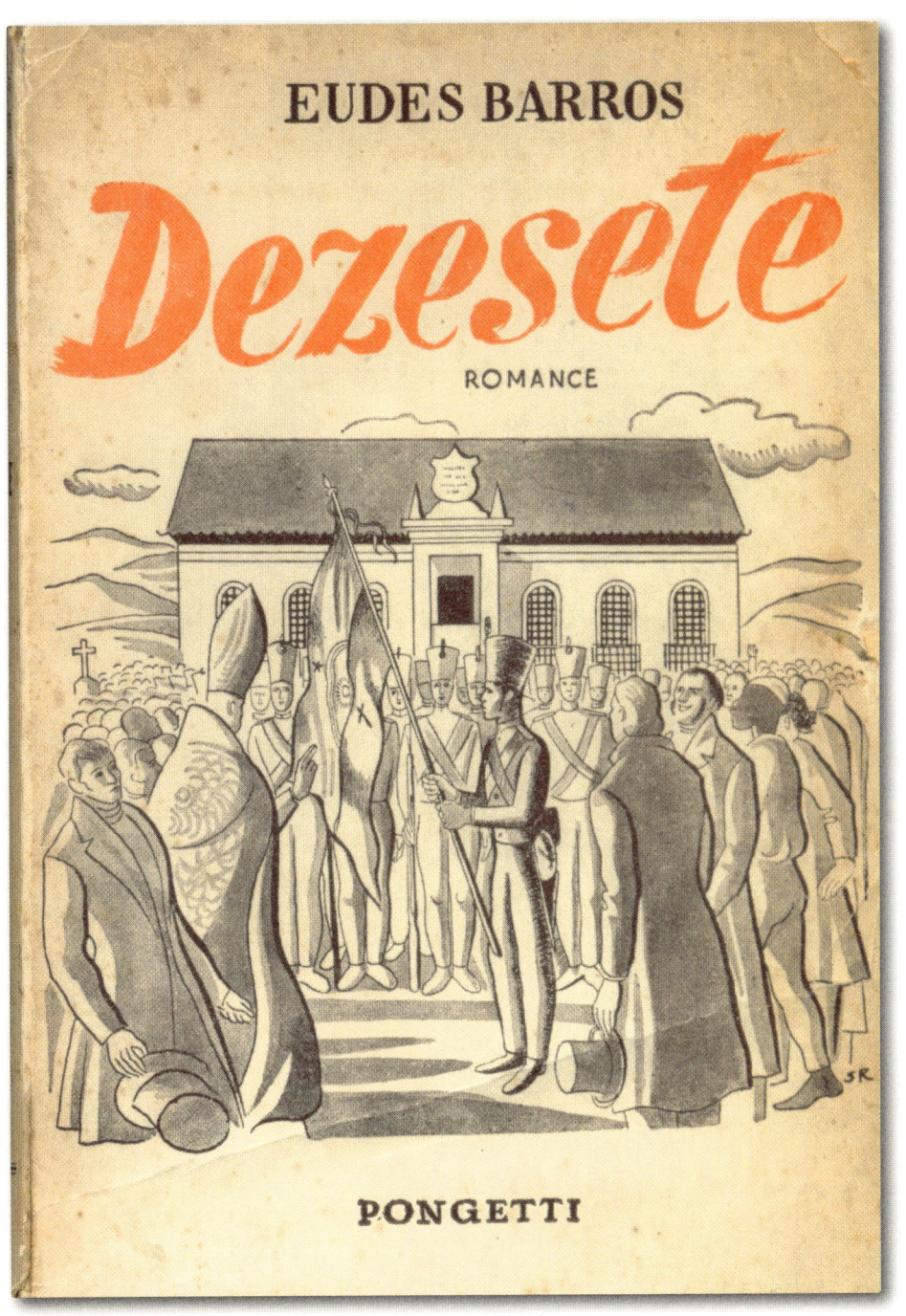

Dezesete
EUDES BARROS
ROMANCE

PONGETTI

A segunda edição de *Macunaíma* foi o único livro de Mário de Andrade lançado pela José Olympio. Na primeira vez que Macunaíma sai com Sofará, a mulher do mano Jiguê, "a moça carregou o piá nas costas até o pé da aninga na beira do rio. A água parara pra inventar um ponteio de gozo nas folhas do javari". É nesse momento, antes de Macunaíma brincar com ela que Santa Rosa a flagra, fazendo-nos espiar sua nudez junto com o herói de nossa gente.

MARIO DE ANDRADE

MACUNAÍMA

2ª edição

Livraria José Olympio Editora

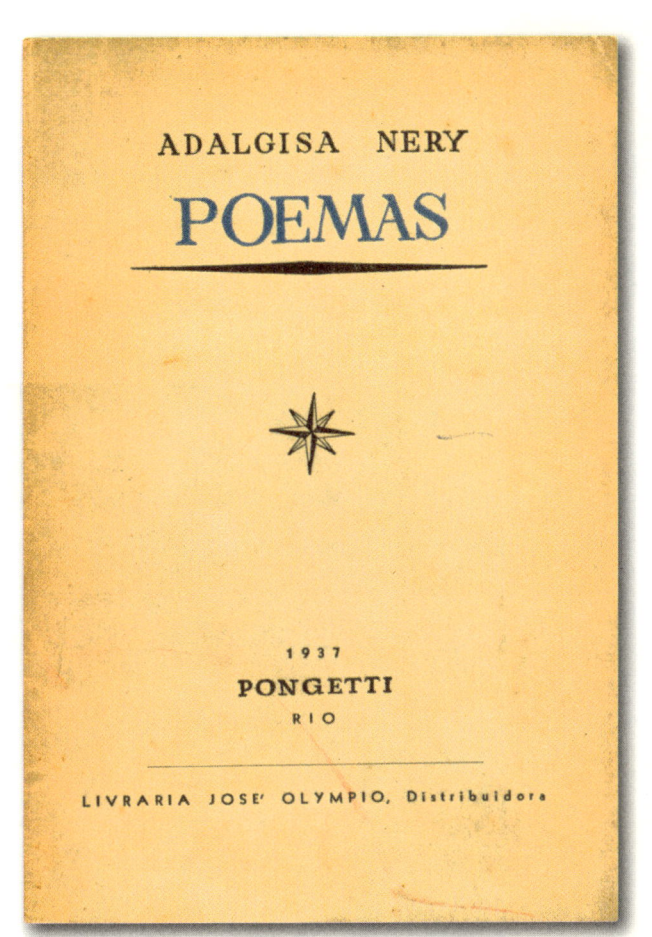

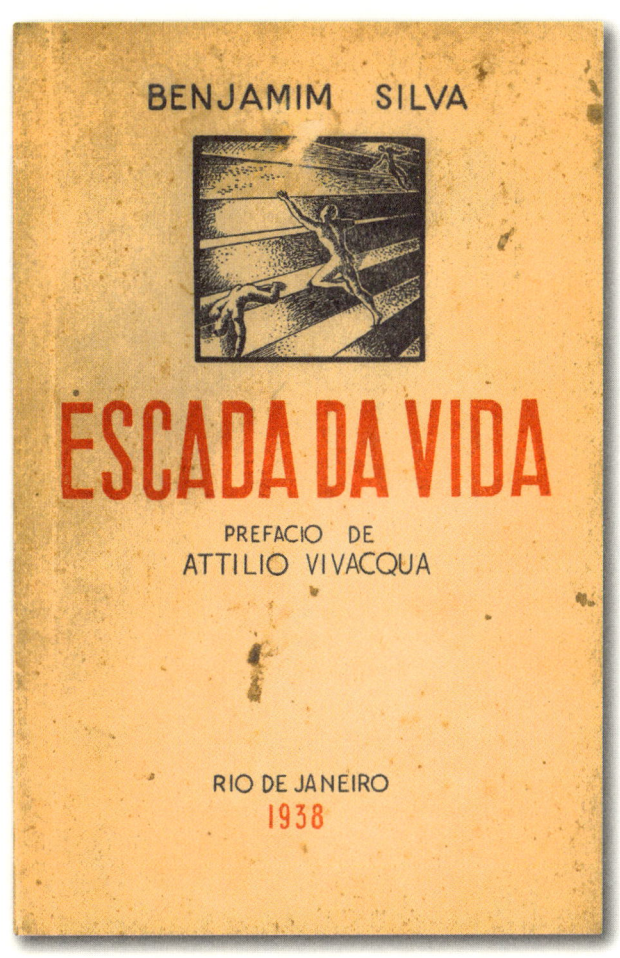

O anseio de vastidão que percorre o livro de Adalgisa Nery — "Nesse dia minha alma purificada,/ Transformada pela podridão das minhas carnes/ Riscará luminosa os céus/ E anunciará a grandeza das origens/ Por todo o Ilimitado/ Por toda a Eternidade", diz-nos o poema de encerramento do volume — aparece sintetizado por uma simples estrela. A capa do livro de Benjamim Silva remete diretamente ao poema que lhe fornece o título. Mas, se na ilustração que aparece no poema vemos apenas um homem subindo uma escada interminável, aqui vemos muitos. É como se Santa Rosa, na capa, transformasse em metáfora que sintetiza a incompletude das ações humanas aquilo que no poema é uma descoberta pessoal: "Julguei da vida haver galgado a escada/ [...]/ Hoje vejo, porém, que quase nada/ Consegui, afinal haver subido".

Em março de 1938, com as capas da segunda edição de *S. Bernardo*, de Graciliano Ramos, e de *Rola-Moça*, de João Alphonsus, Santa Rosa inaugura uma variação de seu *layout* para os romances brasileiros lançados pela editora José Olympio.

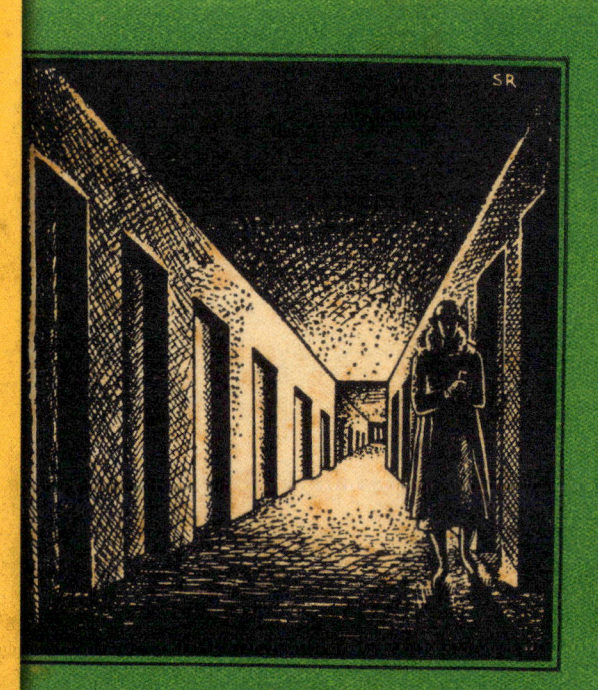

Antes de se chamar *Vidas Secas*, o quarto romance de Graciliano Ramos levava o título de seu antepenúltimo capítulo, *O Mundo Coberto de Penas*. A mudança se fez já com o livro composto, nas provas, quando revisadas pelo autor. Santa Rosa decerto trabalhou tendo em mente o primeiro título, já que sua ilustração remete diretamente ao solilóquio de Fabiano quando o mundo se cobre de penas com a chegada das aves de arribação, a anunciar a aproximação de uma nova seca.

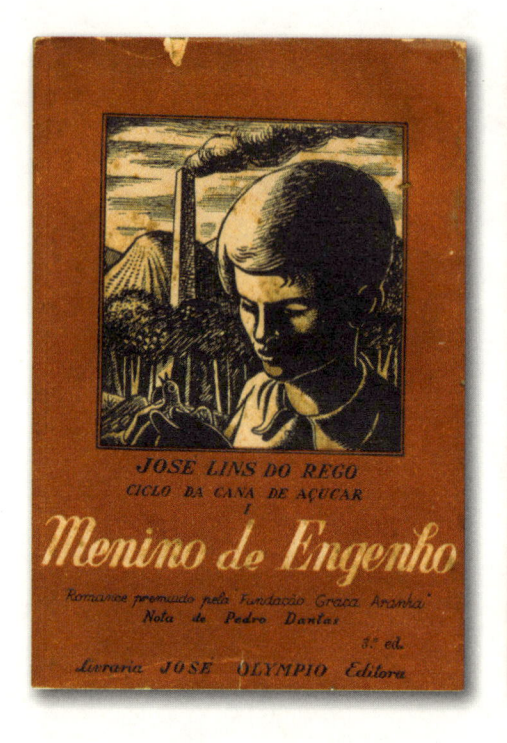

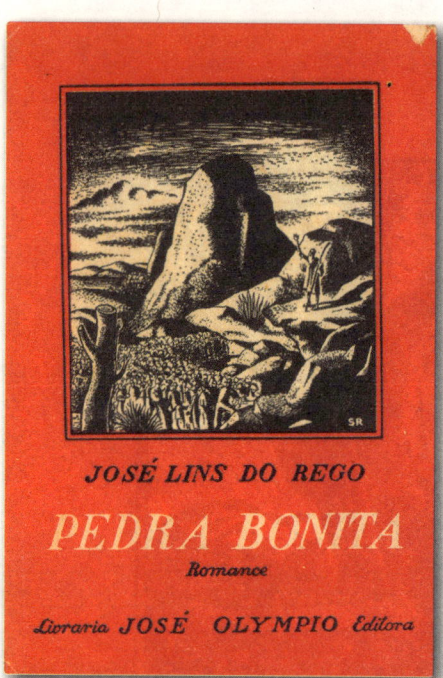

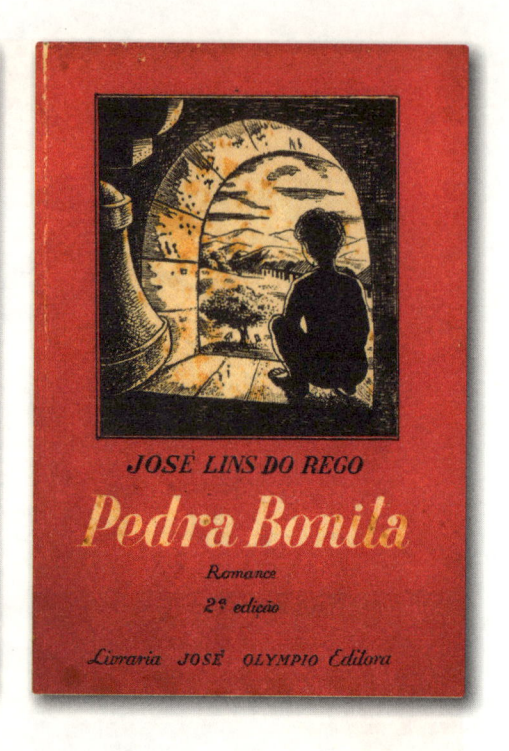

Na terceira edição de *Menino de Engenho* Santa Rosa confirma sua leitura intimista do livro, destacando em primeiro plano o menino brincando solitário com os passarinhos e deixando em segundo plano a plantação, a mata e a chaminé do engenho. Para *Pedra Bonita* o foco mudou de uma edição à outra, como se o artista fizesse um movimento de interiorização em sua leitura do livro. Na primeira, ele nos apresenta um flagrante do famoso levante ocorrido no século XIX. Na segunda ele nos mostra um menino sozinho contemplando a vila, do alto da torre da igreja. Com isso, passa do pano de fundo histórico que a narrativa evoca para o protagonista, garoto que carrega consigo a força do fato de sua família ter participado do banho de sangue.

Os títulos desses romances remetem a um começo, a promessas do que ainda está por vir. Mas os olhos do menino, assim como o da jovem de *Amanhecer*, nos dizem o contrário. O que eles encaram é um começo — afinal são jovens — mas de algo indefinido e sem tantas promessas assim. Com estas capas, mais do que sintetizar as ações dos romances em si, Santa Rosa capta toda uma tendência da literatura brasileira no final da década de 30.

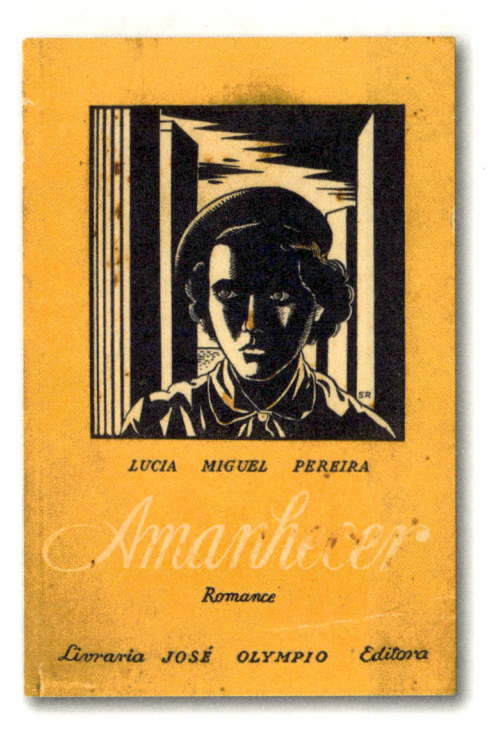

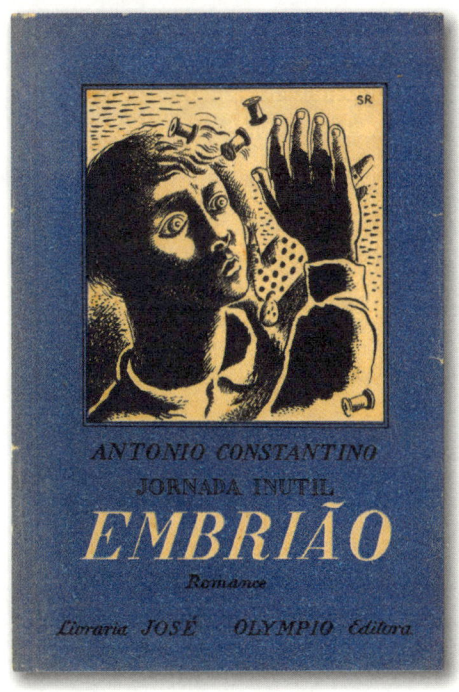

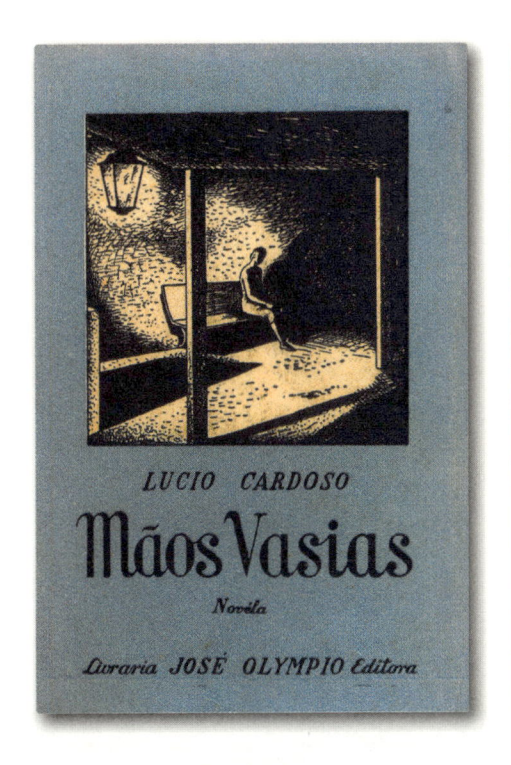

Duas formas de solidão: o deslocamento em meio ao povo — e mesmo em meio aos amigos — que vive Belmiro e o isolamento completo de Ida, a protagonista de *Mão Vazias*.

A coleção de poesia Rubáyát era marcada pelo grande apuro visual, que se percebe no cuidado de ilustrar a quarta capa, e até mesmo a lombada, com os motivos florais que em geral apareciam na capa.

Impressa na
E. G. "Revista dos Tribunaes"

OCTAVIO TARQUINIO DE SOUSA

RUBÁIYÁT

DE

OMAR KHAYYÁM

TERCEIRA EDIÇÃO

LIVRARIA JOSÉ OLYMPIO EDITORA

GUILHERME DE ALMEIDA

O JARDINEIRO
DE
RABINDRANATH TAGORE

LIVRARIA JOSÉ OLYMPIO EDITORA

Impresso na
E. G. "Revista dos Tribunaes"

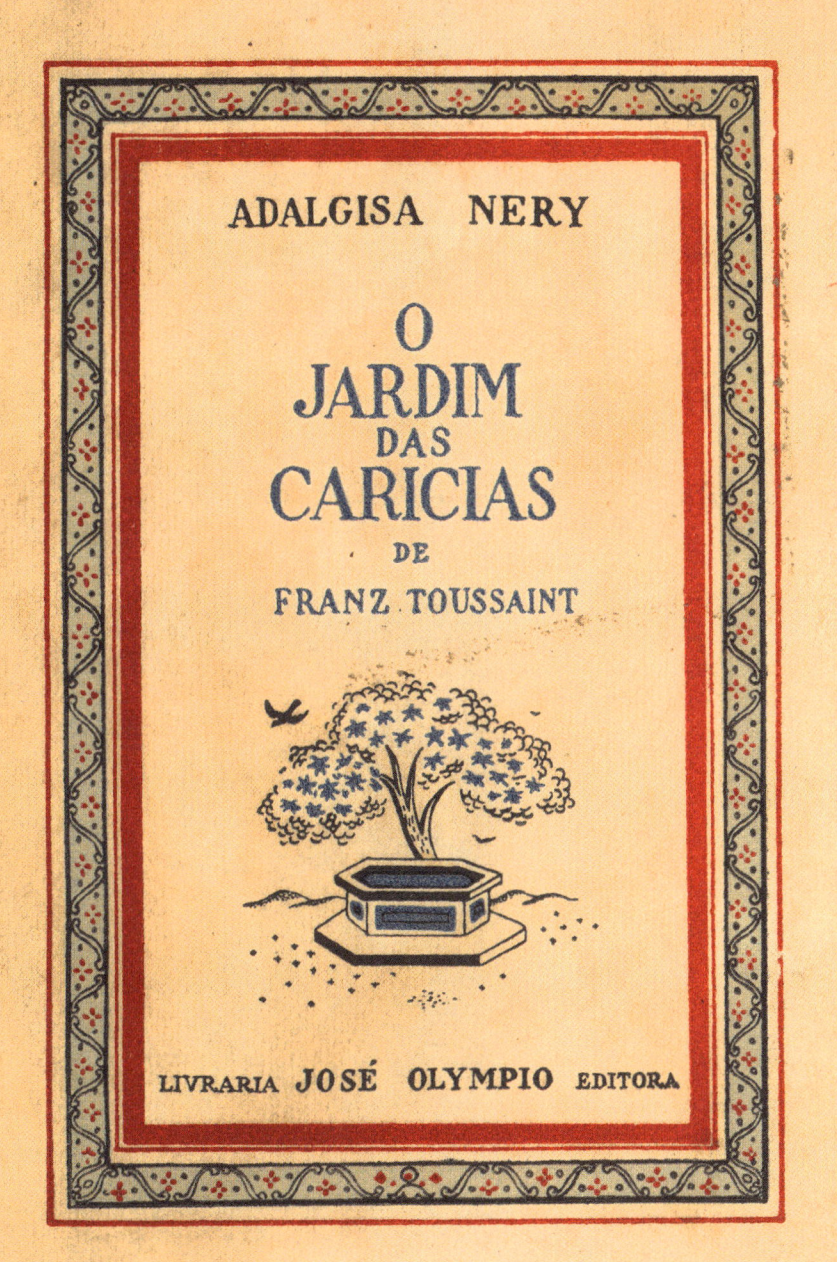

ADALGISA NERY

O JARDIM DAS CARICIAS
DE
FRANZ TOUSSAINT

LIVRARIA JOSÉ OLYMPIO EDITORA

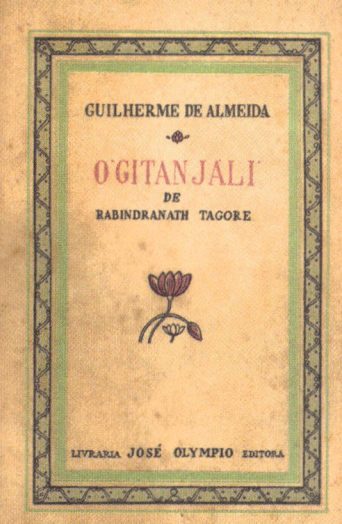

GUILHERME DE ALMEIDA

O GITANJALI
DE
RABINDRANATH TAGORE

LIVRARIA JOSÉ OLYMPIO EDITORA

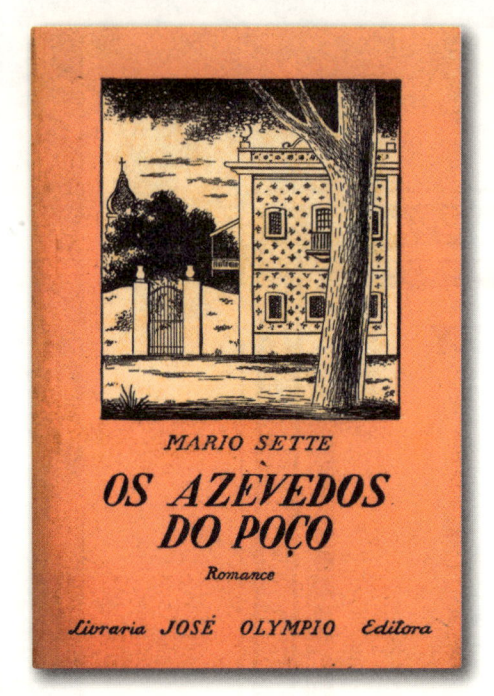

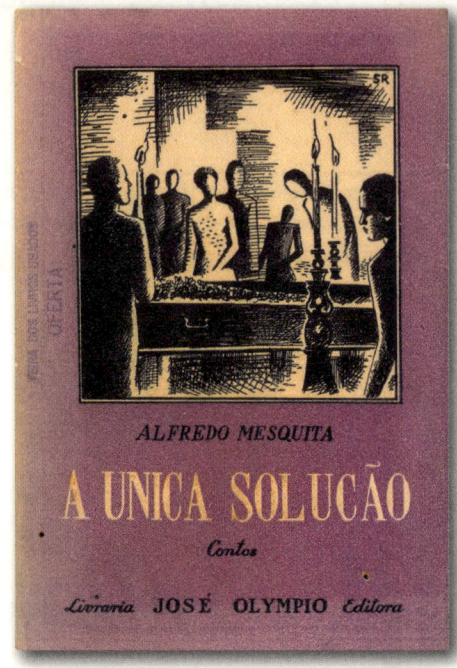

Estes lançamentos de escritores brasileiros do final da década de 1930, vistos em conjunto, evidenciam a eficácia do projeto de Santa Rosa. Se, por um lado, o *layout* identifica imediatamente o volume como mais um dentro de uma série, as cores e as ilustrações individualizam cada título.

133

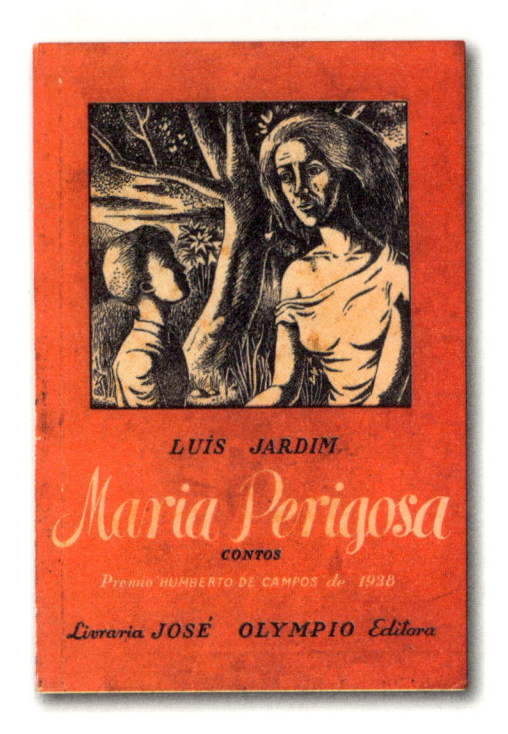

AMARYLIO ALBUQUERQUE

DEDO MINDINHO

DESENHOS DE SANTA ROSA

Livraria Francisco Alves

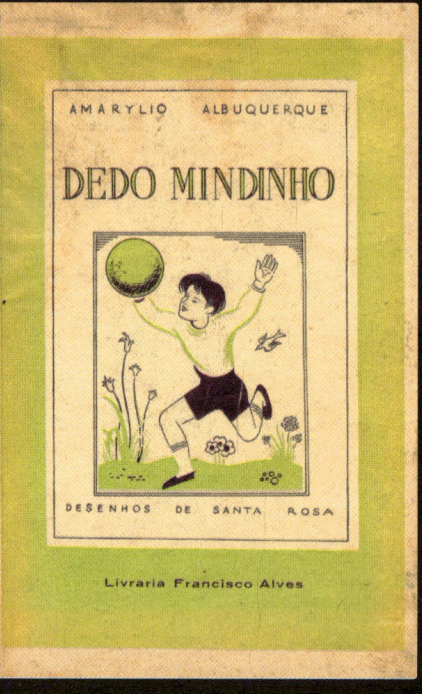

As capas e ilustrações de Santa Rosa para livros infantis foram, em sua maioria, elaboradas para outras editoras que não a José Olympio. *Coelho Sabido* saiu pela Melhoramentos, e *Dedo Mindinho* foi um livro didático da Francisco Alves.

FRANKLIN DE SALLES
COELHO SABIDO

DEZENHOS de SANTA ROSA

Edições Melhoramentos

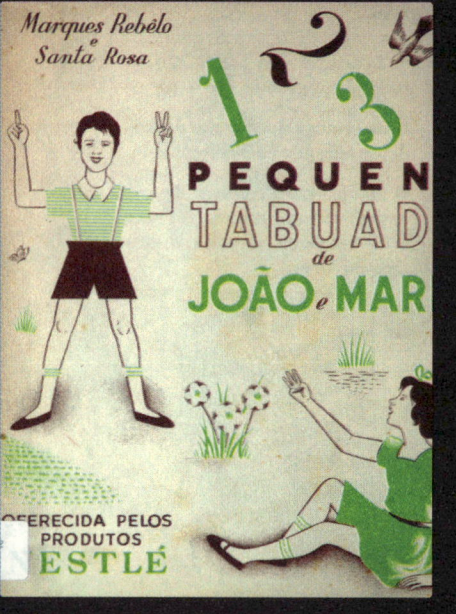

Nos trabalhos feitos com Marques Rebelo para a Nestlé e em *Aventuras de Barrigudinho*, co-redigido por Arnaldo Tabayá, acontece algo raro naqueles tempos: os nomes dos autores dos textos e das ilustrações recebem o mesmo destaque na capa.

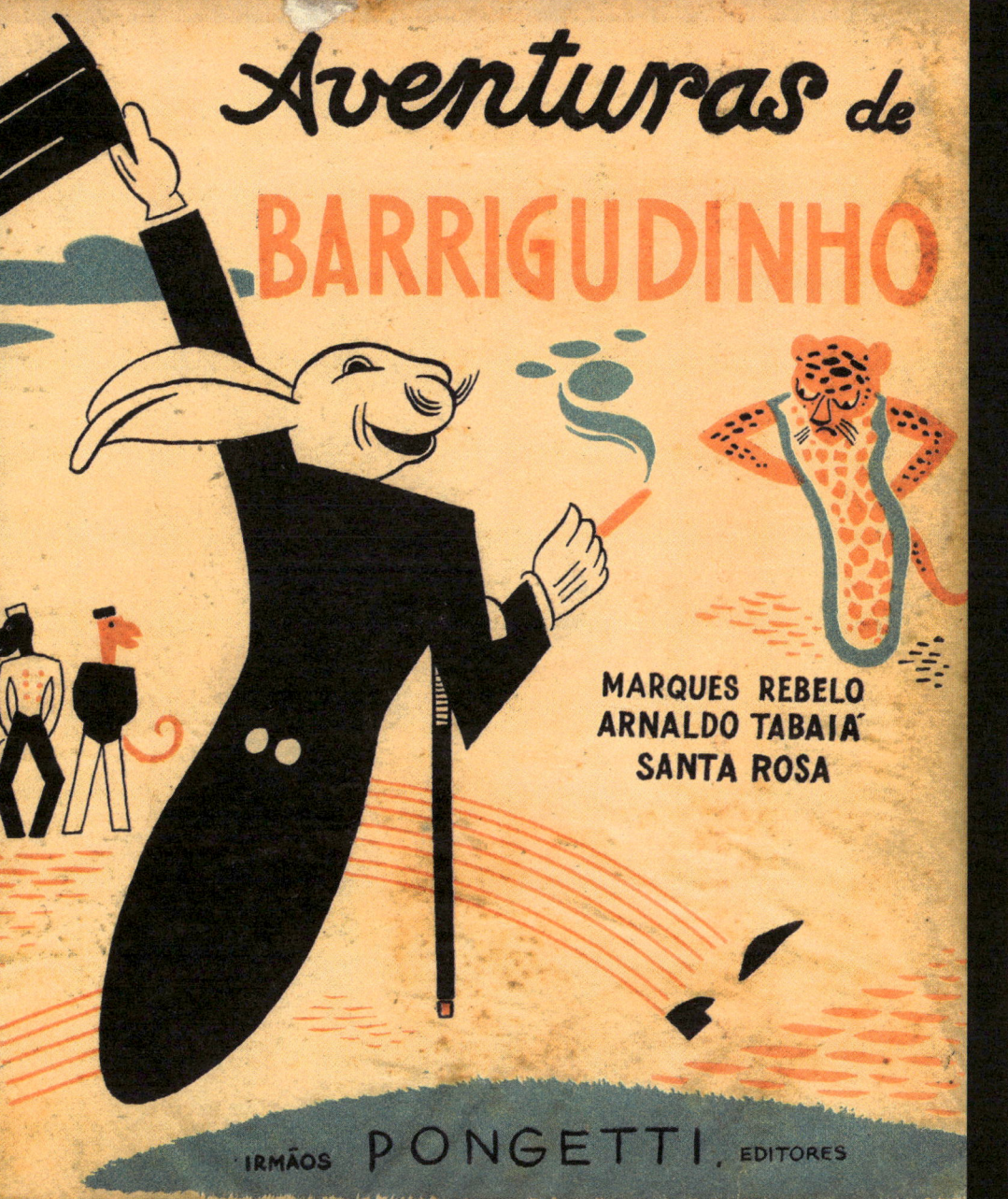

Aventuras de BARRIGUDINHO

MARQUES REBELO
ARNALDO TABAIÁ
SANTA ROSA

IRMÃOS Pongetti, EDITORES

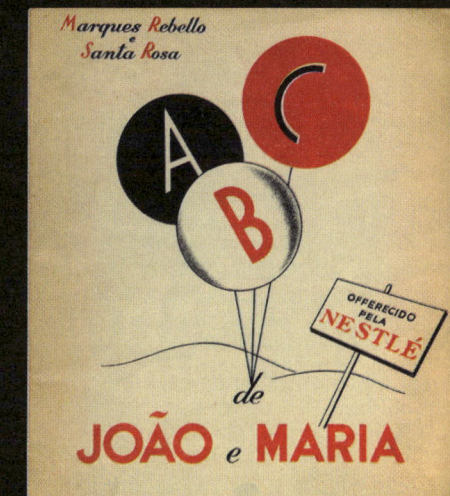

Marques Rebello e Santa Rosa

ABC de JOÃO e MARIA

OFFERECIDO PELA NESTLÉ

1ª EDIÇÃO

e Saúde]. Os meus meninos não valem nada diante das figuras do nosso amigo, um circo de cavalinhos formidável. Formidável". (Graciliano Ramos, Carta a Heloísa de Medeiros Ramos de 14 de fevereiro de 1937).

O CIRCO

TEXTO E
ILLUSTRAÇÕES
EM CÔRES DE
SANTA ROSA

DESCLÉE DE BROUWER

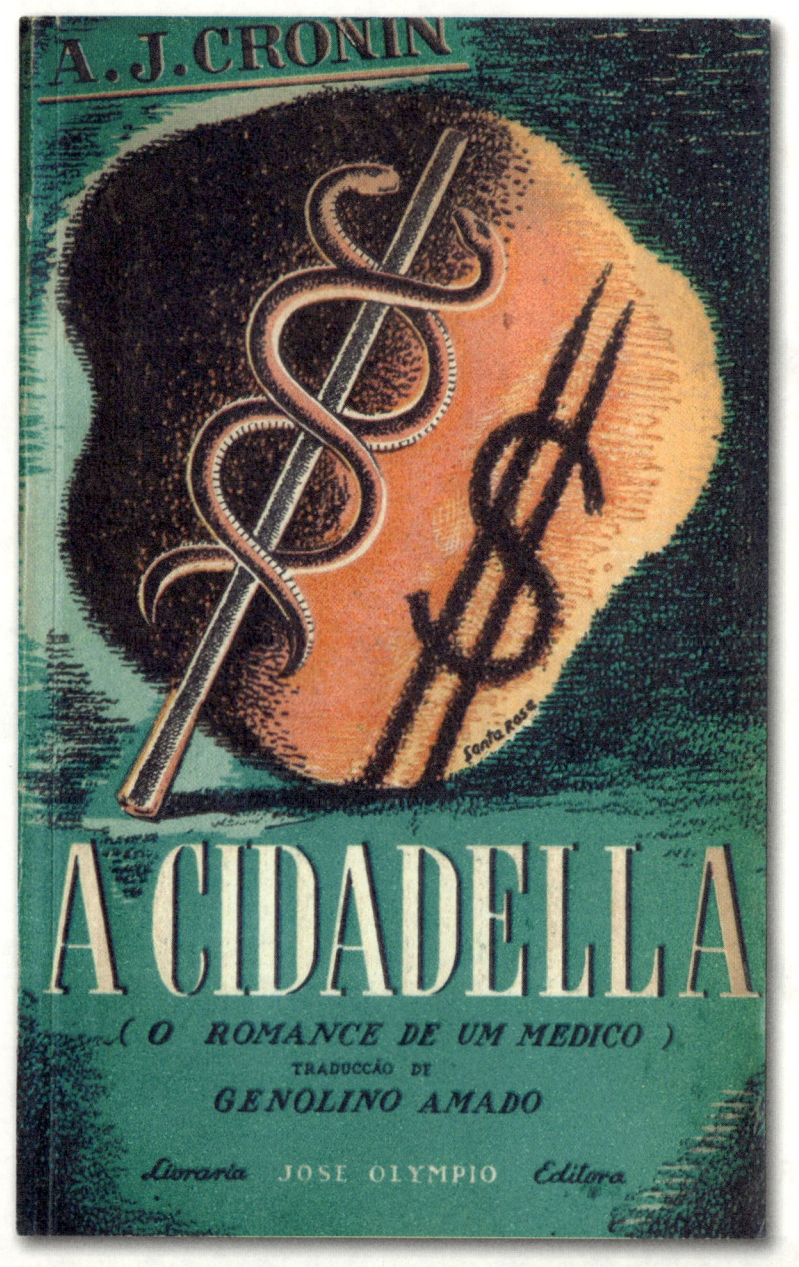

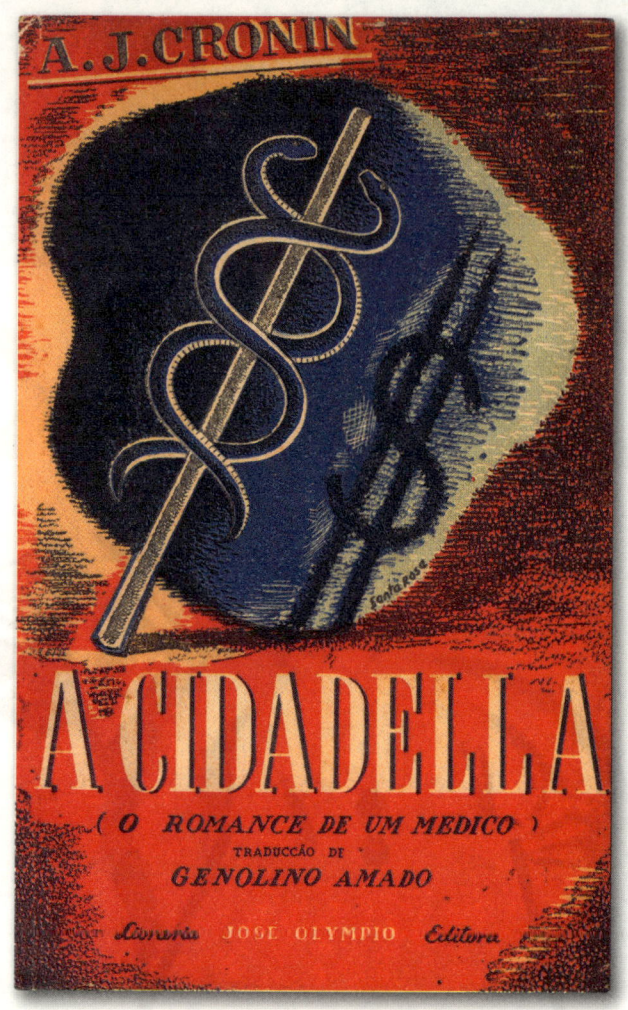

A capa do romance de A. J. Cronin foi a mais longeva das desenhadas por Santa Rosa. Diferentemente do que ocorria com os romances brasileiros, cujas capas, na maioria das vezes, ganhavam nova ilustração a cada edição, era mais comum que as obras de autores estrangeiros tivessem sua capa repetida com alguma variação de cor. Esta capa de *A Cidadela*, numa ou noutra de suas versões, foi aproveitada até a décima edição do romance, publicada em 1950.

CORNELIO PENNA

Dois Romances de NICO HORTA

Romance

Livraria JOSÉ OLYMPIO Editora

Na capa do segundo romance de Cornélio Penna a ilustração não remete a uma cena específica. Demonstração dos talentos de leitor de Santa Rosa, nela o artista procura sintetizar o clima psicológico do livro, de emparedamento e de perplexidade.

Em 1939, Santa Rosa desenhou duas capas muito diferentes para a editora Vecchi. A ilustração modernista que vai em *Olha para o Céu, Frederico!*, com a figura do proprietário se dissolvendo na parede da casa-grande, com o engenho visível pela janela, contrasta com a convencionalidade do desenho feito para o livro de contos de Elias Davidovich, uma representação do mito de "Leda e o Cisne" que contrasta inclusive com as ilustrações no interior do volume.

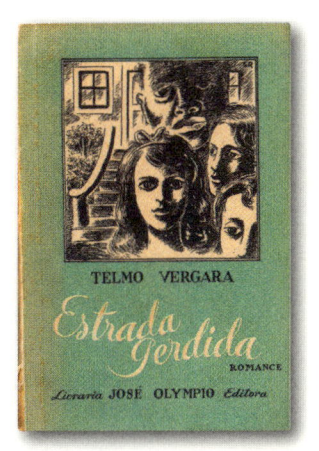

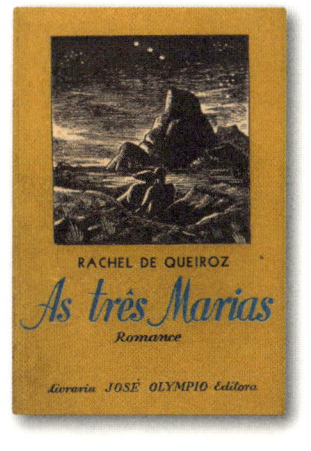

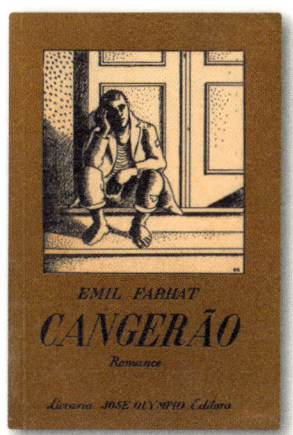

Nos dois volumes de *Os Caminhos da Vida* a paisagem noturna sintetiza o tom do romance. Em *Cangerão*, a paisagem se reduz à soleira de uma porta, lugar do abandono de um menino de rua. Entre um e outro, um jogo entre as figuras humanas e o cenário de seu drama, que inclui os arranha-céus do Rio, em *A Estrela Sobe* e as araucárias de Campos do Jordão, em *Floradas na Serra*.

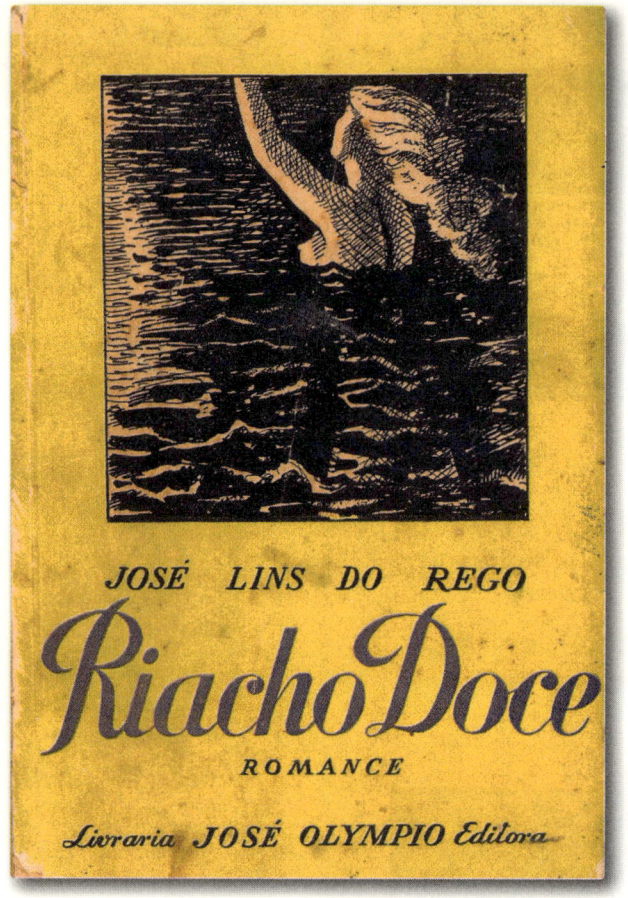

Embora muito diferentes, *Planalto*, de Flávio de Campos, e *Riacho Doce*, de José Lins do Rego, se fecham com um suicídio. Exatamente o desfecho trágico foi escolhido pelo capista para apresentar os volumes. Com a particularidade de não parecerem trágicos de saída — só a leitura dos livros é que pode esclarecer que aquele homem não está somente dormindo, exausto, e que aquela mulher não está apenas nadando.

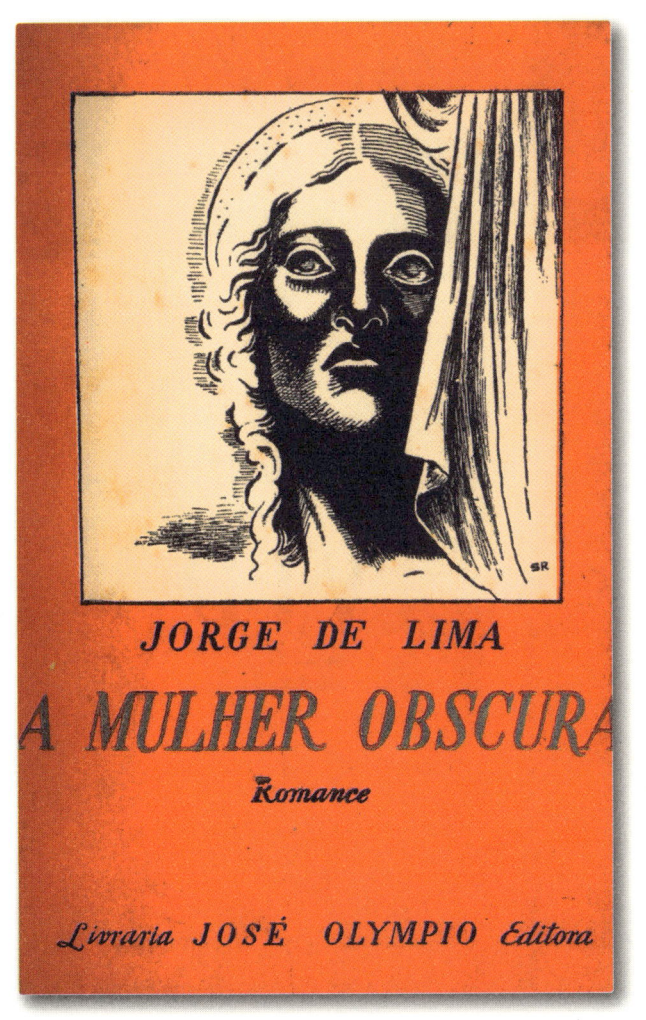

Com estas duas capas encerra-se o ciclo do projeto para a prosa de ficção brasileira da José Olympio que firmou o nome de Santa Rosa como o mais importante artista gráfico de seu tempo.

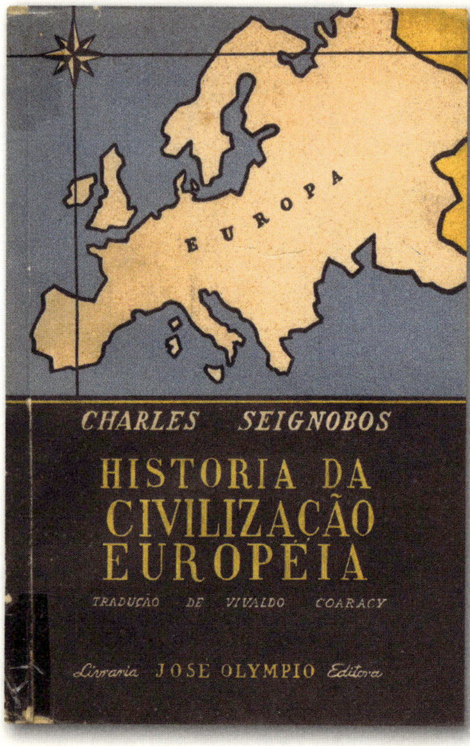
EUROPA
CHARLES SEIGNOBOS
HISTORIA DA CIVILIZAÇÃO EUROPÉIA
TRADUÇÃO DE VIVALDO COARACY
Livraria JOSÉ OLYMPIO Editora

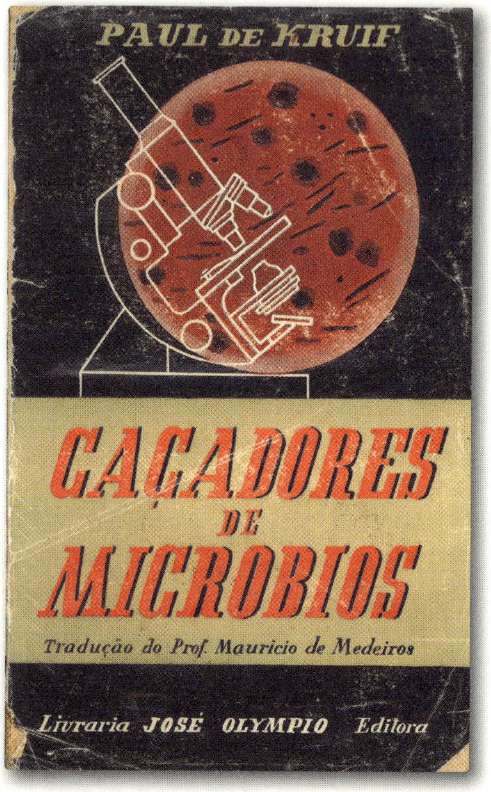
PAUL DE KRUIF
CAÇADORES DE MICROBIOS
Tradução do Prof. Mauricio de Medeiros
Livraria JOSÉ OLYMPIO Editora

Dr. Joseph A. Jerger
Doutor, aqui está o seu chapéu
(AUTOBIOGRAFIA DE UM MEDICO DE FAMILIA)
Tradução de Tasso da Silveira
Livraria JOSÉ OLYMPIO Editora

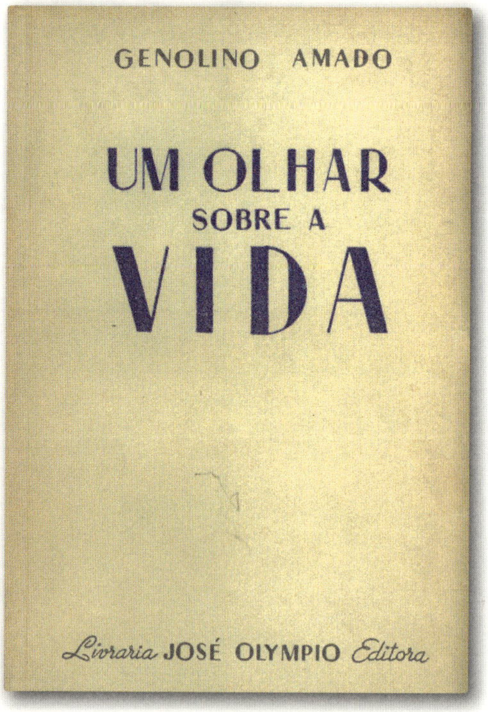
GENOLINO AMADO
UM OLHAR SOBRE A VIDA
Livraria JOSÉ OLYMPIO Editora

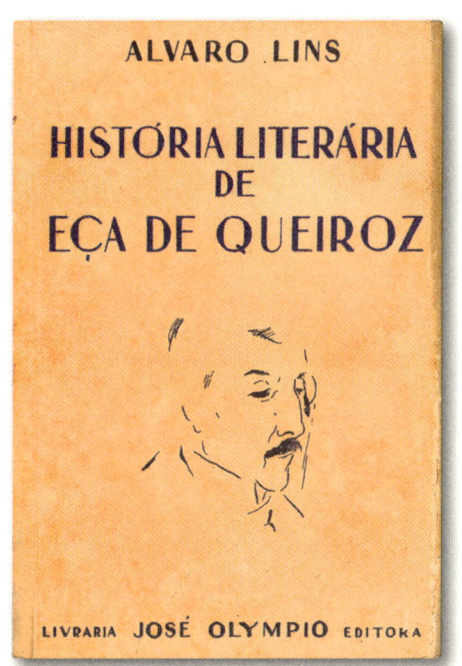

Estes modelos muito diferentes de capas para livros de não ficção da década de 30 mostram como havia uma preocupação maior de Santa Rosa, e provavelmente do editor José Olympio, em identificar visualmente entre si os livros de ficção, ainda que o investimento do artista fosse sempre o mesmo, como comprova a capa de O Brasil e o Drama do Petróleo, uma síntese do tema geral do livro dada pela ilustração, com seu ambiente brasileiro e aquele vermelho de fundo.

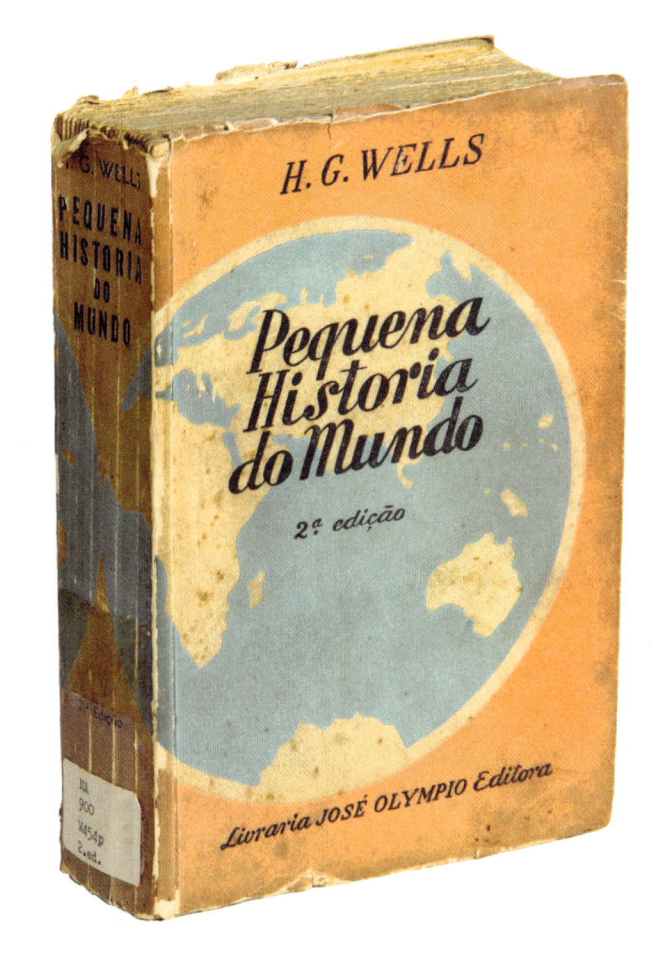

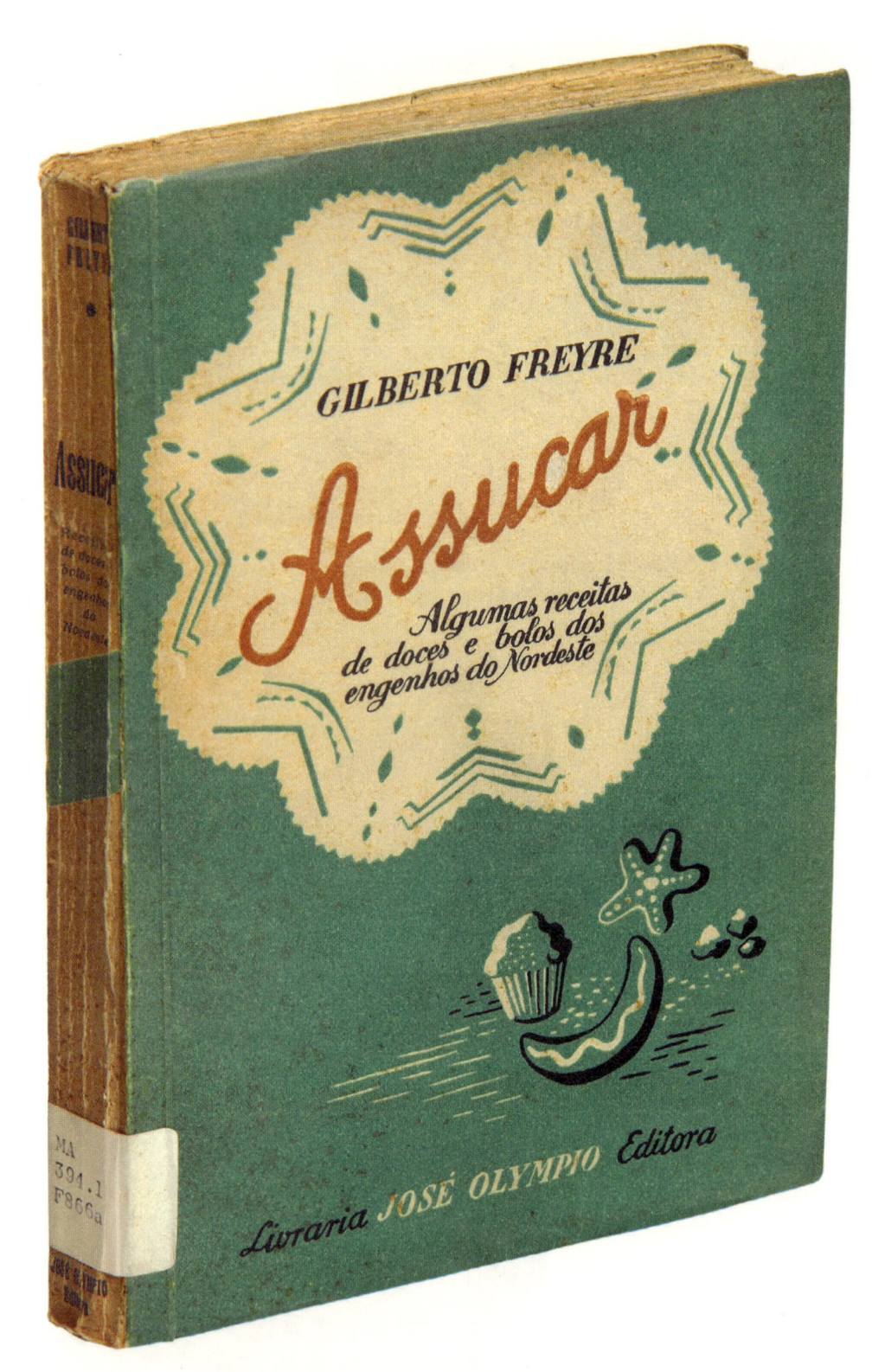

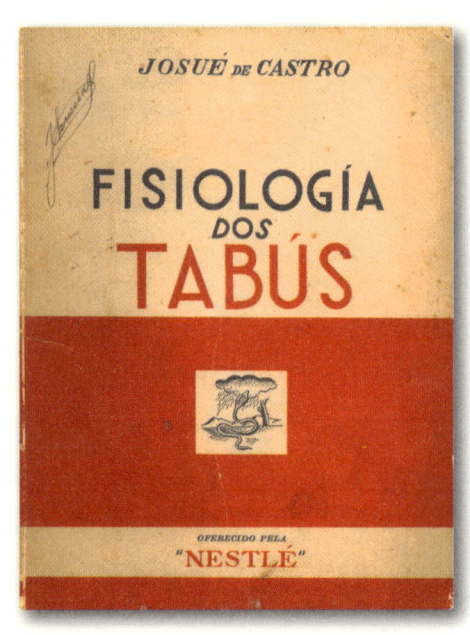

Dentre os livros de não ficção da José Olympio sob responsabilidade de Santa Rosa no final dos anos 1930, o mais cuidado foi certamente *Açúcar*, de Gilberto Freyre, volume em formato pequeno todo ilustrado. Mas apuro semelhante se vê em *Fisiologia dos Tabus*, publicado pela indústria de alimentos Nestlé.

ODORICO TAVARES

A SOMBRA DO MUNDO

POEMAS

Livraria JOSE OLYMPIO Editora

Neste livro de poemas, publicado em 1939, é possível notar, em linhas gerais, a antecipação do *layout* que Santa Rosa usaria largamente na década de 1940, com o título colorido no alto, o fundo branco e a ilustração na parte central do conjunto.

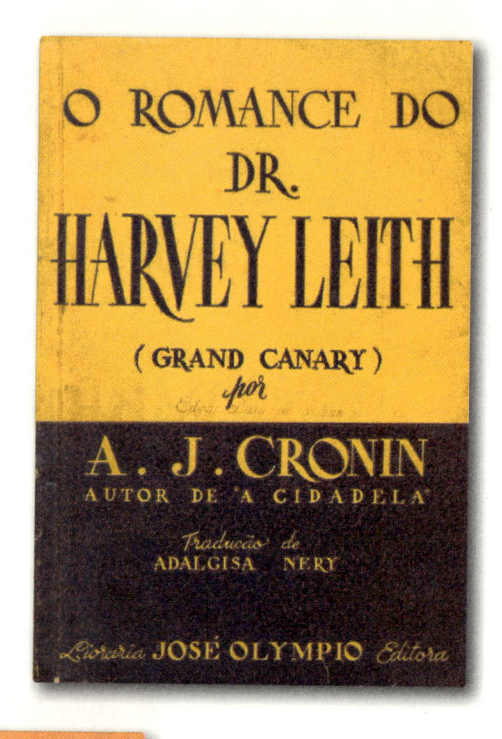

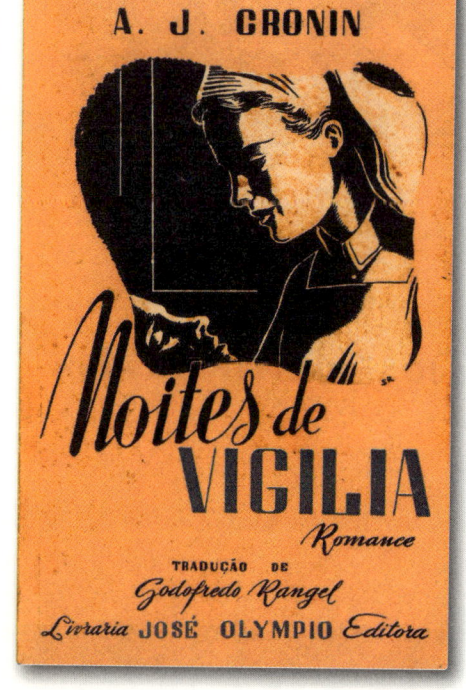

Nas capas dos *best-sellers* de A. J. Cronin, Santa Rosa fez escolhas inusitadas de tipos, seja o uso específico dos enfeitadíssimos que estão no título de *Três Amores*, seja na grande mistura de tipos, ou mesmo a aposta em capa sem ilustração – toda ela tipos – para uma obra de ficção.

A. J. CRONIN
autor de "A Cidadella"
TRÊS AMORES
Romance
Livraria JOSÉ OLYMPIO Editora

A. J. CRONIN
autor de "A Cidadella"
santa rosa
A FAMILIA BRODIE
Romance
Tradução de
RAQUEL DE QUEIROZ
Livraria JOSÉ OLYMPIO Editora

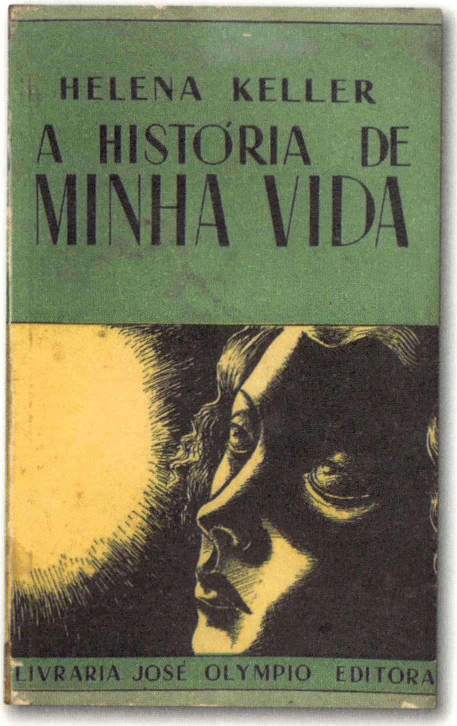
HELENA KELLER
A HISTÓRIA DE
MINHA VIDA
LIVRARIA JOSÉ OLYMPIO EDITORA

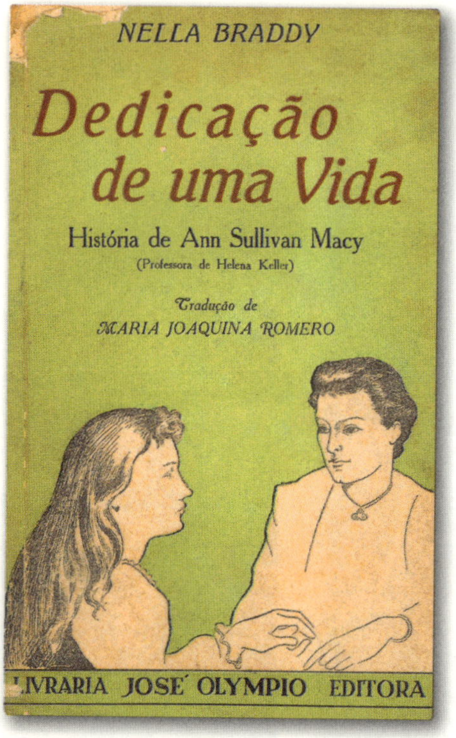
NELLA BRADDY
Dedicação
de uma Vida
História de Ann Sullivan Macy
(Professora de Helena Keller)
Tradução de
MARIA JOAQUINA ROMERO
LIVRARIA JOSÉ OLYMPIO EDITORA

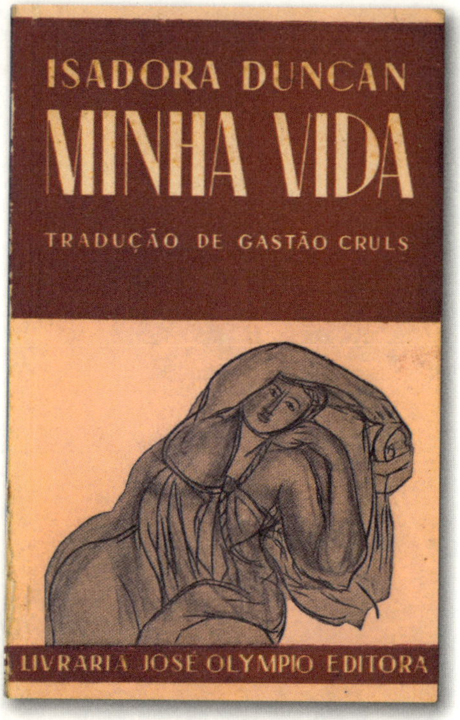
ISADORA DUNCAN
MINHA VIDA
TRADUÇÃO DE GASTÃO CRULS
LIVRARIA JOSÉ OLYMPIO EDITORA

MAX REINHARDT
A VIDA DE
Eleonora
Duse
TRAD. DE JOSÉ LINS DO REGO
LIVRARIA JOSÉ OLYMPIO EDITORA

ROMOLA NIJINSKY
NIJINSKY
PREFÁCIO DE PAUL CLAUDEL
TRADUÇÃO E NOTAS DE
GASTÃO CRULS
RARIA JOSÉ OLYMPIO EDITORA

H. GORDON GARBEDIAN
EINSTEIN
O CREADOR DE UNIVERSOS
TRAD. DE J.C. MELLO E SOUZA
LIVRARIA JOSÉ OLYMPIO EDITORA

Na coleção O Romance da Vida, a José Olympio publicava biografias e autobiografias. Alguns dos livros tratavam de grandes figuras do tempo, fossem elas Einstein ou Stálin, Helen Keller, a menina cega, surda e muda que aprendeu a se comunicar e se converteu numa celebridade internacional, e Nella Brady, a professora que a ajudou nesse incrível processo, fossem dançarinos e atores como Eleonora Duse, Isadora Duncan e Nijinski ou mesmo a história da aviação vista por Saint-Exupéry.

VAN LOON
A vida e a época de
REMBRANDT
Tradução de
TASSO DA SILVEIRA
LIVRARIA José Olympio EDITORA

JAN VALTIN
DO FUNDO
DA NOITE
MEMORIAS DE UM FAMOSO
ESPIÃO E AGITADOR ALEMÃO
LIVRARIA JOSÉ OLYMPIO EDITORA

IRVING STONE
A VIDA TRÁGICA DE
VAN GOGH
TRADUÇÃO DE
LUCIA MIGUEL PEREIRA
LIVRARIA JOSÉ OLYMPIO EDITORA

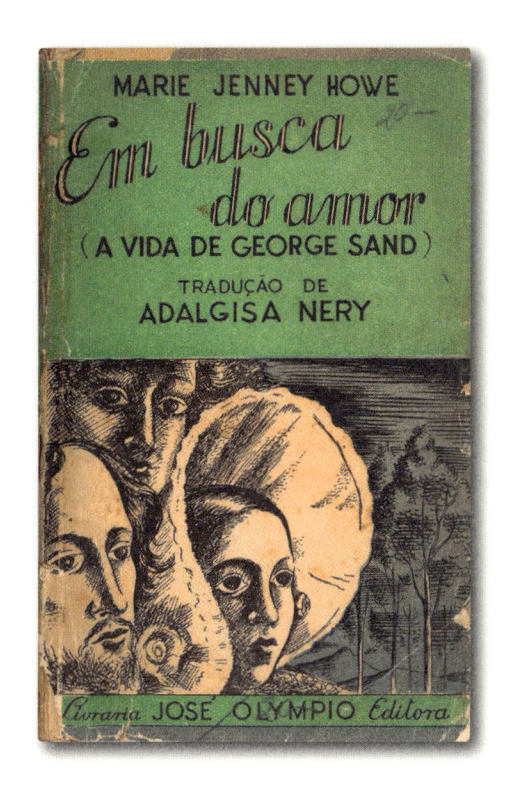

Em plena Segunda Guerra, as memórias de um espião alemão, que pretendiam ser um verdadeiro painel do entreguerras, naturalmente tiveram destaque. Mas grandes nomes do passado, como Van Gogh, Rembrandt, George Sand e a família Habsburgo, que gerou tantos soberanos na Europa, também tinham suas vidas contadas e discutidas.

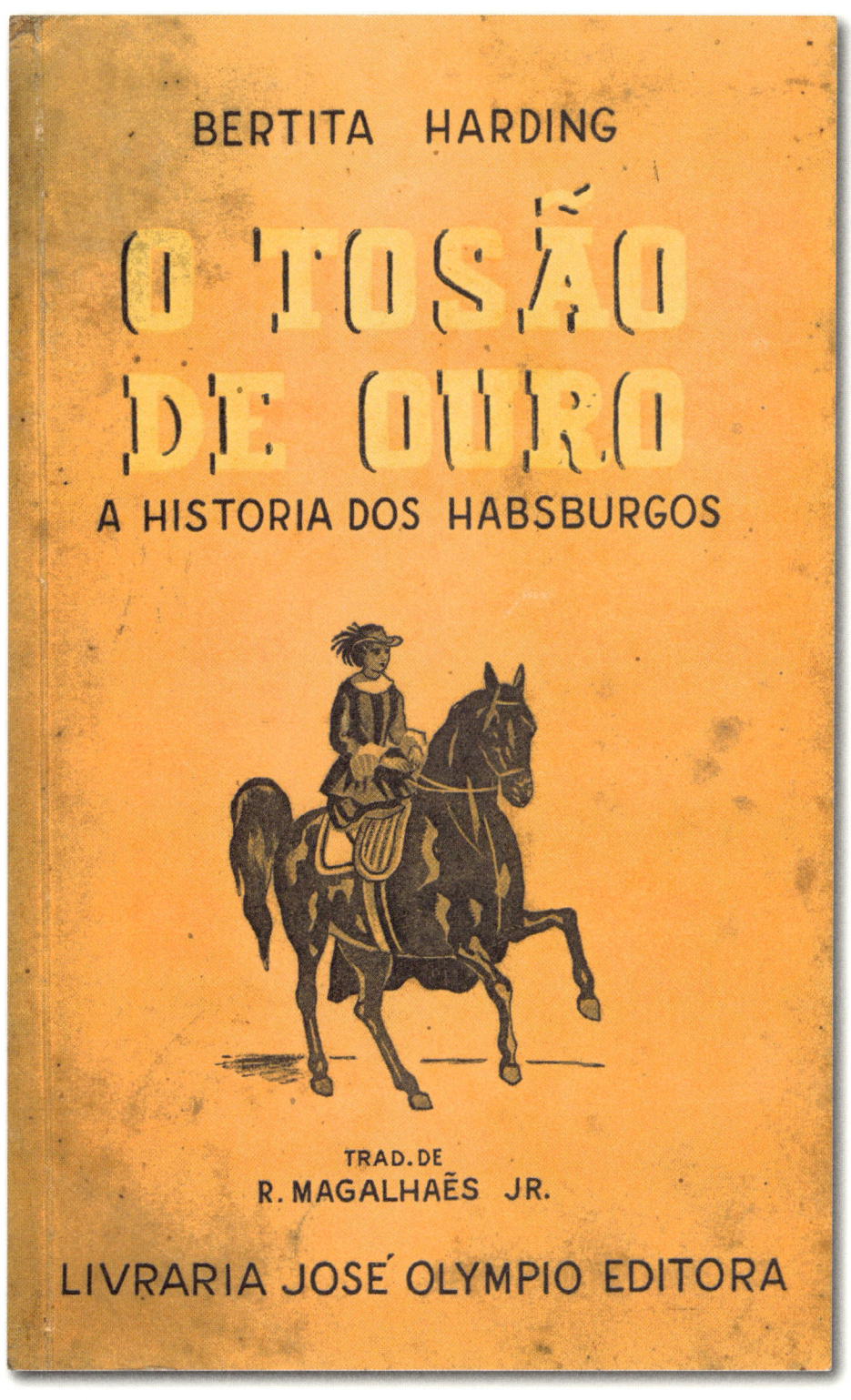

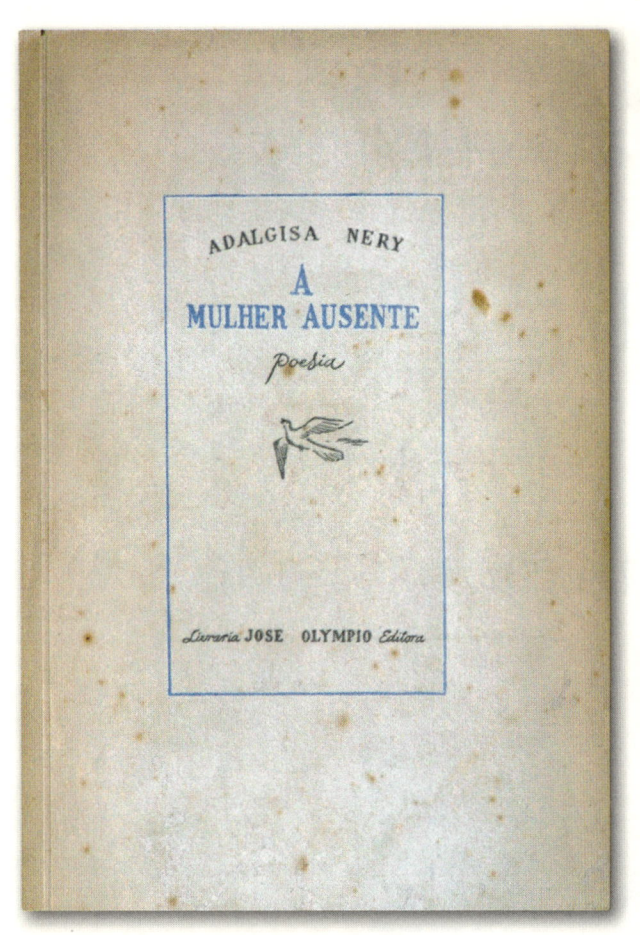

"As capas desta fase portam vinhetas mais sugestivas, por vezes alegóricas. *A Mulher Ausente* [...] tem o nome da autora escrito em arco suave sobre o título em azul, em caixa alta e serifado, seguido do gênero, 'poesia', em um tipo manuscrito preto, mesma cor que imprime à vinheta, e abaixo a assinatura da editora. O azul colore o fio que delimita a área do título, deixando que o papel branco domine a imagem. *Estrela Solitária*, livro do poeta Augusto Frederico Schmidt lançado no mesmo ano, apresenta maiúsculas em tipo sem serifa mas com traço modulado, de diferentes corpos e pesos, com destaque para o título, em azul esverdeado, seguido de um desenho com estrela e nuvens". (Edna Lúcia Cunha Lima e Márcia Christina Ferreira, "Santa Rosa: Um Designer a Serviço da Literatura").

CARLOS DRUMMOND DE ANDRADE

SENTIMENTO DO MUNDO

PONGETTI

"O que conta para o ilustrador não é o descritivo do poema, do conto, do romance, mas a atmosfera espiritual em que se movem os ritmos, os sentimentos, os personagens, o clima que evoca as suas sensações íntimas". (Tomás Santa Rosa, "Sobre a Arte da Ilustração").

Para novas edições de romances de José Lins do Rego lançadas no novo *layout* da José Olympio, o artista criou novas ilustrações. Para *Usina* e *O Moleque Ricardo*, manteria o foco nos mesmos elementos das edições anteriores — a chaminé da usina e o protagonista em primeiro plano. No caso de *Pureza*, no entanto, a estação de trens seria substituída por uma espécie de condensação do drama narrado que coloca em primeiro plano não o protagonista, rico herdeiro de família tradicional nordestina, mas sim seu reverso, o chefe de estação decaído de família igualmente senhorial.

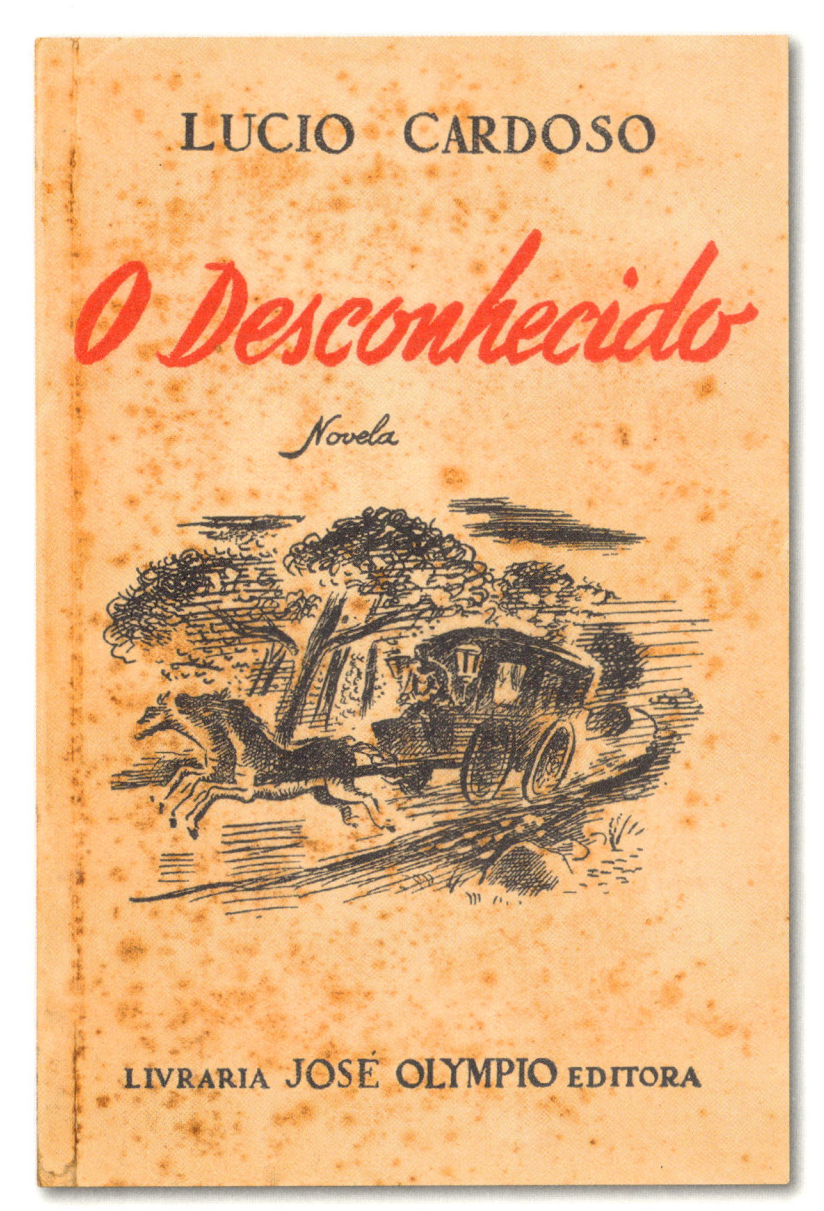

Para a capa de *O Desconhecido*, Santa Rosa reproduz o clima pesado da história com a criação de uma paisagem noturna, cruzada em velocidade por uma carruagem conduzida por um homem sem rosto que, no entanto, nos olha diretamente. Na segunda edição de *A Sucessora* (a primeira saíra pela Companhia Editora Nacional, com capa tipográfica), Marina, a protagonista, aparece diante do retrato de Alice, a primeira mulher de seu marido Roberto, o que ao mesmo tempo sintetiza o enredo e remete ao diálogo final do romance.

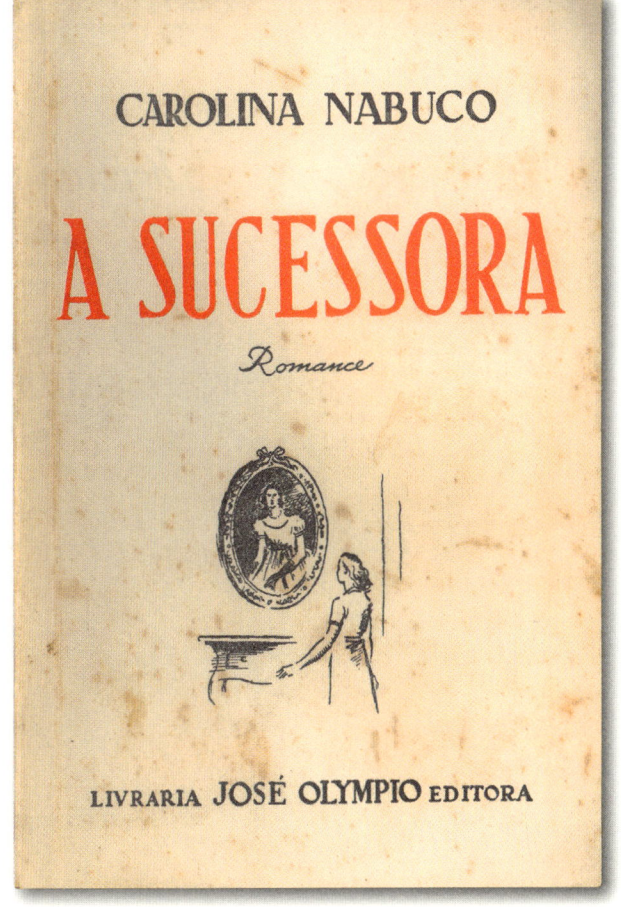

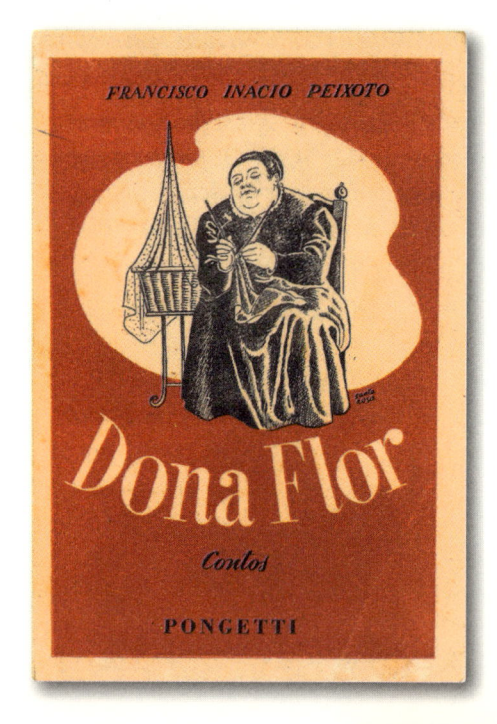

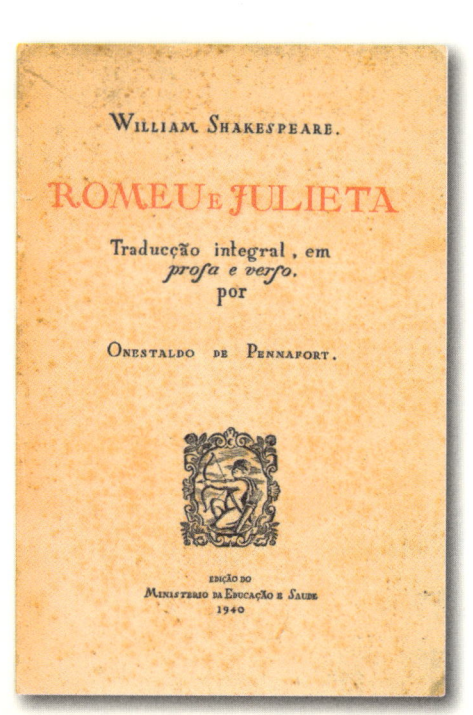

Bem no início dos anos 40, o artista trabalhou em projetos diferentes para a Pongetti, como o volume *Dona Flor*, todo ilustrado, e a coleção 100 Obras-primas da Literatura Universal, que traria capas de vários artistas, além do cuidado lançamento do Ministério da Educação e Saúde para a tradução de Onestaldo de Pennafort de *Romeu e Julieta*, e mesmo numa edição de autor, o livro de poemas *Onde os Caminhos se Cruzam*...

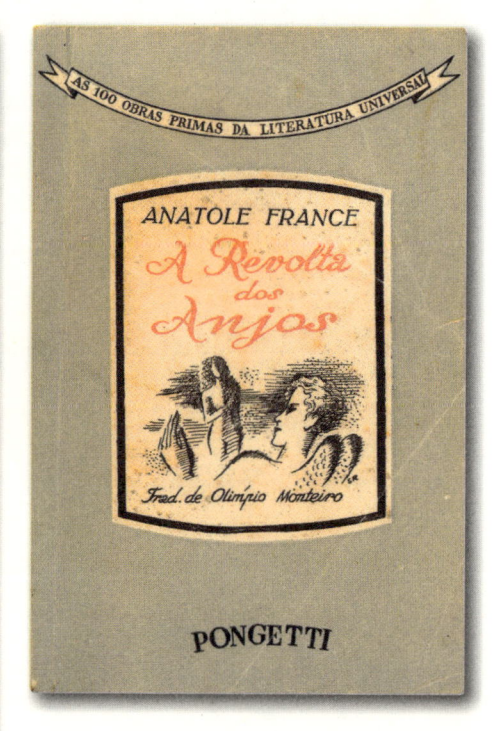

GRACILIANO RAMOS

ANGUSTIA

Romance

2.ª edição, revista

Livraria JOSÉ OLYMPIO *Editora*

Se na primeira edição o que apresentava o romance de Graciliano era a corporificação do desespero, na segunda o que temos é uma imagem amena do namoro de Marina e Luís da Silva nos quintais de subúrbio. Mas a tempestade que virá se anuncia na cerca que separa os quintais e o casal.

"Para um certo realismo da prosa, o desenho se afirma sobre o descritivo, apanha a forma dos objetos, a expressão do rosto dos personagens". (Tomás Santa Rosa, "Sobre a Arte da Ilustração").

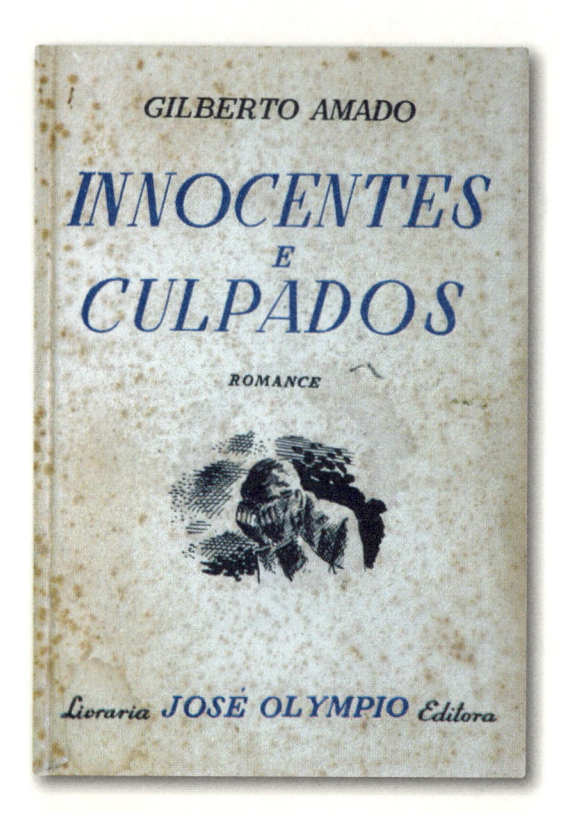

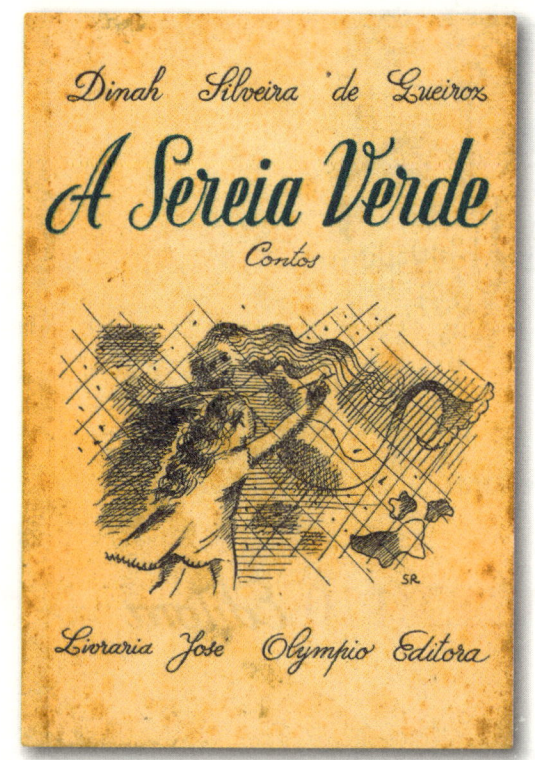

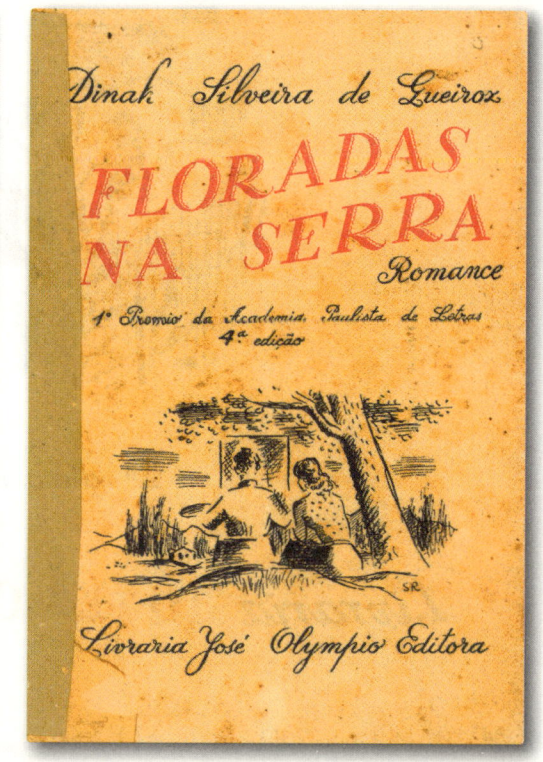

163

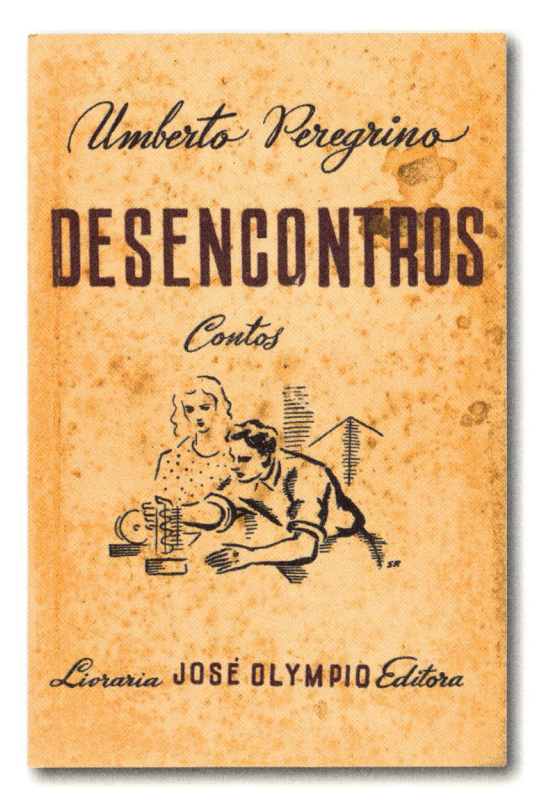

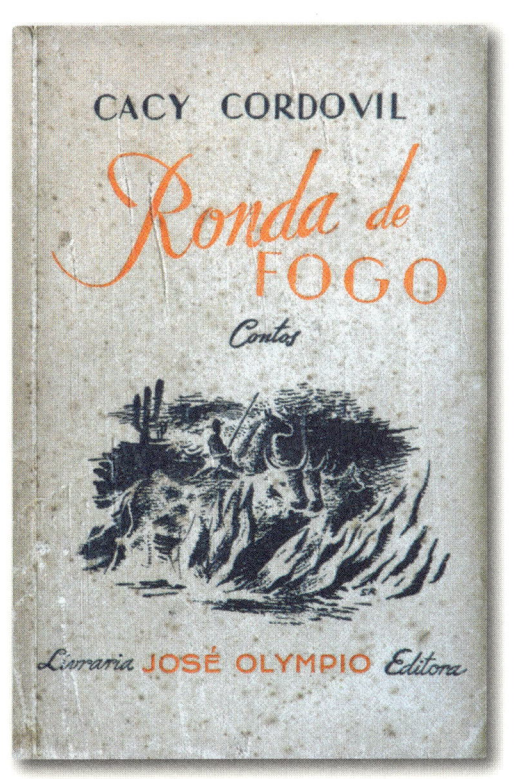

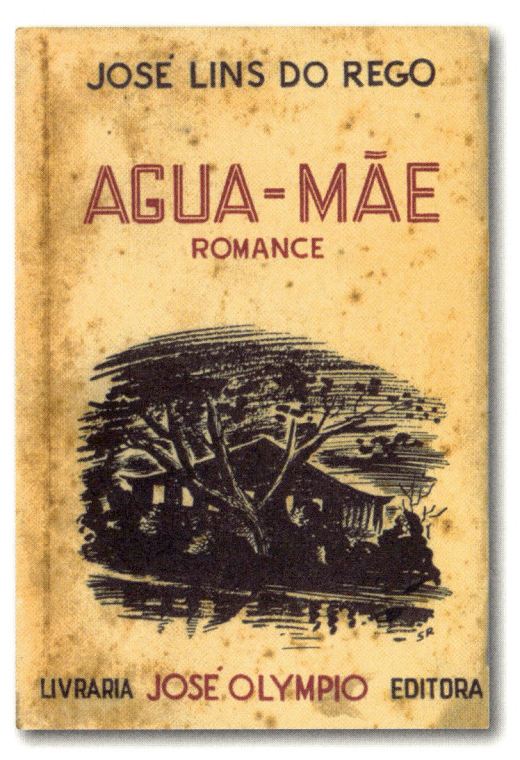

Para o romance de Maria Eugênia Celso e para os diários de Helena Morley, Santa Rosa surpreende o próprio ato da escrita em dois tempos diferentes, sob lâmpadas elétricas e à luz de velas.

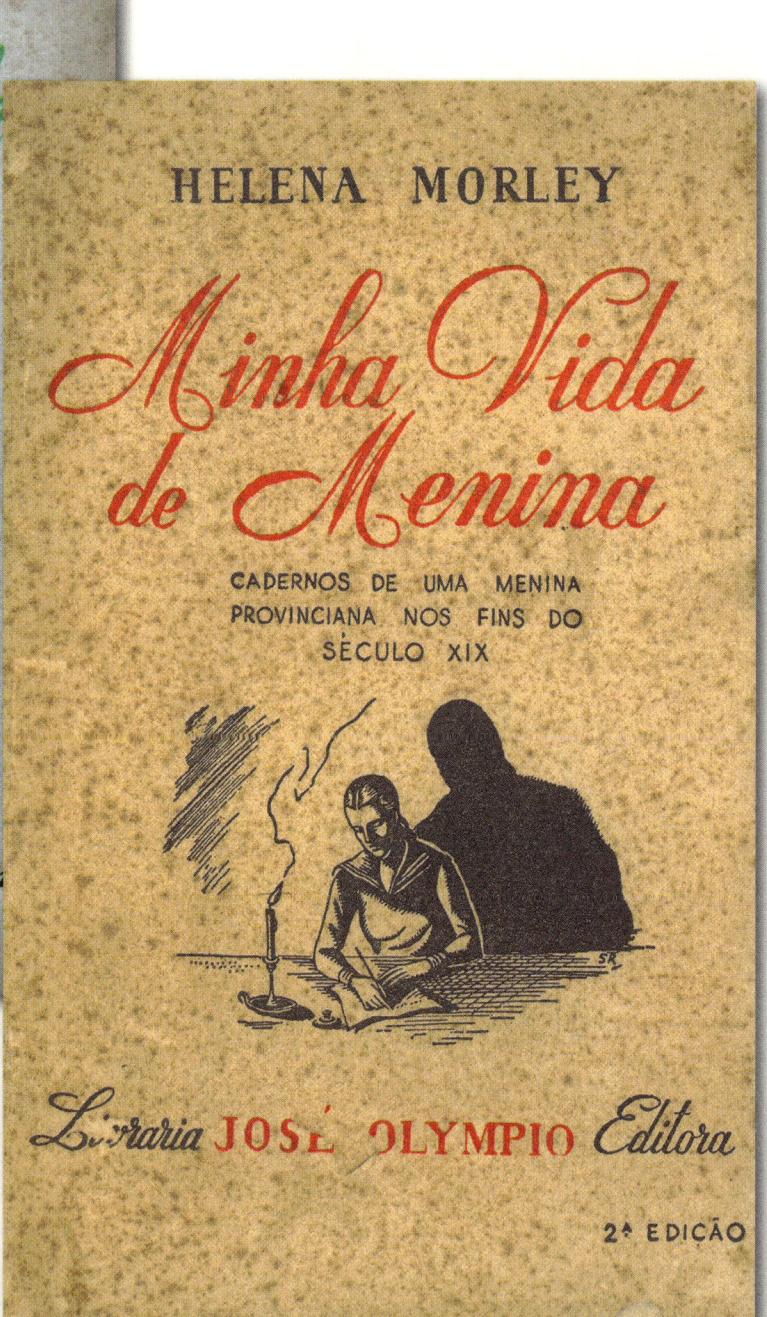

Janelas fechadas

Romance por **JOSUÉ MONTELLO**

PONGETTI

O que chama atenção na capa do romance de estreia de Josué Montello é a escolha do papel-cartão pouco usual em que a capa é impressa, grosso e com uma textura que chega a ser visível.

CECILIO J. CARNEIRO

A FOGUEIRA

ROMANCE

PREMIADO NO CONCURSO DA
UNIÃO PANAMERICANA

LIVRARIA JOSÉ OLYMPIO EDITORA

LUCIA BENEDETTI

ENTRADA DE SERVIÇO

ROMANCE

LIVRARIA JOSÉ OLYMPIO EDITORA

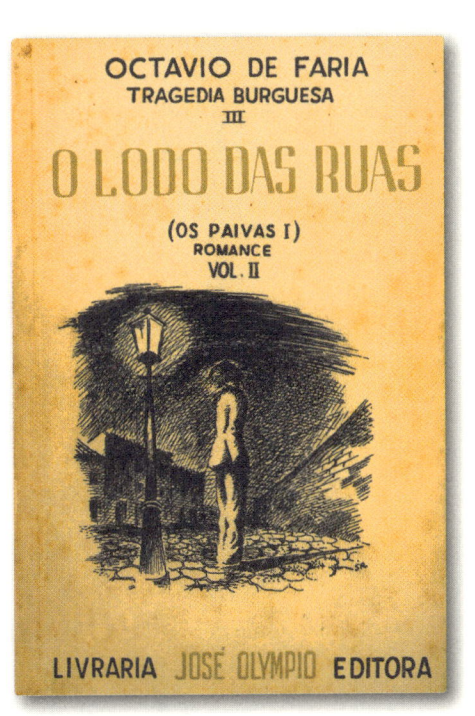

"Tarefa difícil essa a de captar, no tumulto das frases, as imagens plásticas que devem corresponder ao mesmo sentimento, às vezes mesmo esclarecer certos mistérios das palavras". (Tomás Santa Rosa, "Sobre a Arte da Ilustração").

A figura que lança uma estrela com as próprias mãos do deserto para o espaço, tendo como testemunha um sol indiferente postado num céu de onde se precipitam cometas, nos dá de um golpe o movimento geral entre criação e apocalipse de um livro que se abre falando de continuidade de uma geração na outra — da mãe na filha — e se encerra com os seguintes versos: "Intimaremos Deus/ A não repetir a piada da Criação/ Salvaremos os que deviam nascer depois/ E se Deus ficar firme/ Anunciaremos à Virgem Maria/ Que nunca mais deverá nascer ninguém".

MURILO MENDES

O VISIONARIO

POESIA

LIVRARIA JOSÉ OLYMPIO EDITORA

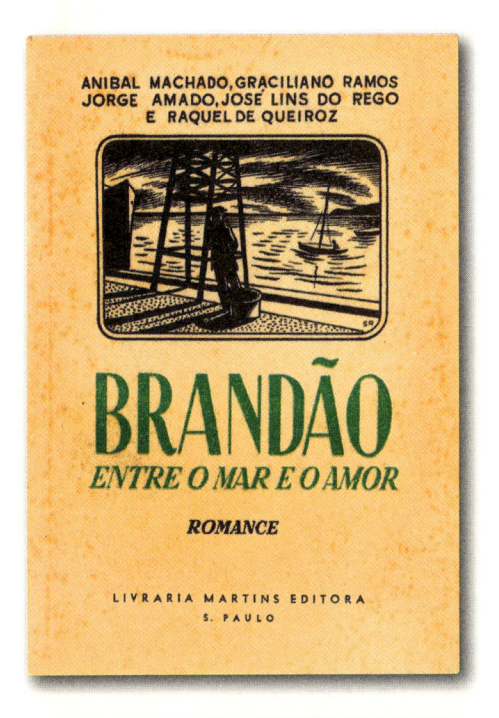

Nessas duas traduções de autores contemporâneos encontramos das poucas capas com ilustração colorida criadas por Santa Rosa nos anos 40.

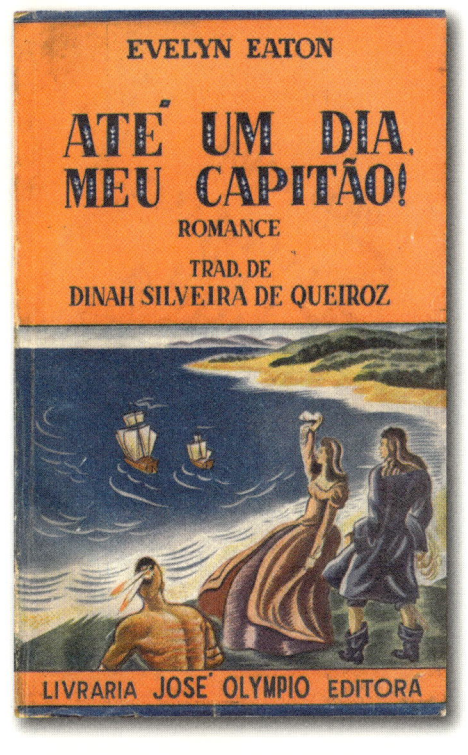

Santa Rosa criou um *layout* para a Editora Martins, de São Paulo, que ficaria restrito a esses dois títulos e incluiria a impressionante figura de menina assustada com o que imagina haver na escuridão colhida no conto de João Pacheco que dá título à coletânea.

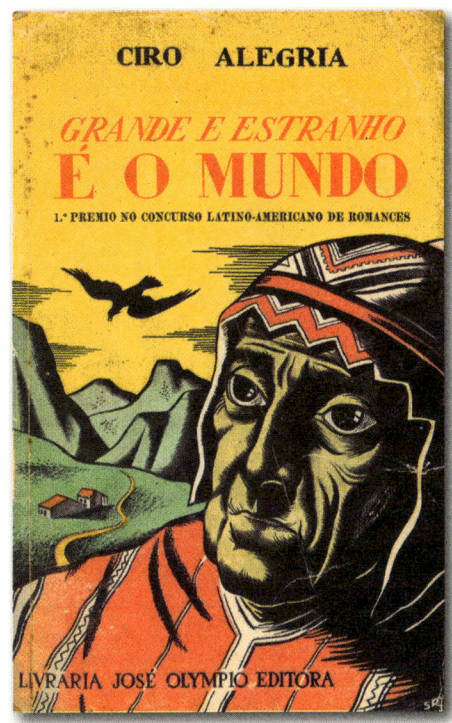

169

Já nestas outras duas, uma delas em versões diferentes para primeira e segunda edição, o uso da cor ficou mais próximo da sobriedade da capa de um clássico como *A Letra Escarlate*.

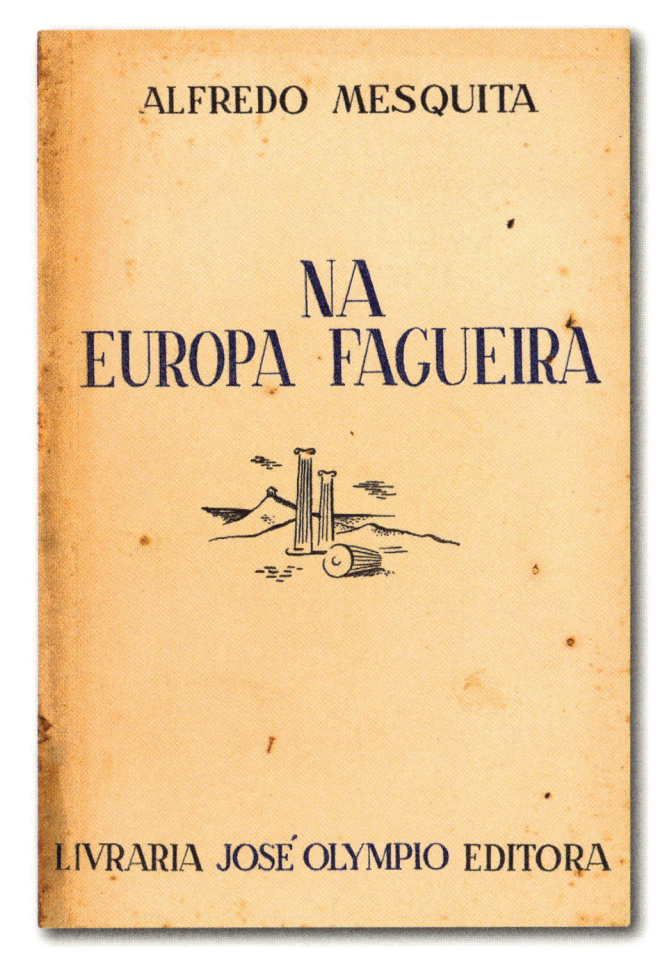

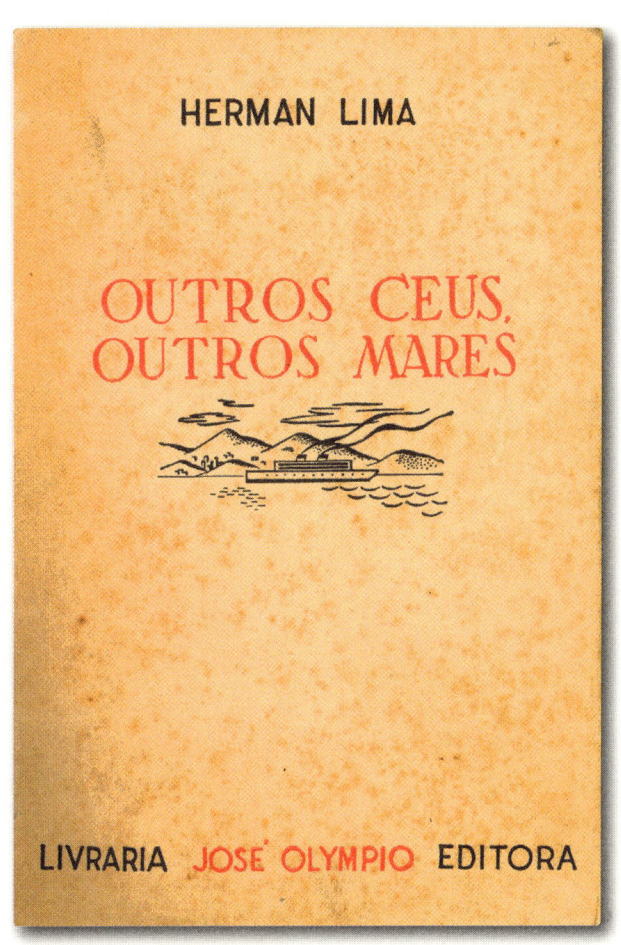

A amenidade sugerida pelas capas destes dois livros de viagem publicados em tempos de Guerra é enganosa. Afinal, as duas viagens se deram na década de 30 — antes da guerra, portanto. É essa a Europa fagueira que Alfredo Mesquita vê, a de "uma época aparentemente calma e para sempre desaparecida", como ele a define, e que Santa Rosa capta nas ruínas traçadas com simplicidade.

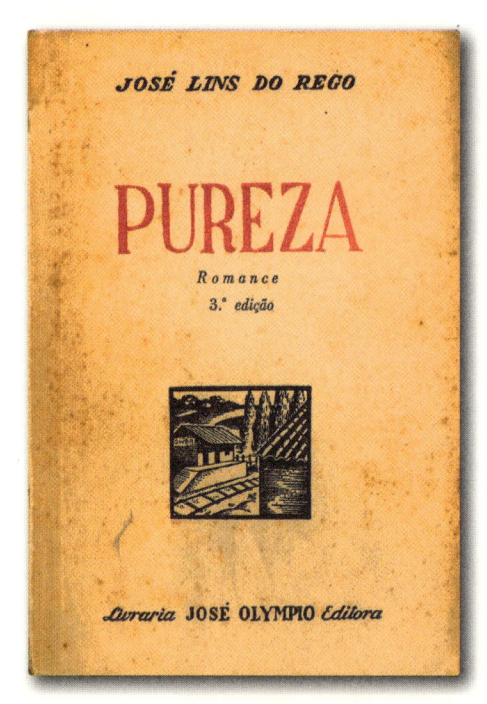

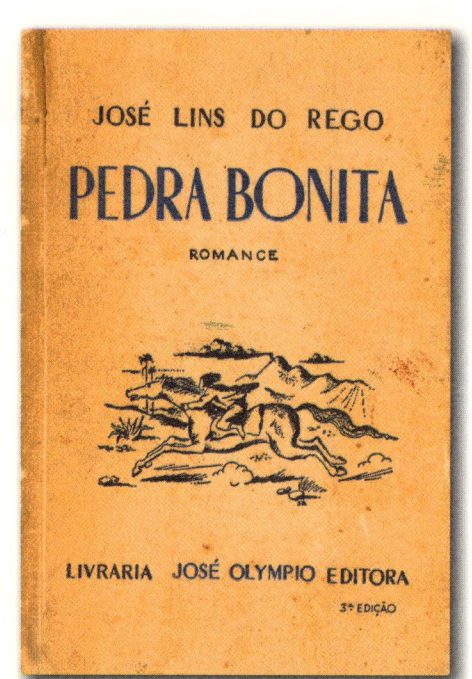

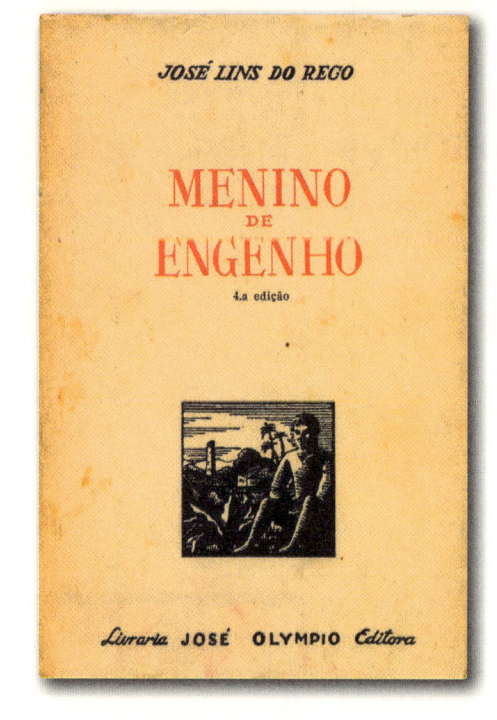

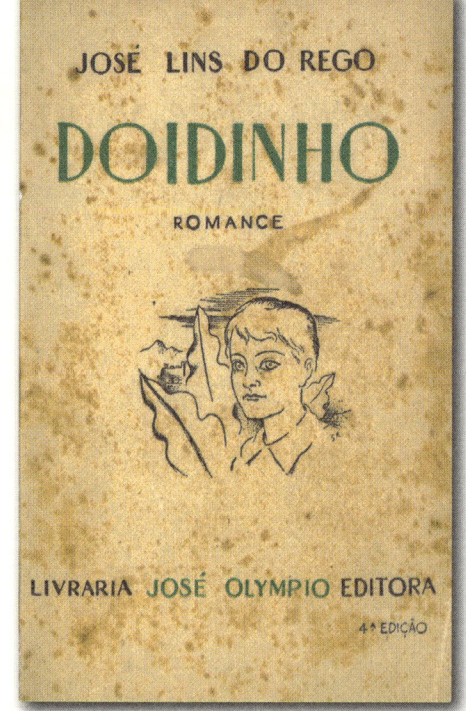

Quanto às reedições dos romances de José Lins do Rego em 1943, são criadas novas ilustrações para as capas de *Pedra Bonita* e *Doidinho* e, curiosamente, reaproveitam-se ilustrações da década anterior para *Pureza* e *Menino de Engenho*, agora adaptadas para o novo *layout*.

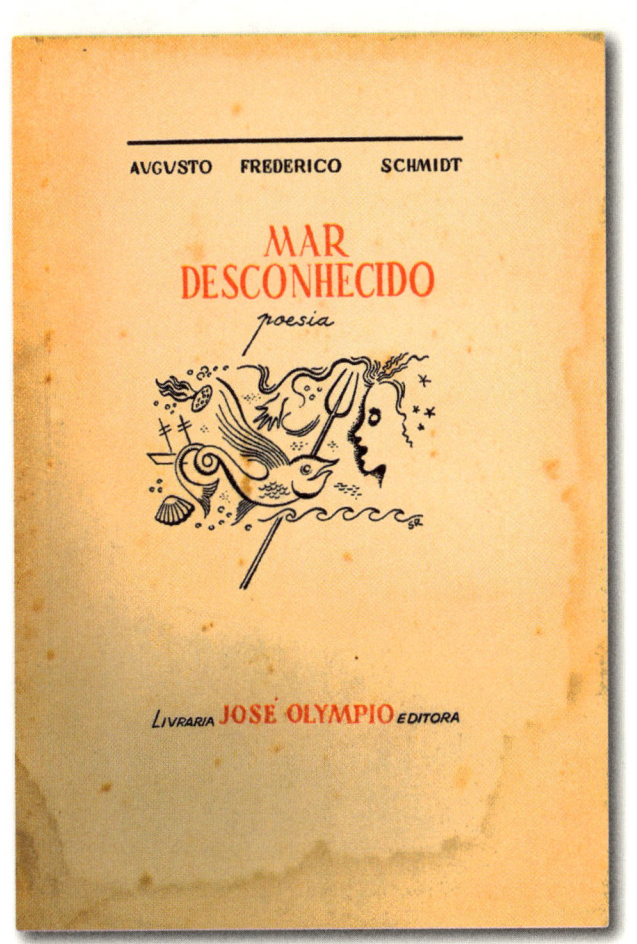

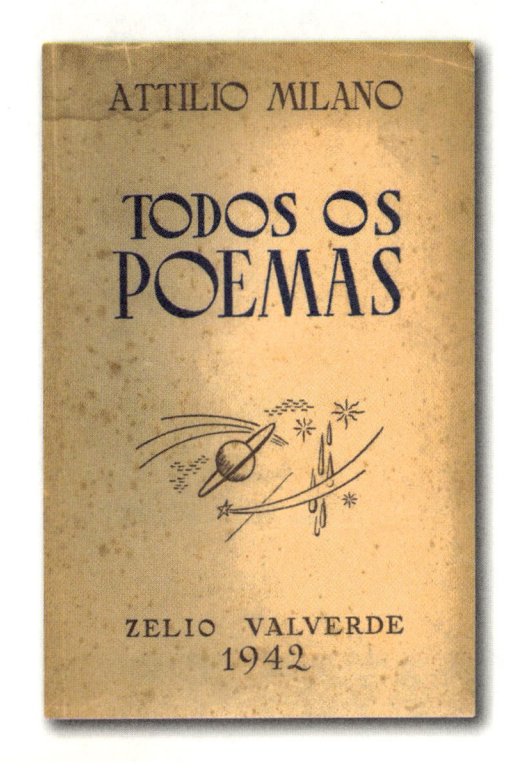

Tendo se dedicado ele mesmo ao gênero, Santa Rosa dava imensa importância à poesia. E isso fica marcado nesses três lançamentos de 1942. É a poesia como criadora de mundos que ele escolhe para apresentar o primeiro livro saído em edição comercial dos poemas de Carlos Drummond de Andrade. Na capa do novo livro de Augusto Frederico Schmidt, Otto Maria Carpeaux afirmou que o artista "conseguiu reresentar graficamente" o que o poeta criara, ou seja, "'a noite resinosa' em cima do mar desconhecido". E para a reunião da poesia de Attilio Milano, ele convoca a amplidão do espaço, mas uma amplidão composta de movimento, e não de astros estáticos.

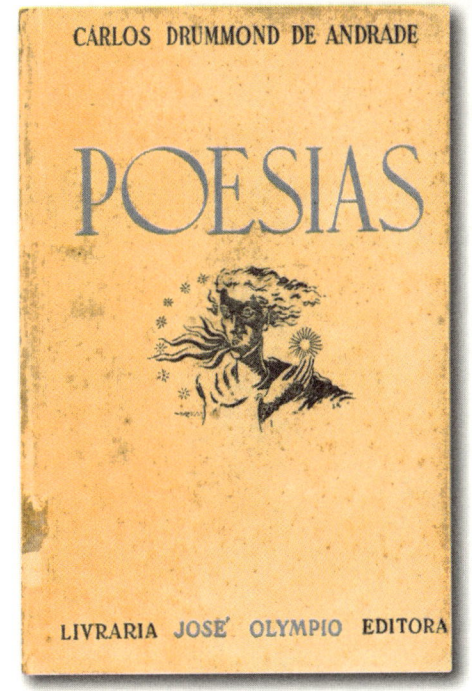

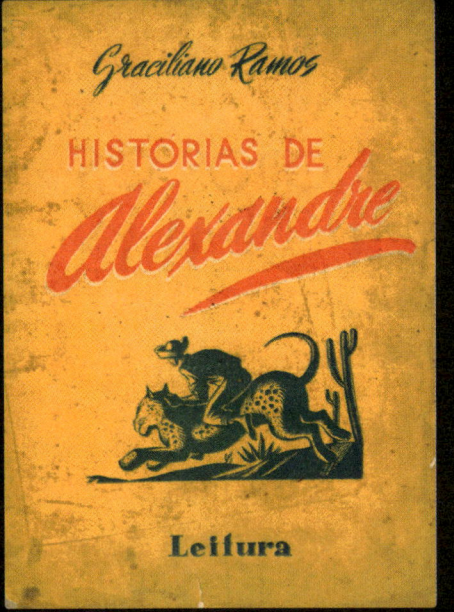

Santa Rosa participou como capista e ilustrador de apenas quatro livros destinados ao público jovem na década de 1940.

YVONNE JEAN

CONTOS DO MAR

Ilustrações de Santa Rosa

AGIR

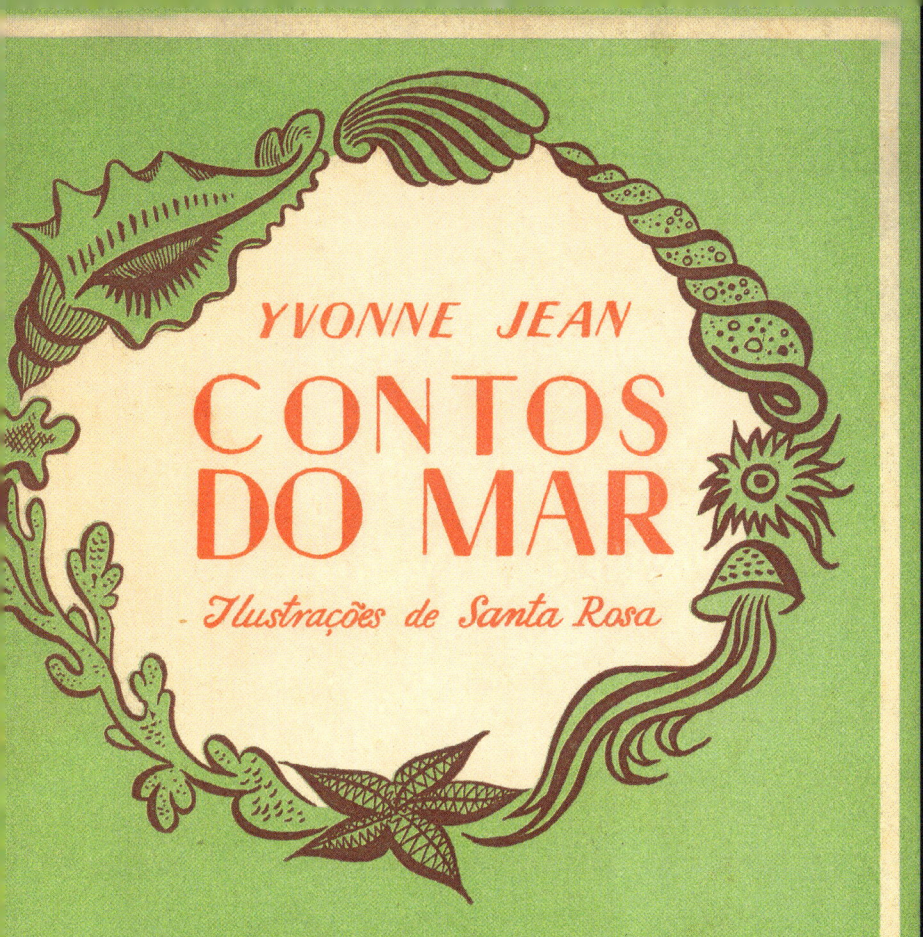

Pe. A. NEGROMONTE

A VIDA DE JESUS
para a infância e a juventude

Prefácio do Pe. Helder Camara

Ilustrações de Santa Rosa

Livraria JOSÉ OLYMPIO Editora

AMILCAR DUTRA DE MENEZES

O futuro nos pertence...
ROMANCE

LIVRARIA JOSÉ OLYMPIO Editora

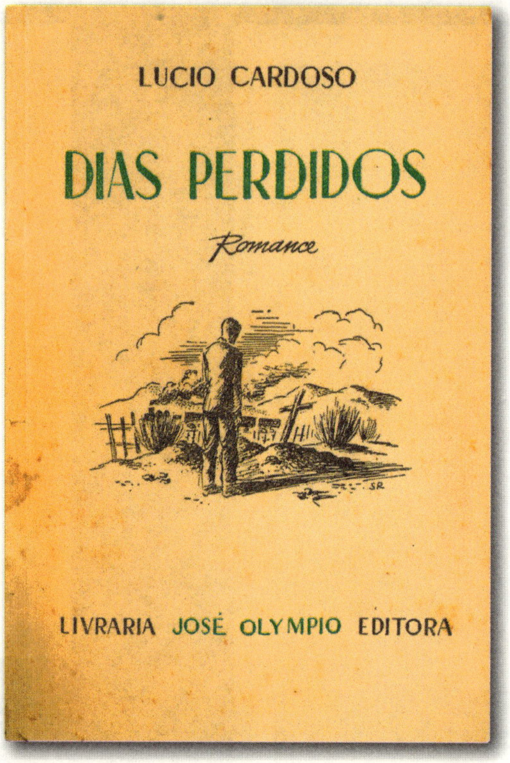
LUCIO CARDOSO
DIAS PERDIDOS
Romance
LIVRARIA JOSÉ OLYMPIO EDITORA

RACHEL DE QUEIROZ
As Três Marias
ROMANCE
2ª EDIÇÃO
Premio Felipe d'Oliveira
LIVRARIA JOSÉ OLYMPIO EDITORA

TASSO DA SILVEIRA
SILÊNCIO
Romance
LIVRARIA José Olympio EDITORA

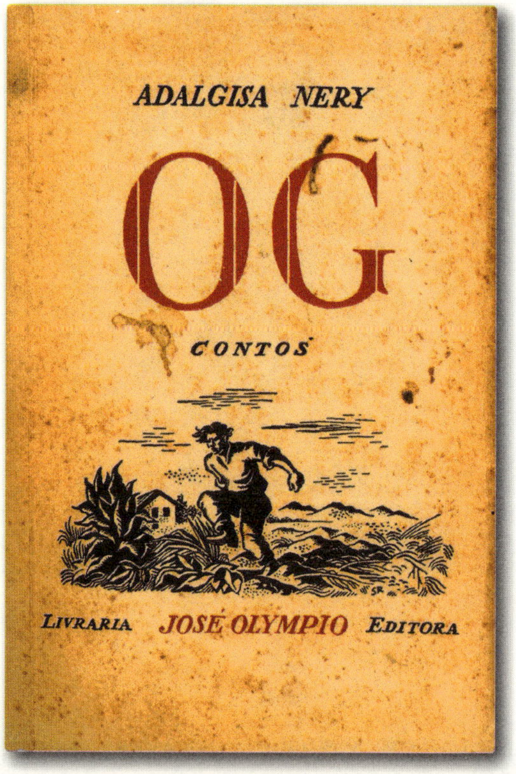
ADALGISA NERY
OG
CONTOS
LIVRARIA JOSÉ OLYMPIO EDITORA

Do momento de quietude diante de uma imagem da eternidade e de plenitude amorosa à revolta do personagem de Adalgisa Nery, chegando ao conflito — seja o imaginário do herói de Rosário Fusco, seja o concreto da revolução —, em 1943 a experiência de capista deu a Santa Rosa a oportunidade de explorar vários temas e climas.

Santa Rosa antecipou sem antecipar, por assim dizer, o final de *Ana Karenina*, ao retratar o suicídio da heroína numa espécie de mistura de tempos: a mulher na iminência do salto, no último instante em que o gesto ainda pode ser dúbio, e o trem já passando diante dela. Para a outra tradução de clássico russo de 1943, fez uma espécie de retrato da obsessão que domina *O Jogador*, de Dostoiévski.

Tolstoi
ANA KARENINA

Trad. de Lucio Cardoso

Livraria José Olympio Editora

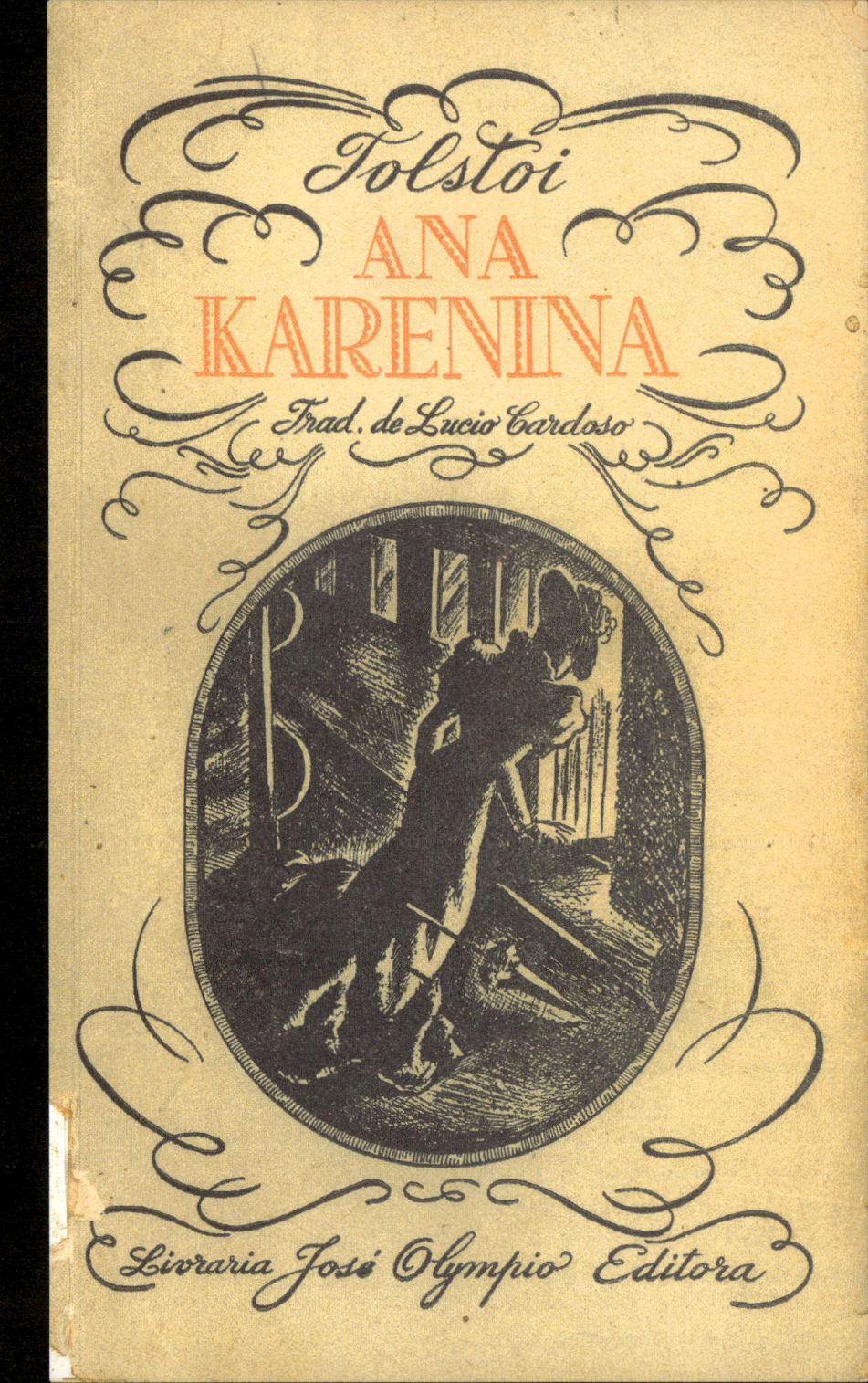

DOSTOIEVSKI
O JOGADOR

EDITORA PAN-AMERICANA

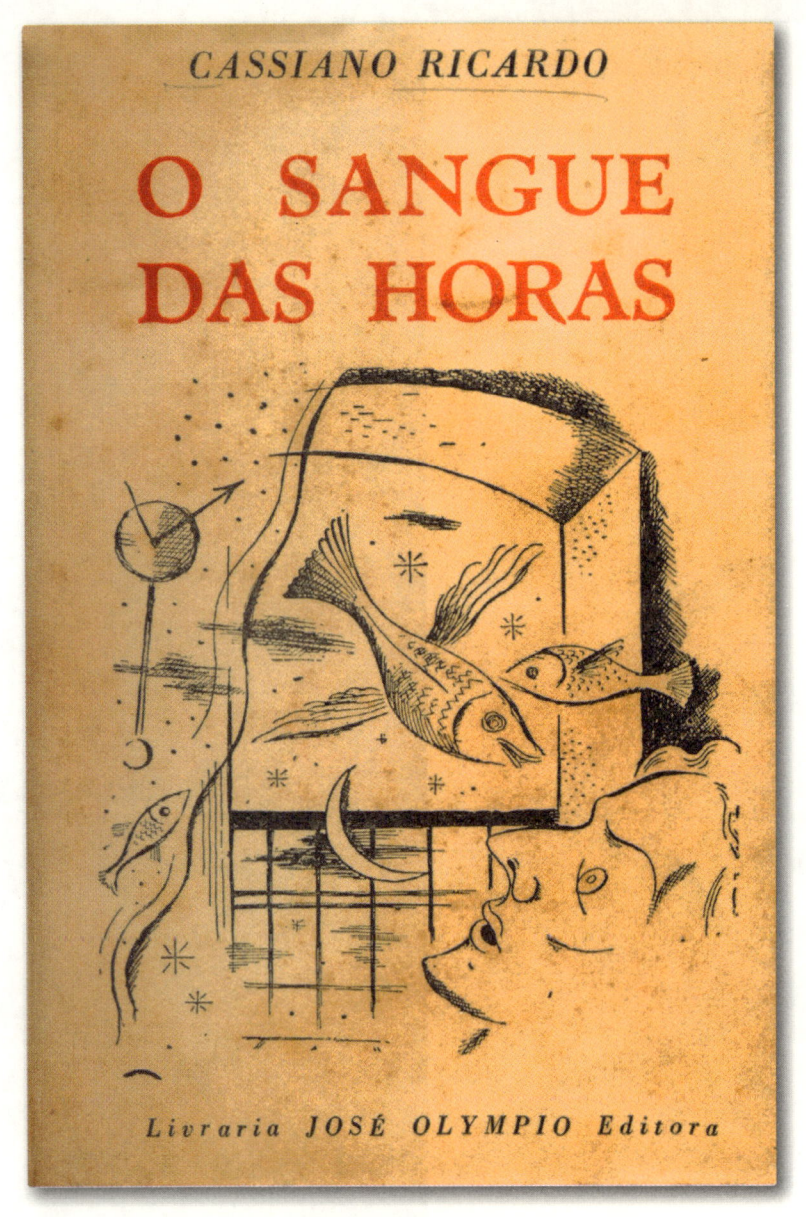

A ilustração, de corte surrealista, ganha proporções maiores em O Sangue das Horas e "estoura" a capa como se esse Ar do Deserto viesse diretamente de dentro do volume, em duas variações bastante diferentes do layout geral do início dos anos 40 para a José Olympio.

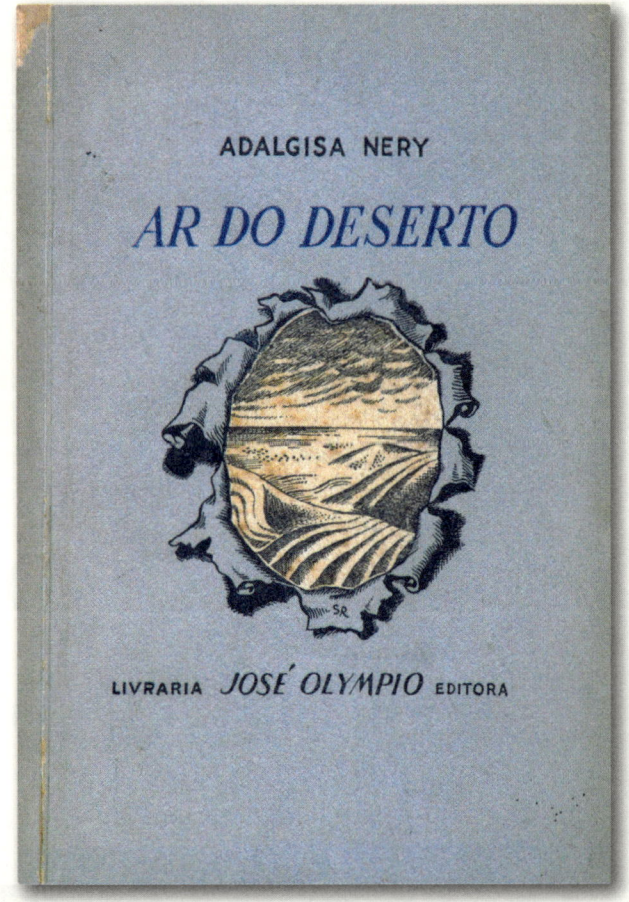

CLARICE LISPECTOR

PERTO DO CORAÇÃO
Selvagem

ROMANCE

A NOITE EDITORA — RIO DE JANEIRO

> Os tipos diferentes que se tocam no título e a figura feminina apenas esboçada colocam essa capa no limite entre a placidez e o imprevisto que constitui uma das mais sutis leituras que o artista fez.

Em 1944, Adonias Filho criaria a Editora Ocidente, que, apesar de sua curta vida, teve papel importante para a cultura brasileira, projeto do qual participaria ativamente Santa Rosa.

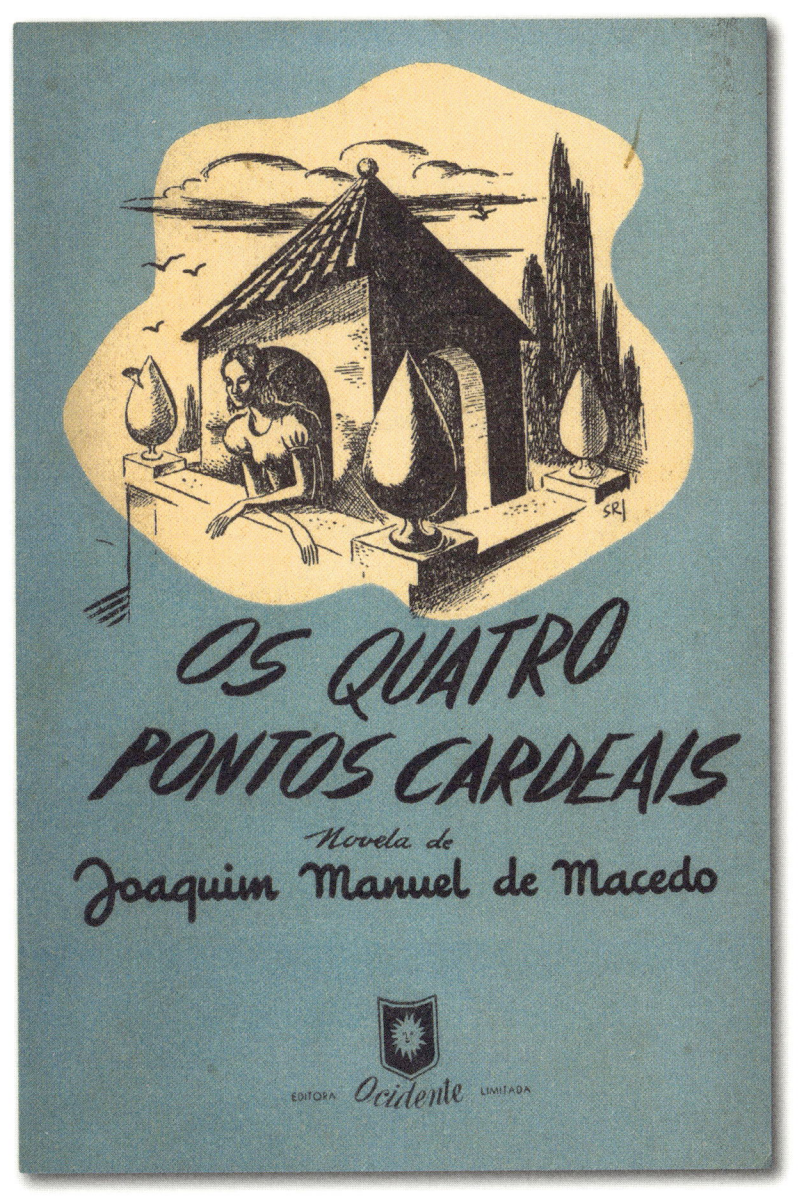

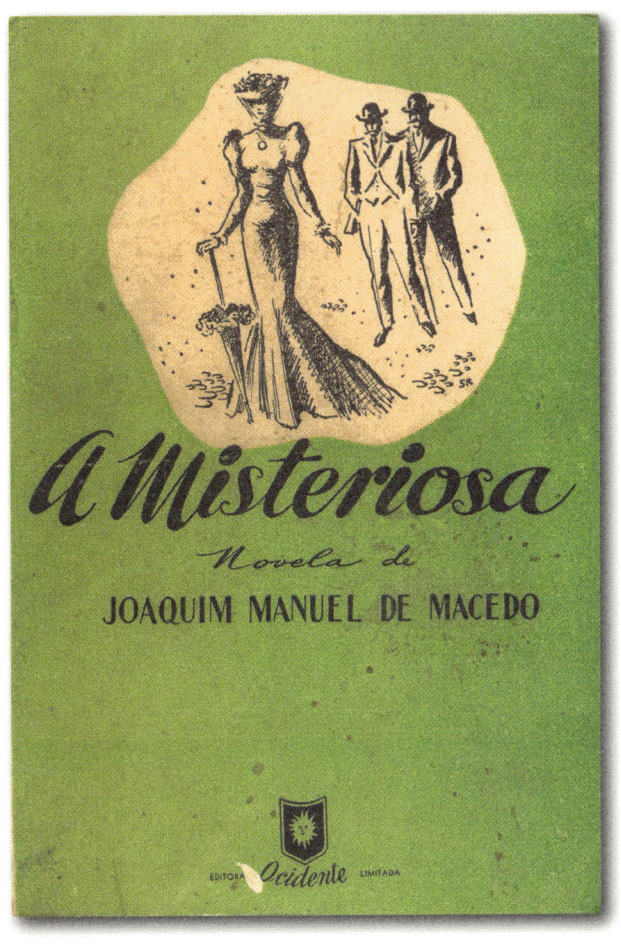

Para ela, Santa Rosa criou uma variação de seu projeto da década anterior, com a cor chapada e imagem em preto e branco, mas agora inserida num espaço para os novos lançamentos de Joaquim Manuel de Macedo.

A capa de *Inácio* dialoga com as de Macedo para a Ocidente, já que o que era espaço para a ilustração se converte na ilustração em si que, pela própria forma — um tecido rasgado —, apresenta ao leitor a atormentada história desse personagem demoníaco de Lúcio Cardoso.

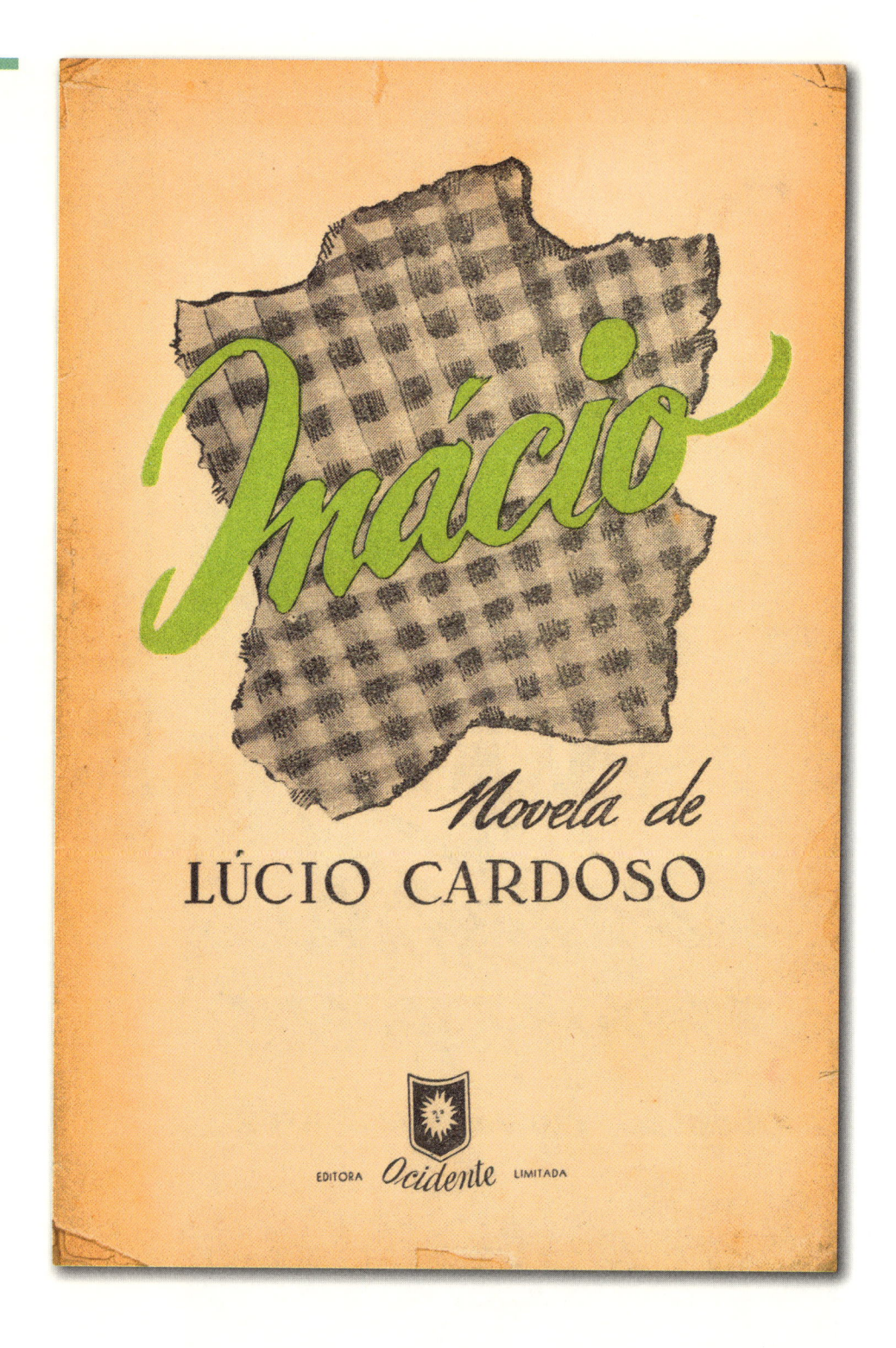

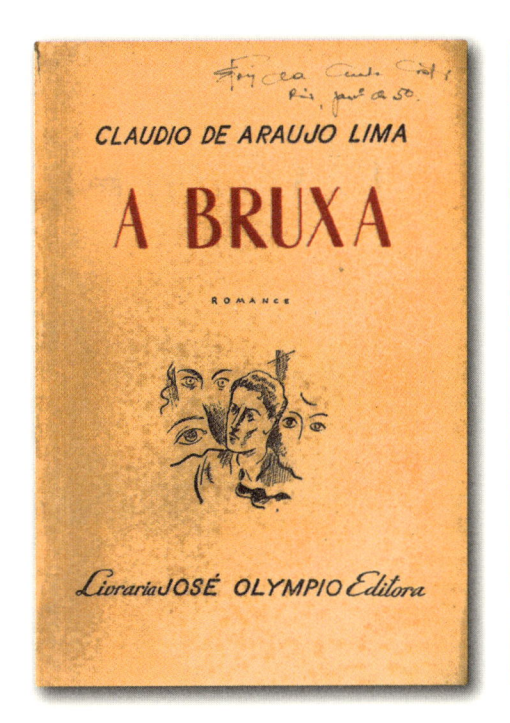

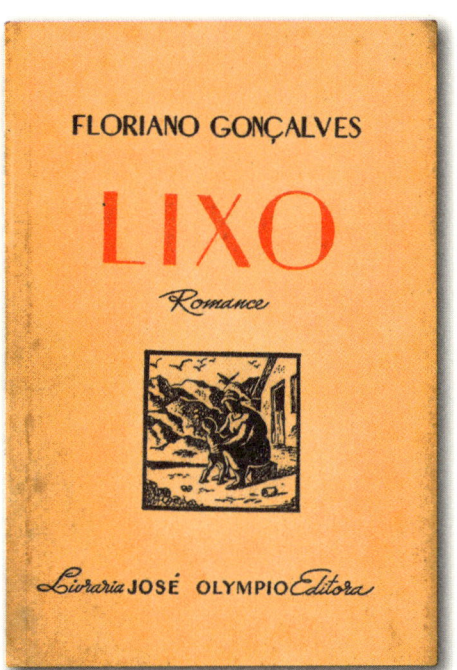

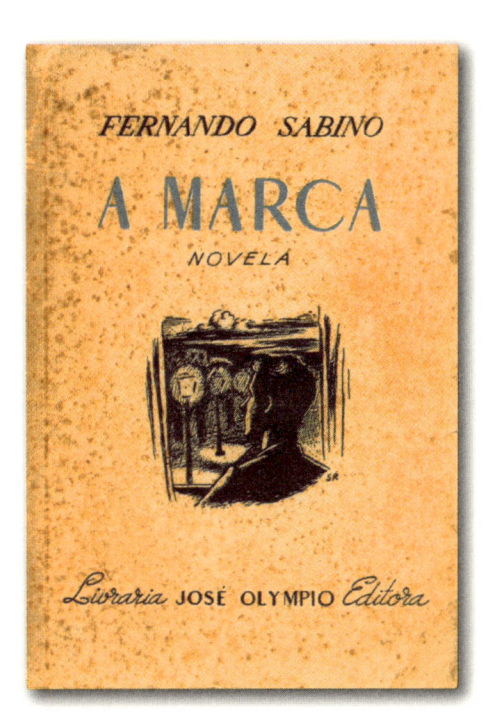

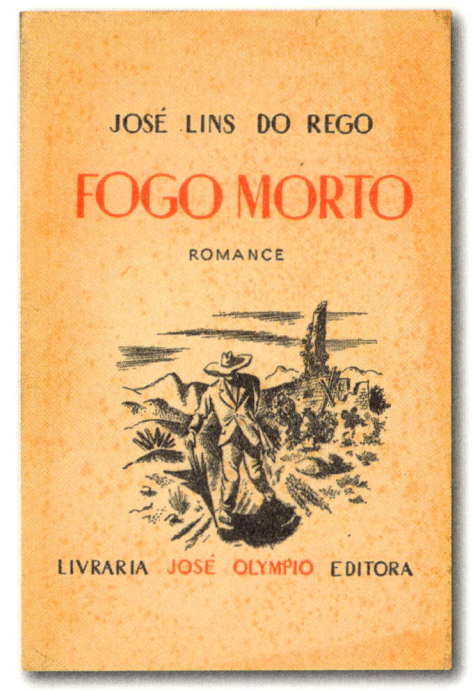

Em 1944 Santa Rosa fez nada menos que catorze capas para livros de ficção de autores brasileiros para a José Olympio. Em algumas delas, preferiu o uso de tipos sem serifa no título, como se vê numa de suas capas mais icônicas, a de *Fogo Morto*.

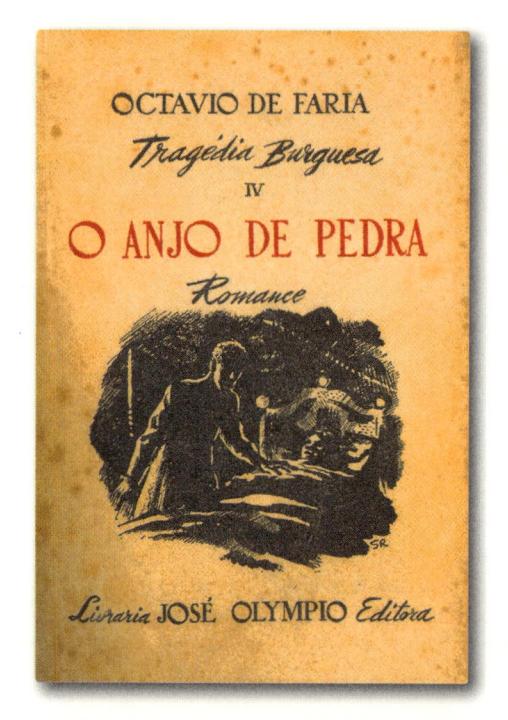

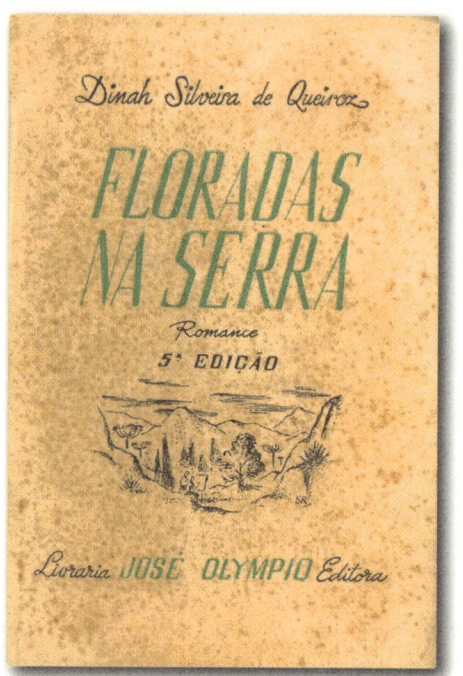

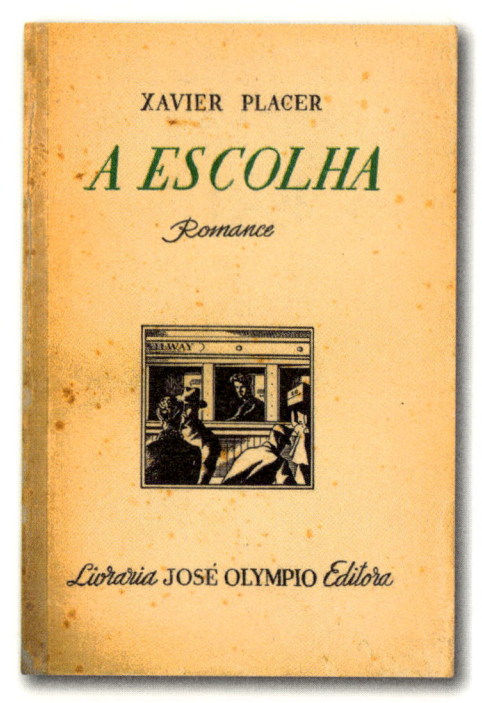

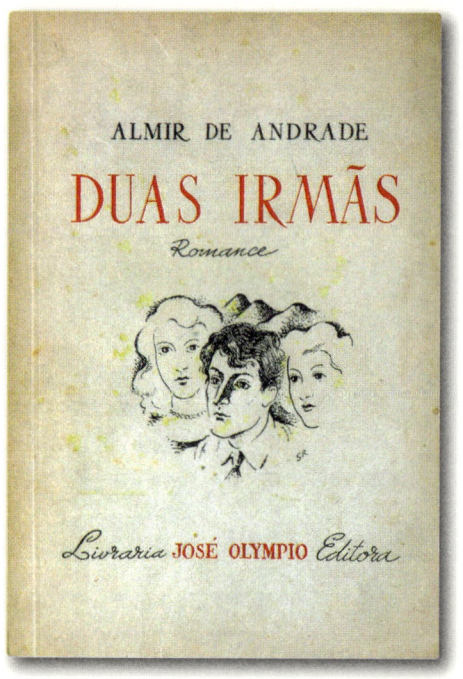

Em outras, optou por tipos com serifa. No caso de *Vila Feliz*, utilizou a caixa-baixa, combinando-a com a ilustração que, por meio de traços sinuosos e angulosos, estiliza a natureza com as marcas da arquitetura moderna brasileira que se construía naquele exato momento na Pampulha, em Belo Horizonte.

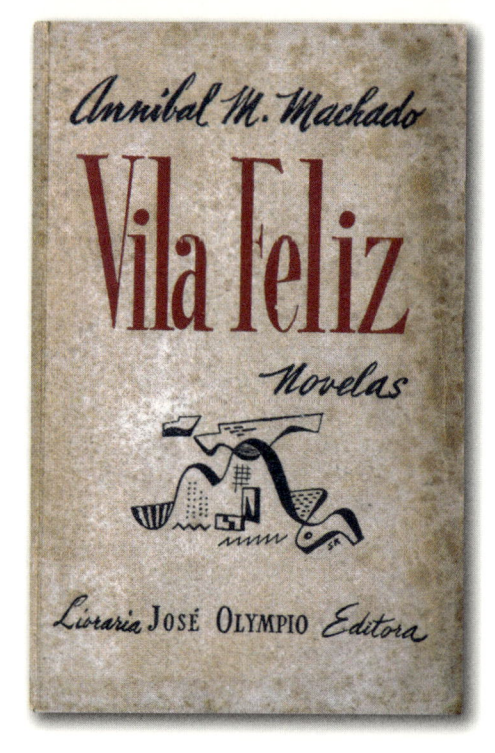

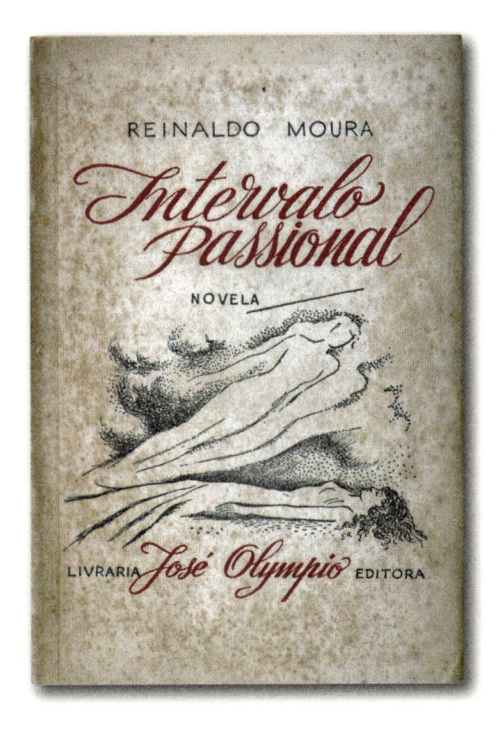

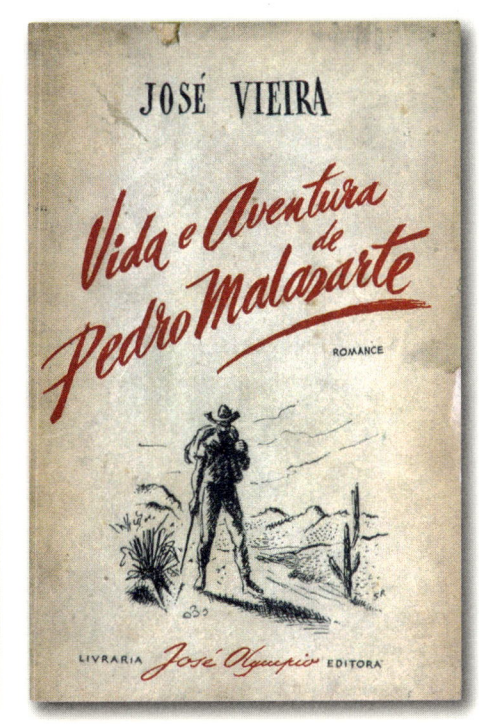

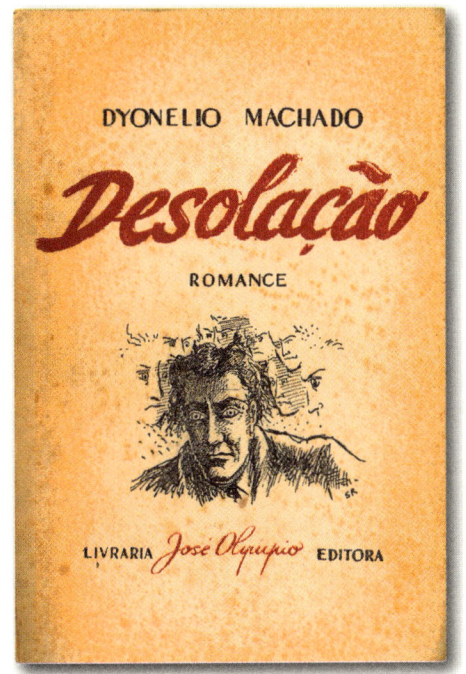

Utilizou ainda o tipo corrido, sempre em tons de vermelho, ou, no caso de *Ilha Submersa*, criou uma variação específica desse projeto gráfico todo em preto e branco.

187

Breno Accioly
João Urso
contos

EPASA

Feita para uma editora menor, a Epasa, a capa de *João Urso* seguiu o mesmo modelo criado para a José Olympio.

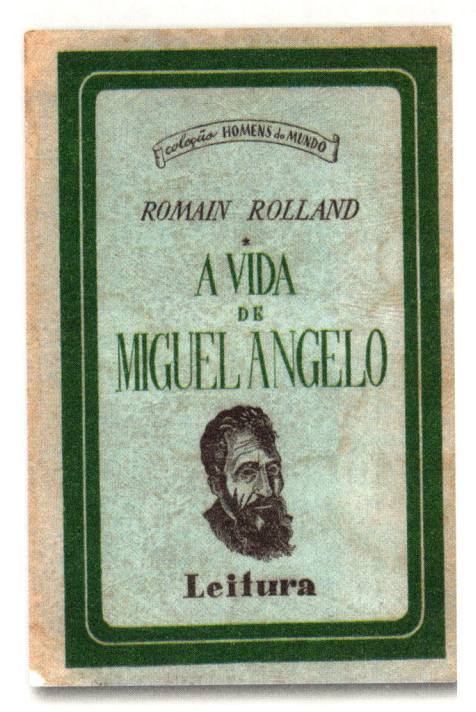

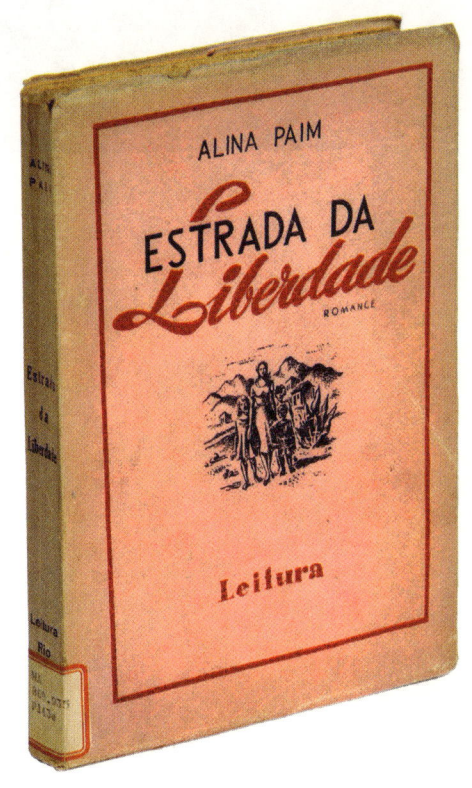

Utilizando um papel-cartão colorido enrugado, com uma textura levemente marmorizada, Santa Rosa desenhou estas capas para a editora Leitura em 1944. Apenas em *Estrada da Liberdade* se vê seu traço fino de ilustrador.

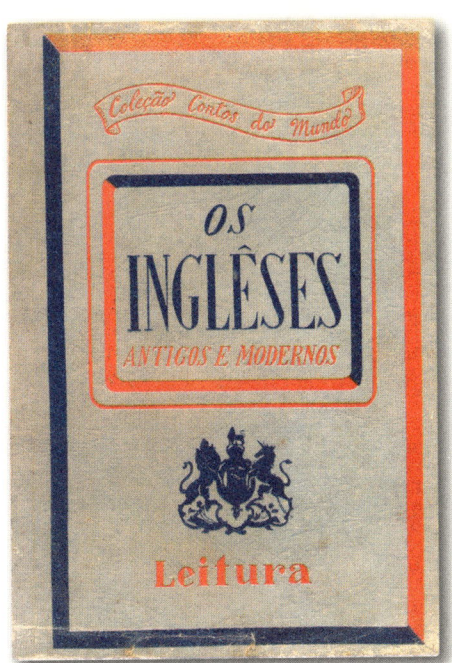

Em 1944 a José Olympio lançou as *Obras ilustradas de Dostoiévski*, traduzidas por importantes escritores brasileiros como Rachel de Queiroz, Lúcio Cardoso e Rosário Fusco. Todos os volumes traziam a mesma capa de Santa Rosa, com um pequeno retrato do escritor.

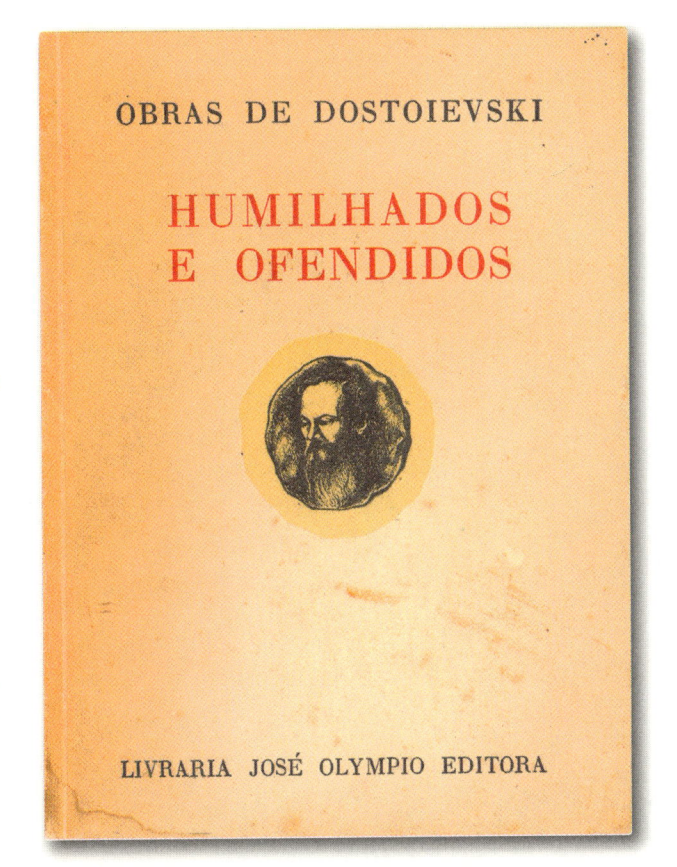

A última capa para poesia oriental feita por Santa Rosa para a coleção Rubáyát tem o emprego radioso do amarelo intenso contrastando com a sobriedade do *layout* e a lua invadindo, como o sol na capa de O *Visionário* de Murilo Mendes, o espaço que em princípio não pertenceria à ilustração.

Impresso na
E. G. "Revista dos Tribunais" Ltda,
São Paulo

ABGAR RENAULT

A LUA CRESCENTE

DE
RABINDRANATH TAGORE

LIVRARIA **JOSÉ OLYMPIO** EDITORA

Para apresentar a intensa segunda coletânea de poemas de Lúcio Cardoso, Santa Rosa não nos oferece a imagem de um de seus momentos, antes captou a recorrência das imagens marítimas que atravessam todo o livro.

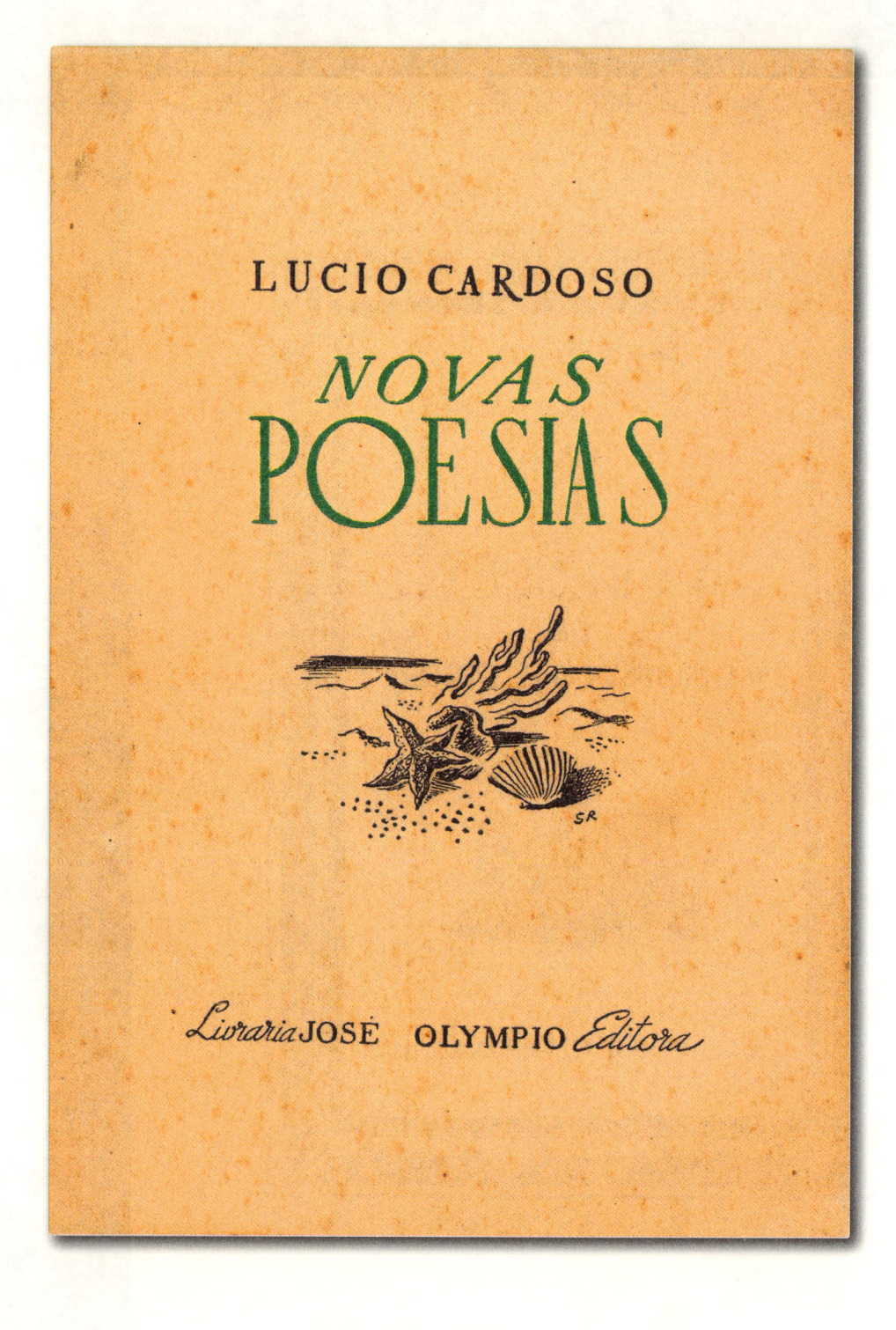

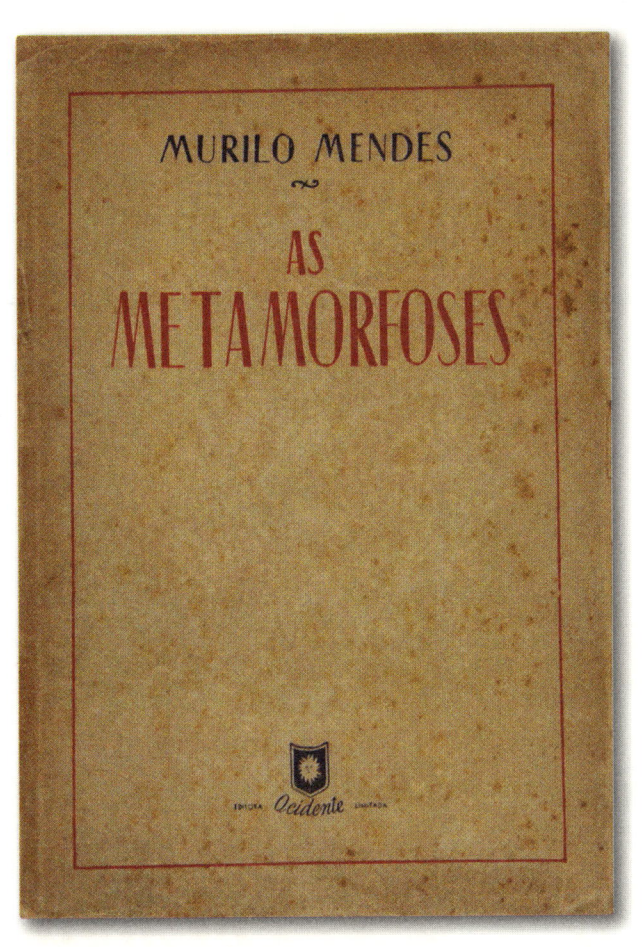

A edição comercial de *As Metamorfoses* de Murilo Mendes teve a mais nua de todas as capas desenhadas por Santa Rosa: apenas os tipos sem serifa a nos informarem título e autor encimando o largo espaço vazio. Um exemplar pertencente ao arquivo de Mário de Andrade no Instituto de Estudos Brasileiros, no entanto, mostra que o artista elaborou uma ilustração para este volume, um estranho ser colhido talvez em plena transformação de dragão em unicórnio.

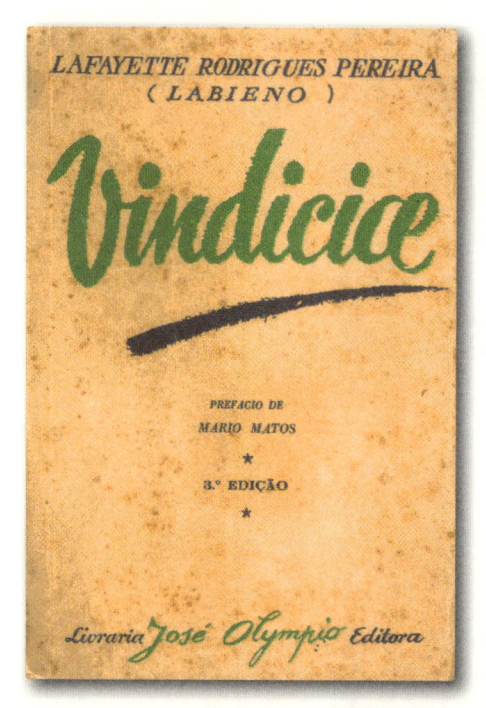

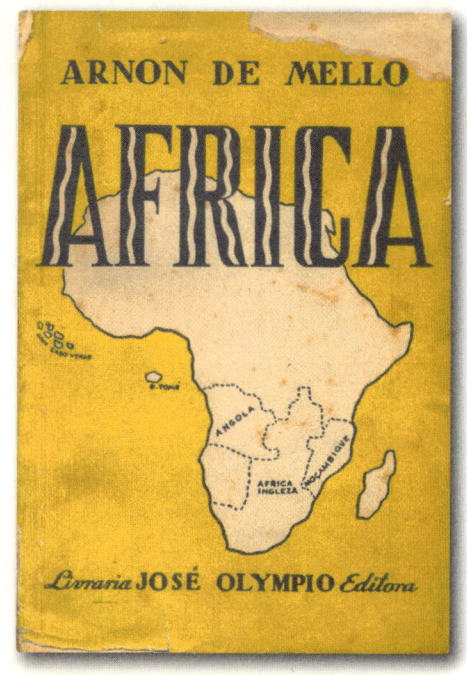

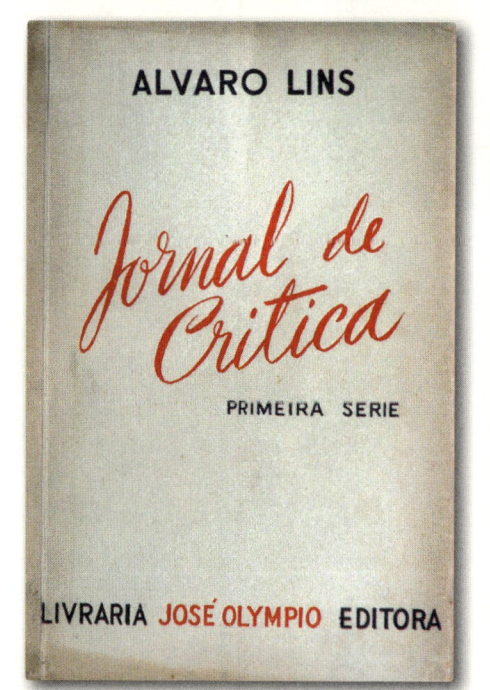

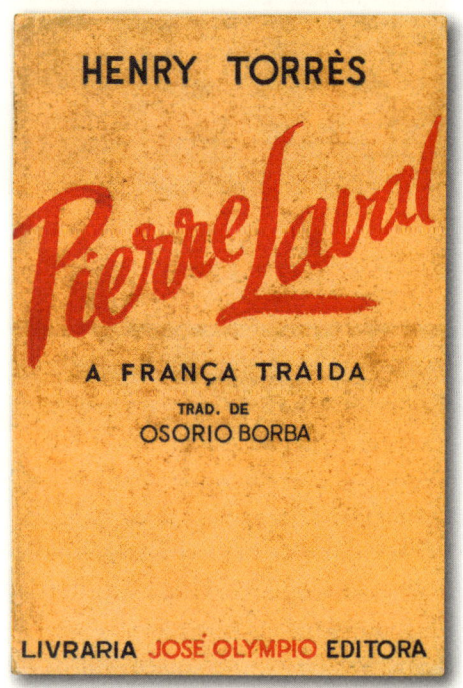

Em toda a década de 40, Santa Rosa fez apenas sete capas de não ficção para a José Olympio, nada menos que três delas sem ilustração.

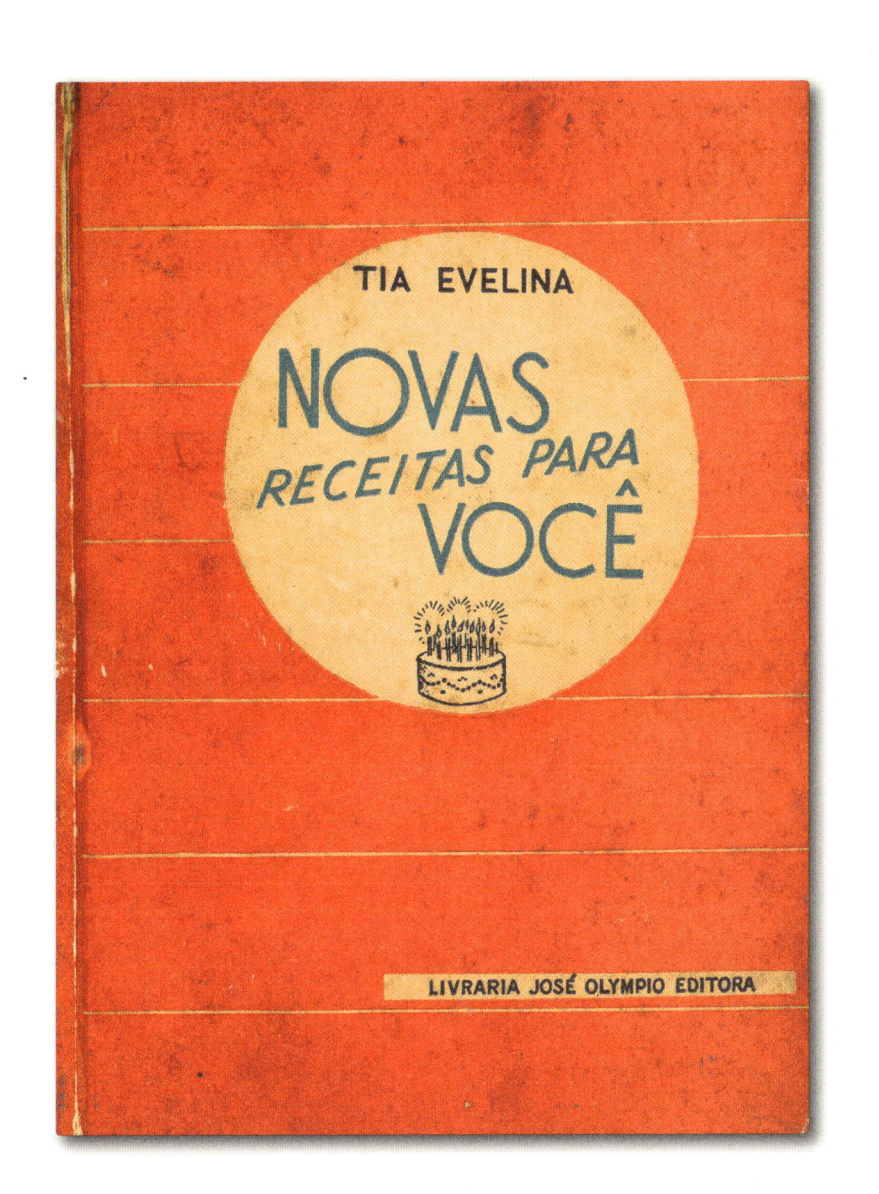

TIA EVELINA
NOVAS RECEITAS PARA VOCÊ
LIVRARIA JOSÉ OLYMPIO EDITORA

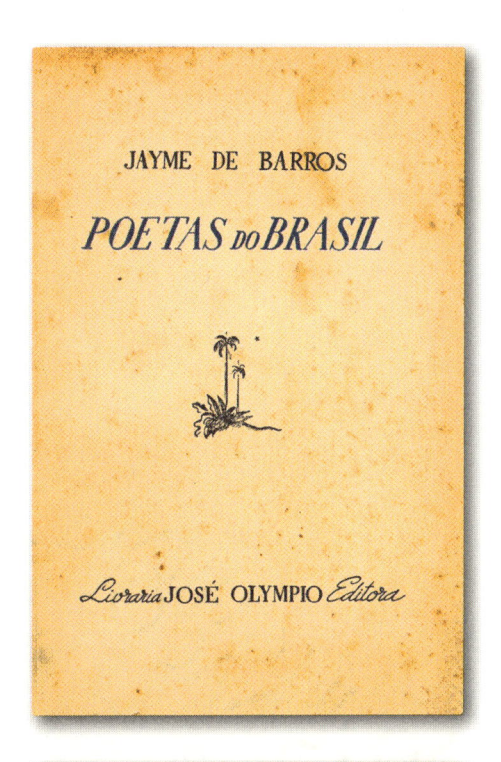

JAYME DE BARROS
POETAS DO BRASIL
Livraria JOSÉ OLYMPIO Editora

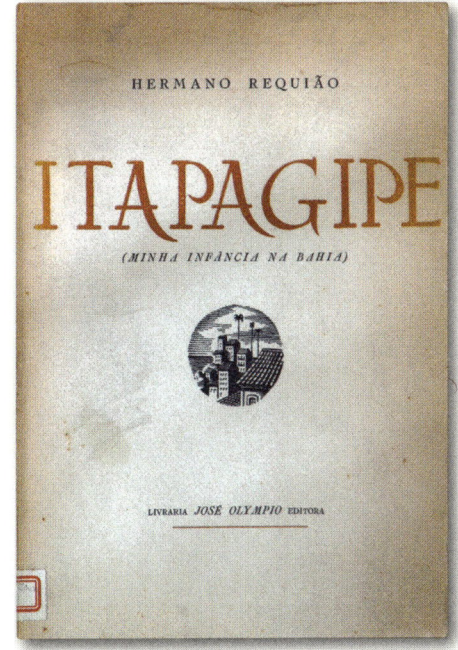

HERMANO REQUIÃO
ITAPAGIPE
(MINHA INFÂNCIA NA BAHIA)
LIVRARIA JOSÉ OLYMPIO EDITORA

Por outro lado, nessa mesma década o artista diversificaria grandemente sua colaboração, que incluiria livros de não ficção para casas como a Ocidente e a Agir.

197

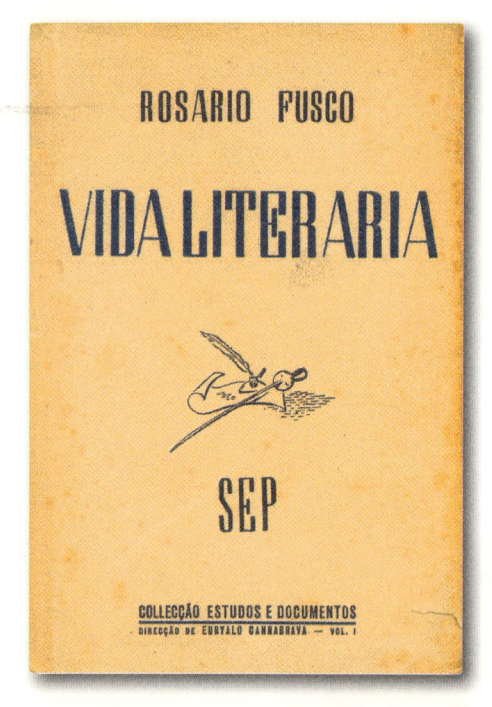

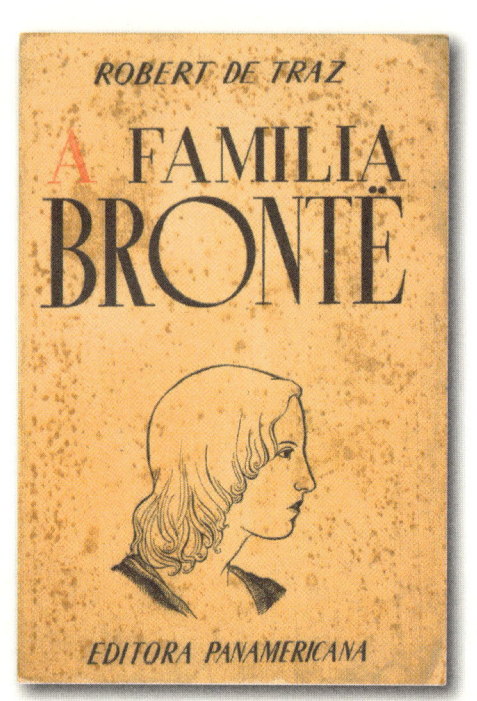

Mas também para a Pongetti, com a qual trabalhava desde a década anterior no campo da ficção, além de trabalhos isolados até mesmo para instituições como o Instituto do Açúcar
e do Álcool.

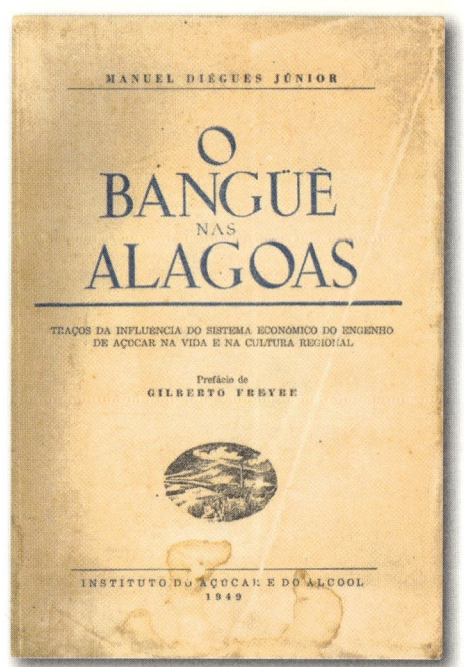

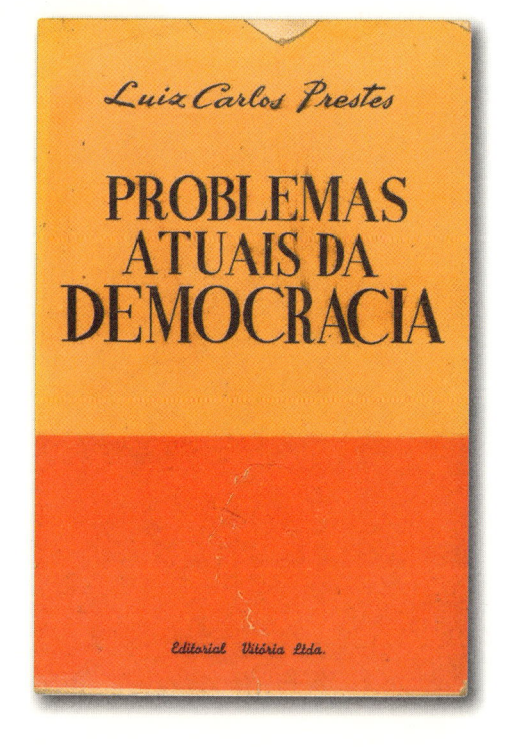

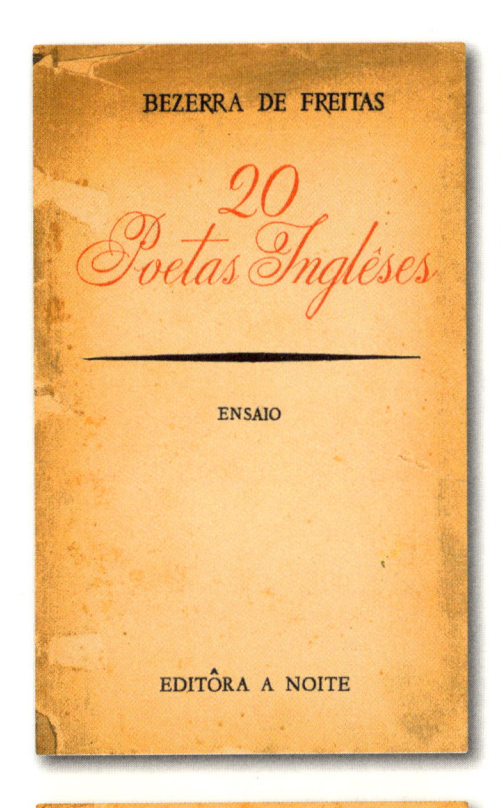

BEZERRA DE FREITAS
20 Poetas Inglêses
ENSAIO
EDITÔRA A NOITE

BEZERRA DE FREITAS
FORMA E EXPRESSÃO
no romance brasileiro
Pongetti

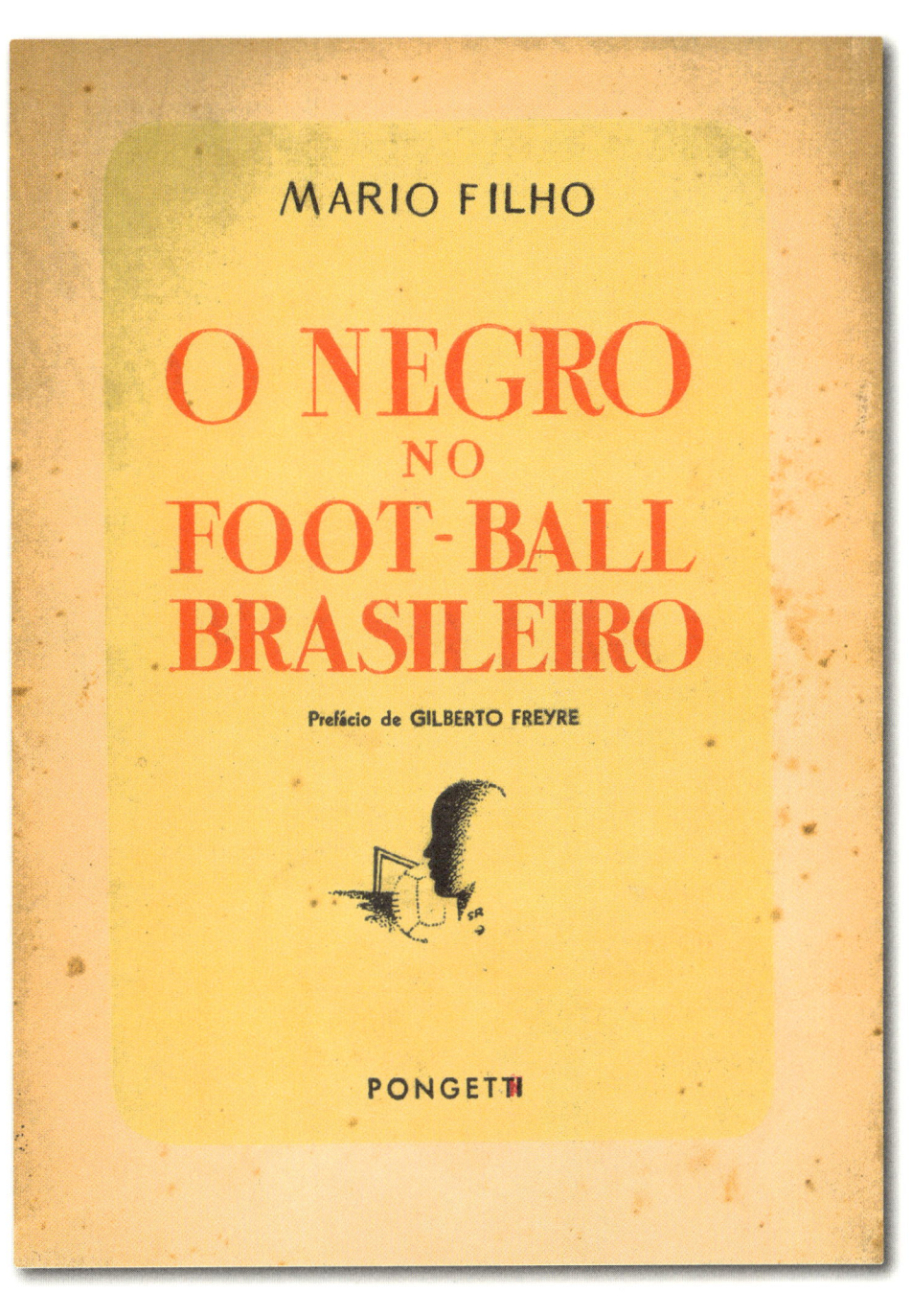

MARIO FILHO
O NEGRO NO FOOT-BALL BRASILEIRO
Prefácio de GILBERTO FREYRE
PONGETTI

As capas para *A Vida Extraordinária de Santo Antônio* e para *Linguajar da Malandragem* deixam claro que Santa Rosa, na elaboração de capas para livros de não-ficção, dedicava o mesmo empenho que se vê em seus trabalhos para ficção e poesia.

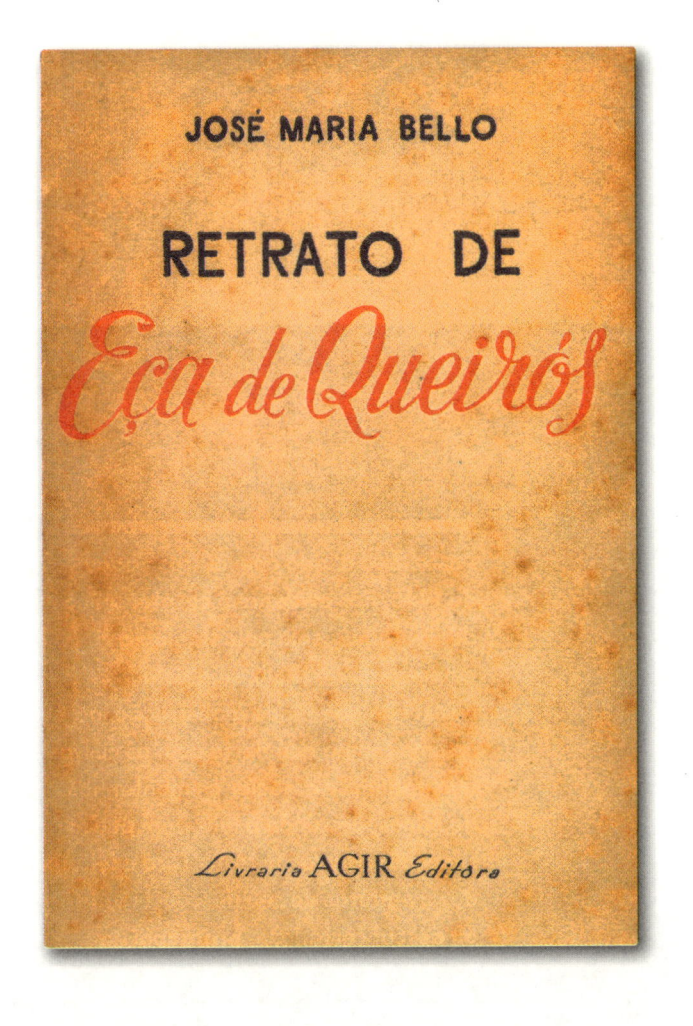

Sete anos depois de publicar seu *Retrato de Eça de Queirós*, José Maria Bello publica o de Machado de Assis, por uma outra editora. O artista não se esquece da velha capa e mantém o mesmo projeto no novo livro.

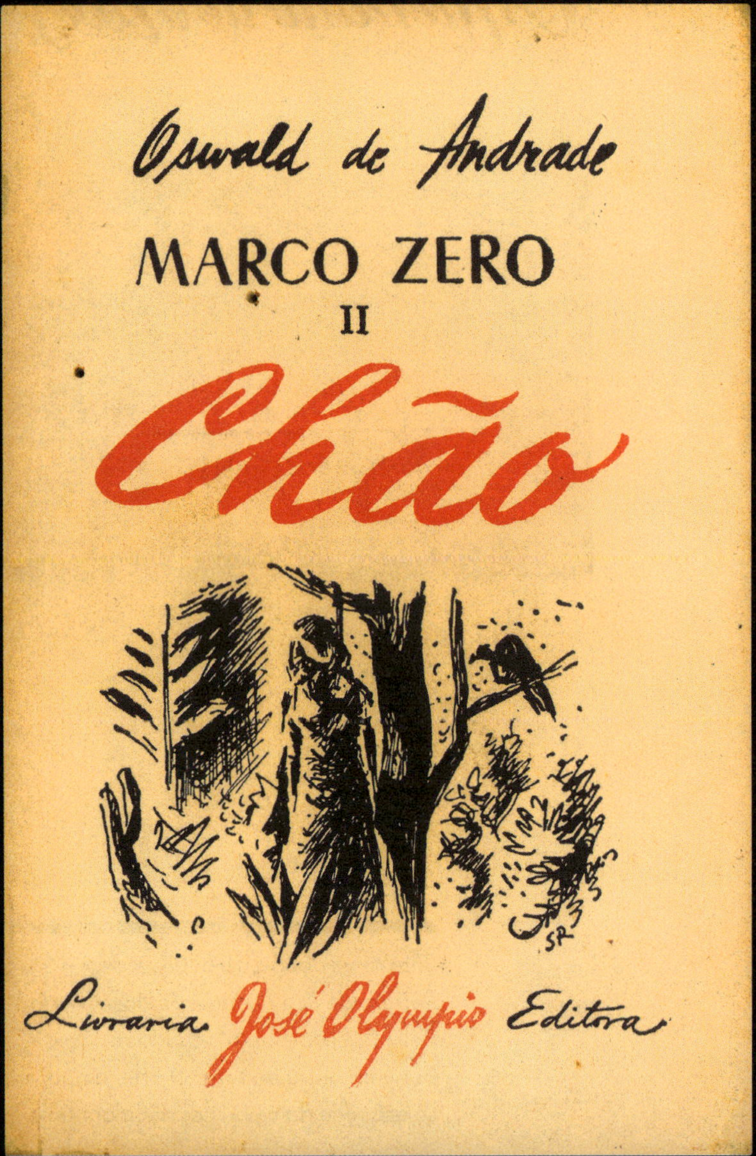

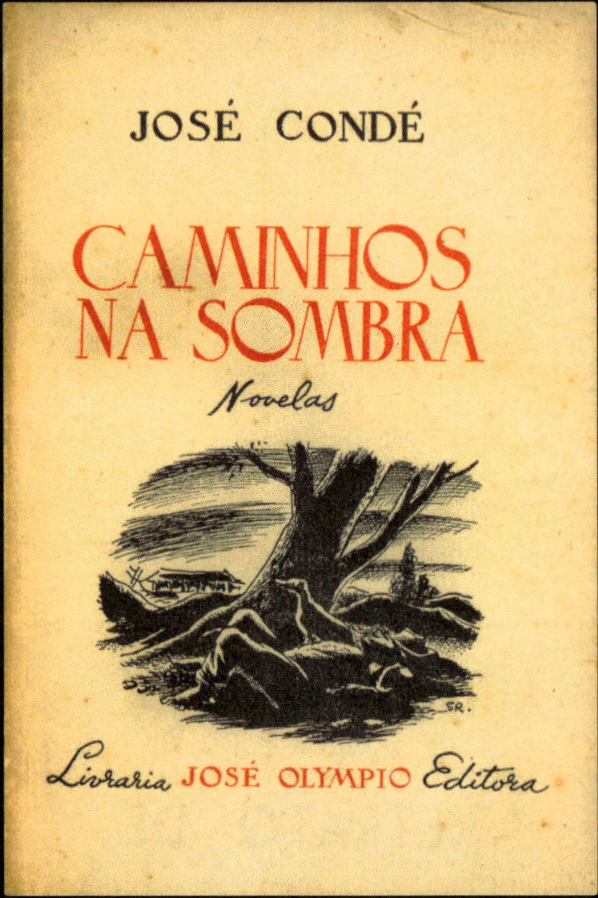

Oswald de Andrade

MARCO ZERO
II

Chão

Livraria *José Olympio* Editora

JOSÉ CONDÉ

CAMINHOS NA SOMBRA
Novelas

Livraria *JOSÉ OLYMPIO* Editora

Posta lado a lado com outras capas de 1945, fica evidente o caráter único da de *Abdias*, seja pela tipologia empregada no título, seja pela ilustração que tende à abstração, ao mesmo tempo que flerta com as curvas que podem se associar às montanhas de Minas, deixando o leitor um pouco sem chão, o que, de resto, fará a leitura das aventuras de seu desconsertado — ou desconcertado? — protagonista.

Maria Eugenia Celso

O
SOLAR PERDIDO

ZELIO VALVERDE

Cyro dos Anjos

Abdias

Romance

Livraria José Olympio Editora

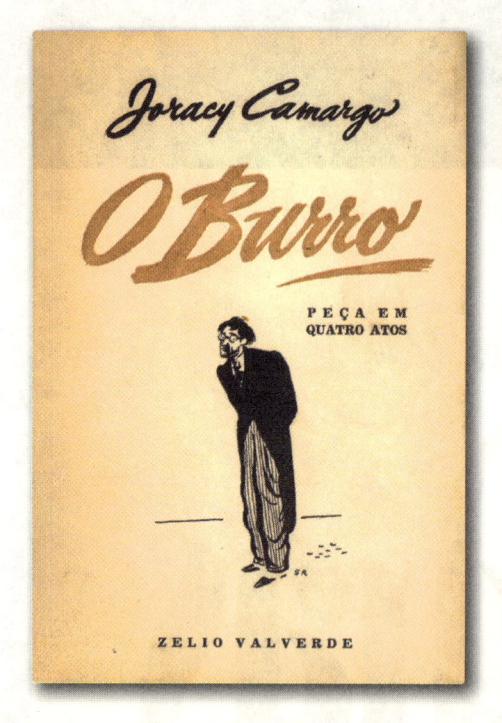

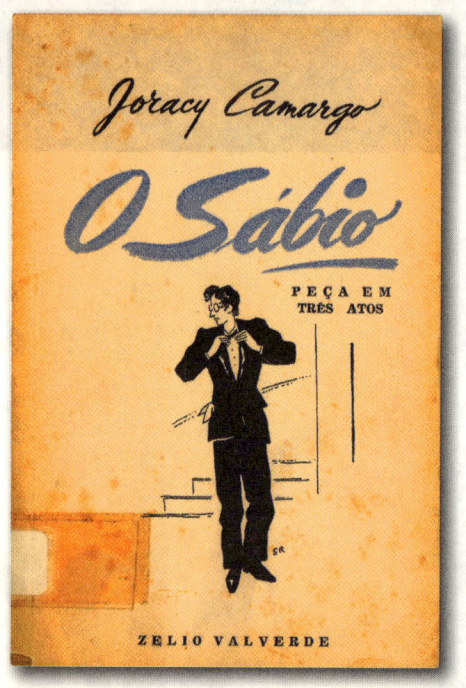

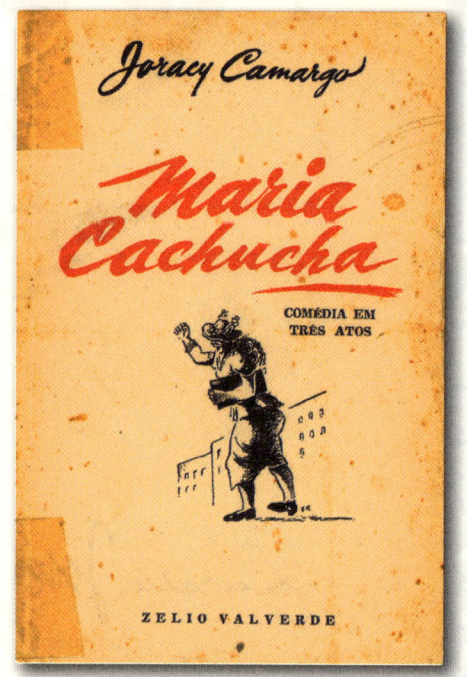

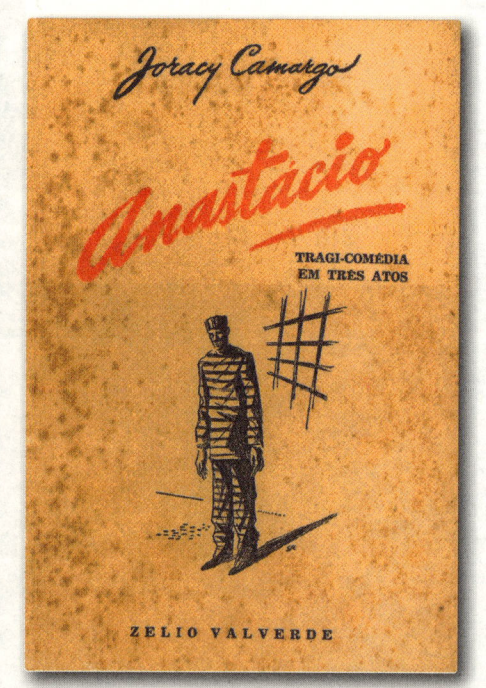

Homem de teatro, Santa Rosa foi um dos capistas da coleção lançada pela Zélio Valverde em 1945, que trazia textos do mais popular dramaturgo brasileiro desde a década anterior, Joracy Camargo.

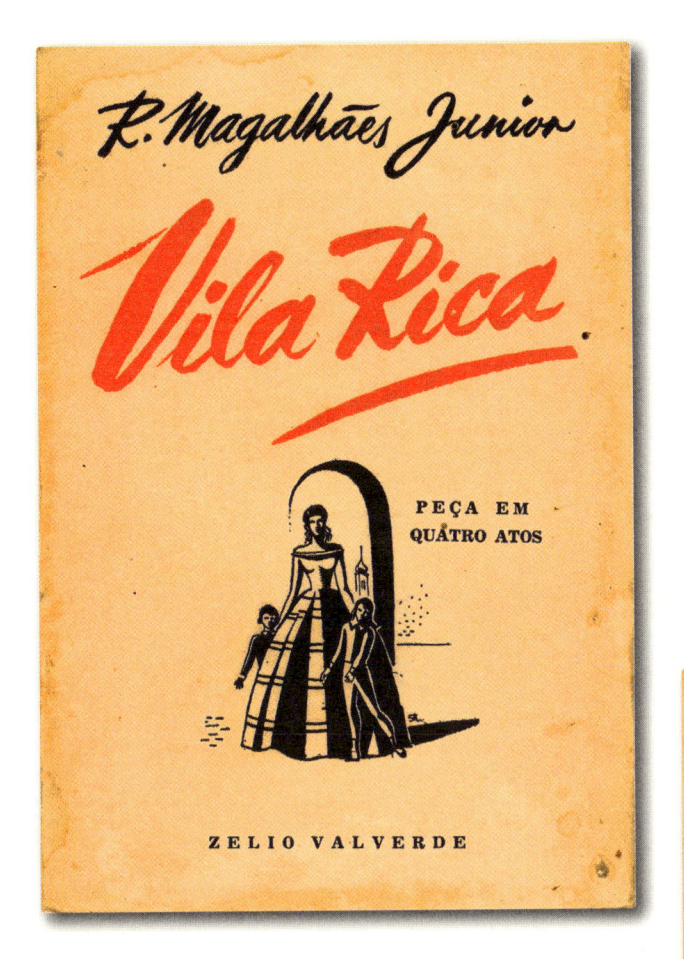

Mas trazia também a primeira peça de Lúcio Cardoso, *O Escravo*, que seria encenada em 1947, pelo grupo Os Comediantes com cenários do artista. Os dois ainda trabalhariam juntos na formação do Teatro de Câmara e teriam papel fundamental na consolidação do importantíssimo Teatro Experimental do Negro, de Abdias do Nascimento, cuja primeira montagem foi a peça escrita por Lúcio Cardoso, *O Filho Pródigo*, com figurinos e cenários de Santa Rosa.

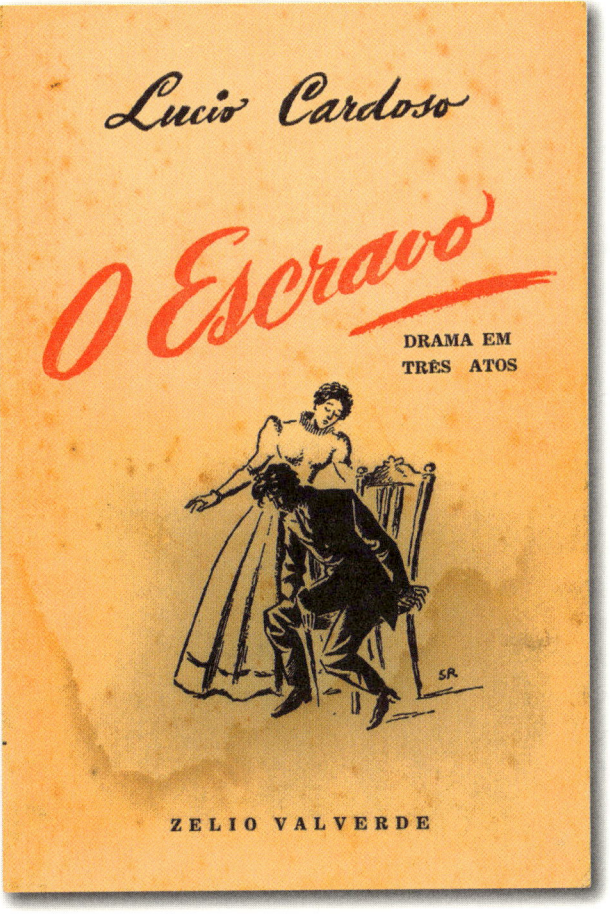

"Poucas linhas de simplicidade grega lhe bastaram para caracterizar a *Ode e Elegia* de Ledo Ivo. E numa hora triunfal que emergia das trevas, 'SR' desenhou a *Rosa do Povo* de Carlos Drummond de Andrade, o grupo de populares em torno da rosa que desabrocha no asfalto da rua, a 'santa rosa' do povo". (Otto Maria Carpeaux, "Significação de SR").

CARLOS DRUMMOND DE ANDRADE

A Rosa do Povo

POESIA

LIVRARIA José Olympio EDITORA

No início de 1945, Lúcio Cardoso procurava ajudar Clarice Lispector a publicar na José Olympio, seu segundo romance. Numa carta de 7 de fevereiro, ela pergunta: "Lúcio, essa editora Ocidente é a de Adonias Filho? Ele não quererá editar meu livro *O Lustre*? Porque decididamente não posso esperar dois anos para vê-lo publicado pela José Olimpio" (carta de 2.2.1945). Na carta seguinte, de 26 de março, ela dirá: "Tânia me avisou que a Editora Agir publicará meu livro; estou esperando confirmação. Quanto ao mais, não sei". A confirmação acabaria por vir e o livro sairia em dezembro.

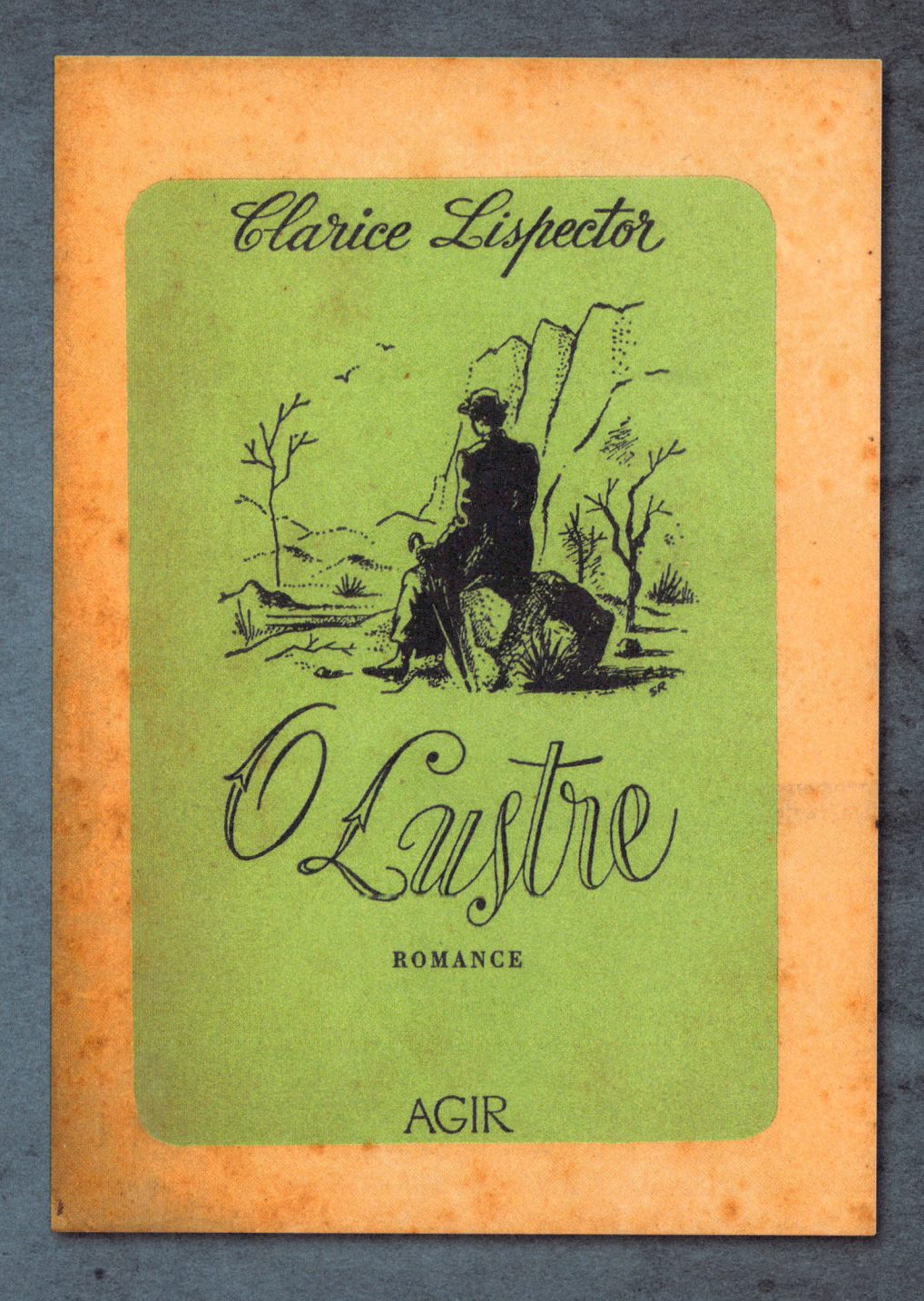

O projeto de capa criado para *O Lustre* é repetido em suas linhas gerais por Santa Rosa no romance de estreia de José Mauro de Vasconcelos, *Banana Brava*, com uma ilustração em que aparece sua habilidade em representar o mundo do trabalho, seja na ação coletiva, seja na face imóvel do trabalhador explorado em primeiro plano.

Para a Agir, Santa Rosa desenharia ainda estes dois rostos expressivos de mulher contra panos de fundo eloquentes. Numa ilustração, ele nos remete a uma espécie de ideal feminino com a figura que se projeta do cenário paradisíaco e nos olha diretamente com um sorriso apenas esboçado nos lábios ainda cerrados. Na outra, a moça negra também nos olha nos olhos, mas o segundo e o terceiro planos, assim como a expressão do rosto, nos falam da separação entre ela, a empregada doméstica, e os patrões.

LÊDO IVO
AS ALIANÇAS
ROMANCE

AGIR

LUCIA MULHOLLAND

Essa
NEGRA FULÔ!

ROMANCE

AGIR

EMILY BRONTË

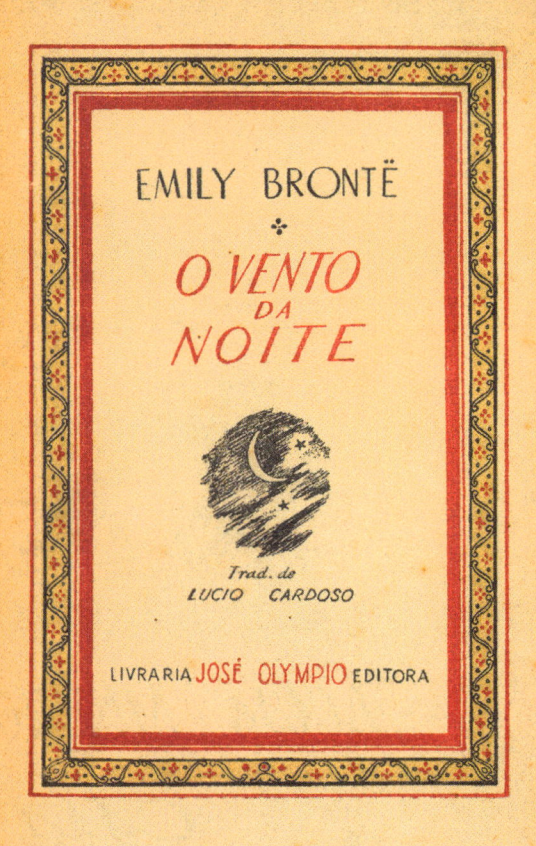

O VENTO DA NOITE

Trad. de
LUCIO CARDOSO

LIVRARIA JOSÉ OLYMPIO EDITORA

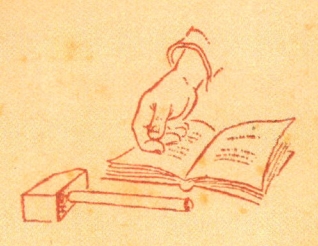

OSWALDINO MARQUES

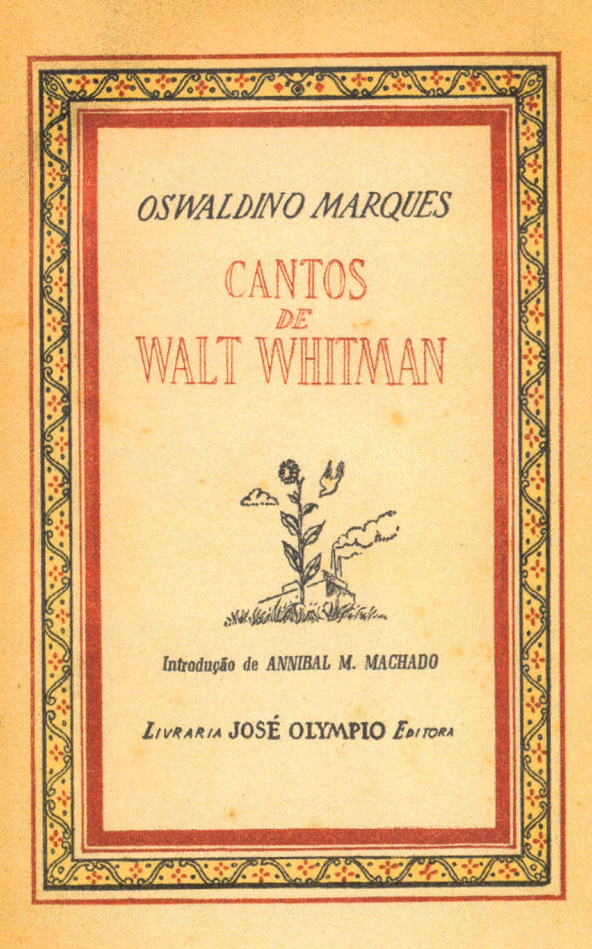

CANTOS
DE
WALT WHITMAN

Introdução de ANNIBAL M. MACHADO

Livraria JOSÉ OLYMPIO *Editora*

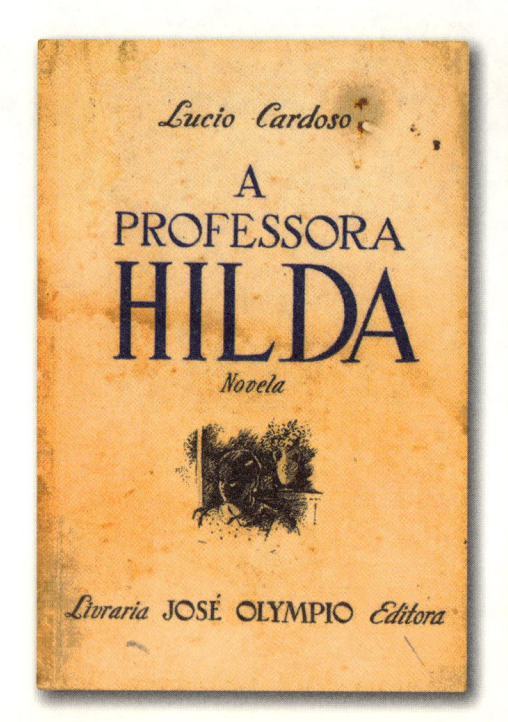

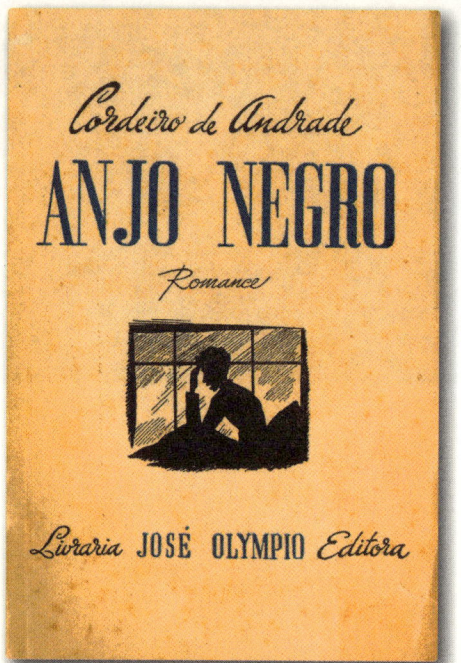

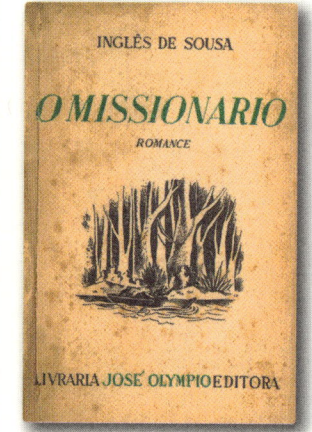

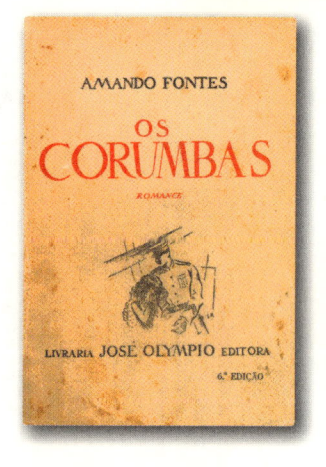

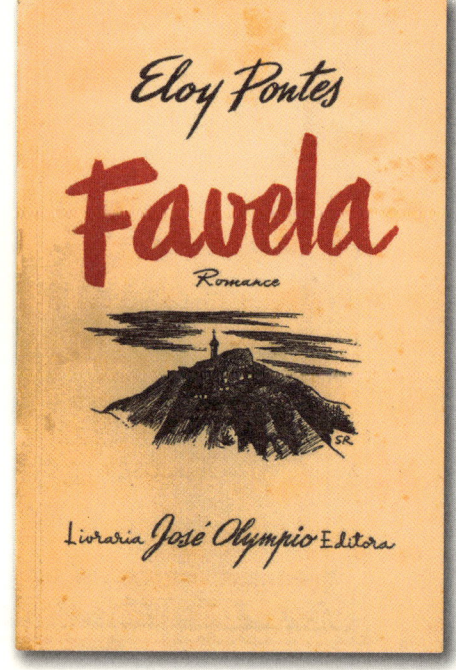

Imagens de isolamento marcaram as capas de Santa Rosa em 1946. A solidão dentro de casa das personagens de Lúcio Cardoso e Cordeiro de Andrade. A solidão em meio à amplidão e à natureza dos de Inglês de Sousa e Adonias Filho. A solidão de quem se vê em desgraça e recebe um abraço que é mais interesse que consolo de *Os Corumbas*. O isolamento coletivo da favela plantada no alto do morro.

Os anos de Guerra marcam fundo a poesia brasileira, que se revela cheia de esperança no futuro que seu final anuncia, mas atenta às misérias do presente, como se lê num poema de Jorge Medauar:
"Impossível fugir.
Nem mais as praias são serenas,
nem mais os bosques são tranquilos
[...]
Não podem ser do vento estes gemidos,
nem vem do mar por certo esta agonia,
pois passam tanques pelos campos,
passam tanques pela vida
e já não sei como fugir para o silêncio...".

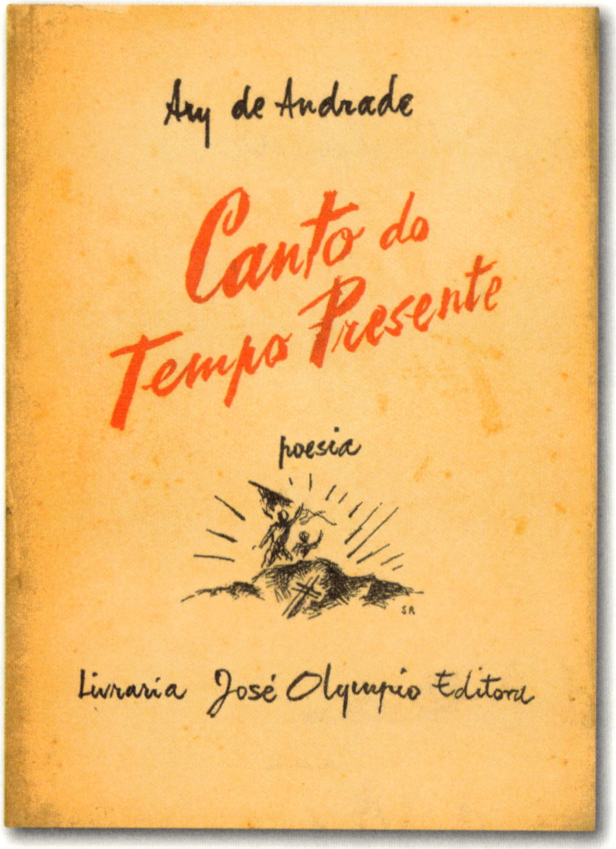
Ary de Andrade
Canto do Tempo Presente
poesia
Livraria José Olympio Editora

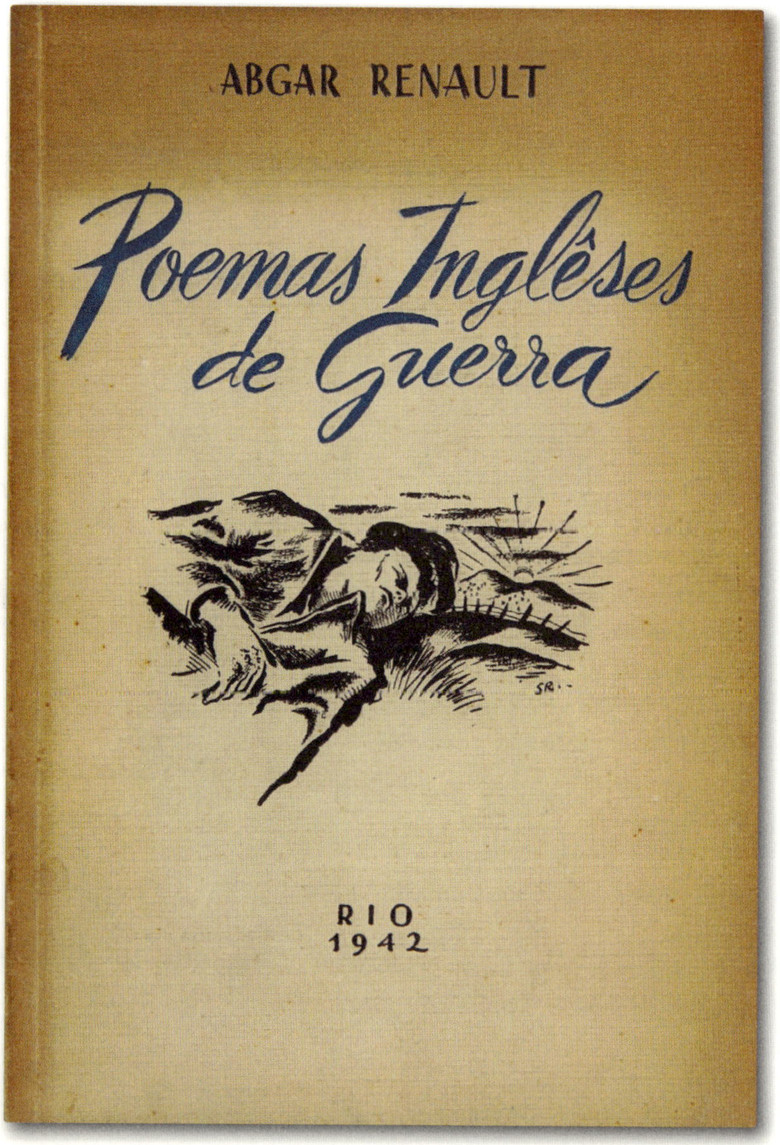
ABGAR RENAULT
Poemas Inglêses de Guerra
RIO
1942

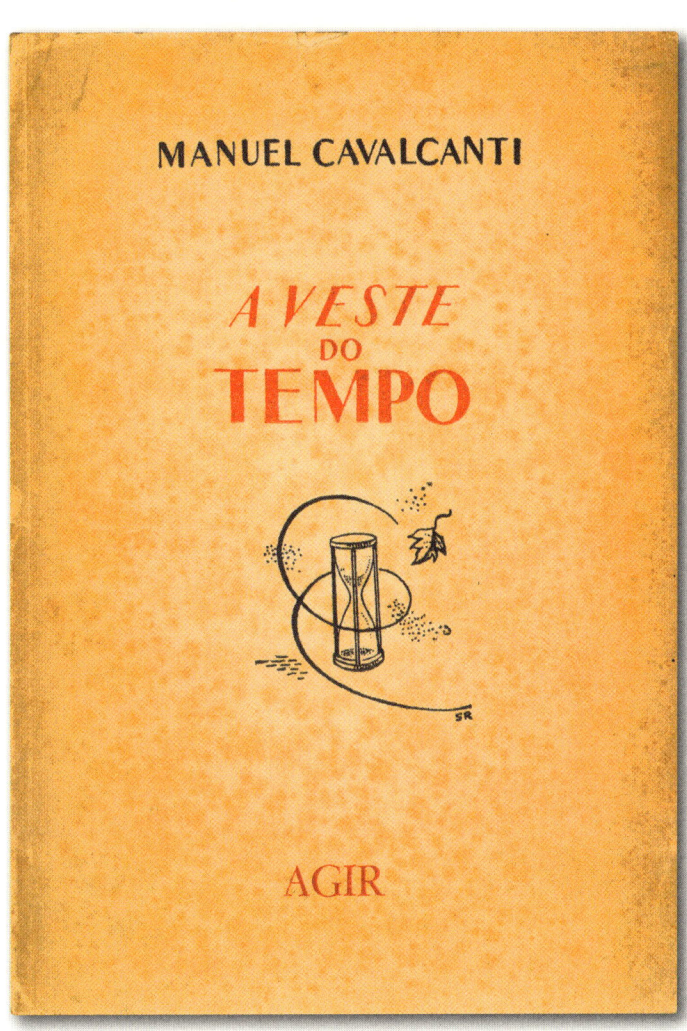

Já em 1942 Abgar Renault publicava uma seleção de poemas sobre guerra, a maioria sobre a Primeira, mas também com poemas recentes, escritos a partir da experiência da segunda. Mas outras linhas de força permanecem ativas, seja a da busca pelo eterno, que se vê num livro como *A Veste do Tempo*, seja a busca de apreensão do belo como acontece em *Emoção*, livro todo constituído por haikais como este, "Fantasia": "Estrelas eternas.../Nos campos, mil pirilampos/ brincam de lanternas."

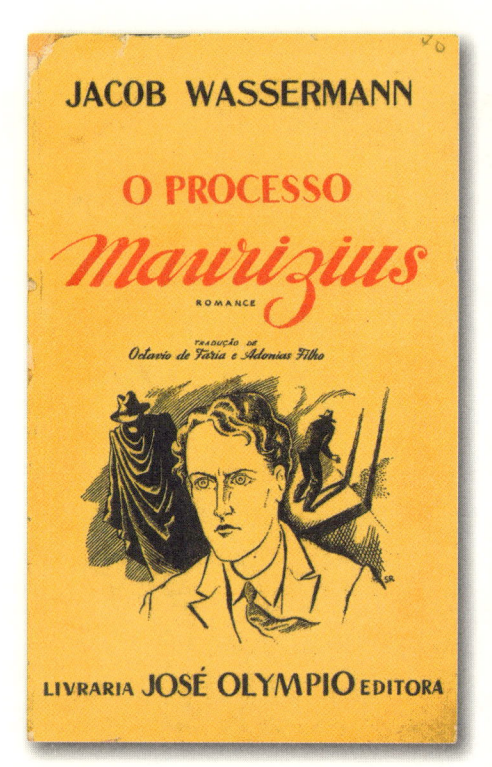

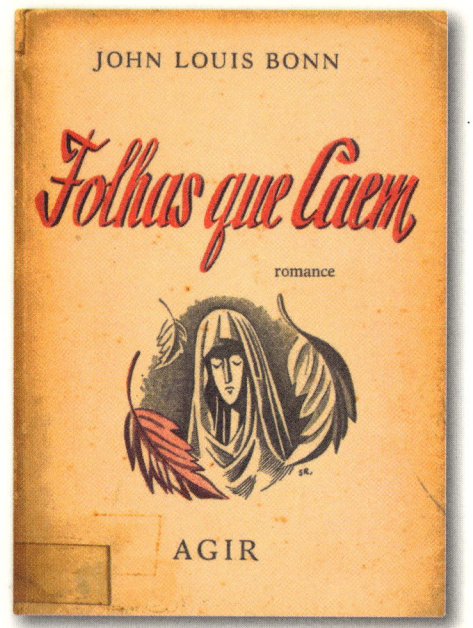

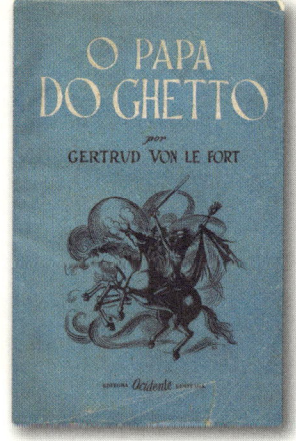

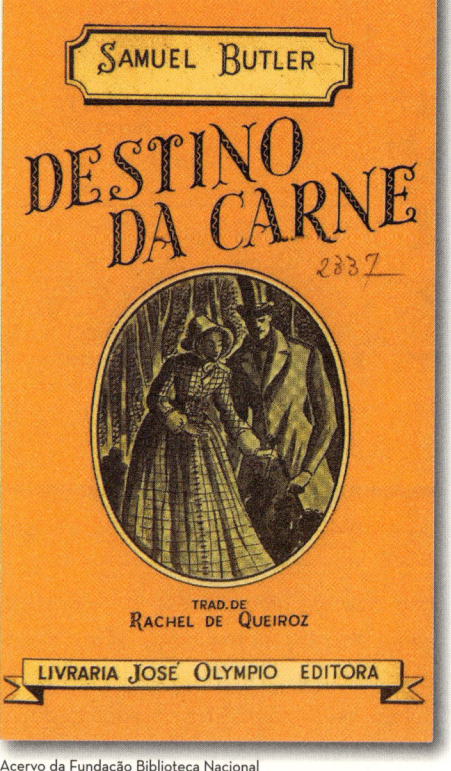

"Um título sóbrio, legível, bem distribuído de modo a cobrir o espaço visual com clareza e propriedade; uma ilustração, também, de traços preciosos situada no lugar adequado, ou fios e vinhetas que deem o melhor caráter de época. Se a fantasia e o bom-senso do artista assim o requererem, bastam para compor uma boa capa, que se dirija ao leitor como um convite ao manuseio do conteúdo". (Tomás Santa Rosa, *Sobre a Arte do Livro*)

Acervo da Fundação Biblioteca Nacional

GRACILIANO RAMOS

Insônia

contos

LIVRARIA *José Olympio* EDITORA

"Outra vez, 'SR' se revelou através do personagem complexo de Graciliano Ramos, ao qual foi dado sonhar com brutalidades terríveis, angústias tremendas, idílios trágicos, produtos de imaginação de um grande intelectual isolado no deserto; escreveu *Insônia*, e logo 'SR' desenhou um relógio em meio da escuridão noturna". (Otto Maria Carpeaux, "Significação de SR").

O lançamento das obras de Graciliano Ramos em janeiro de 1947 trouxe uma mudança no projeto geral das capas de ficção brasileira da José Olympio. Os volumes teriam um formato maior e o branco do fundo seria substituído por uma cor pastel.

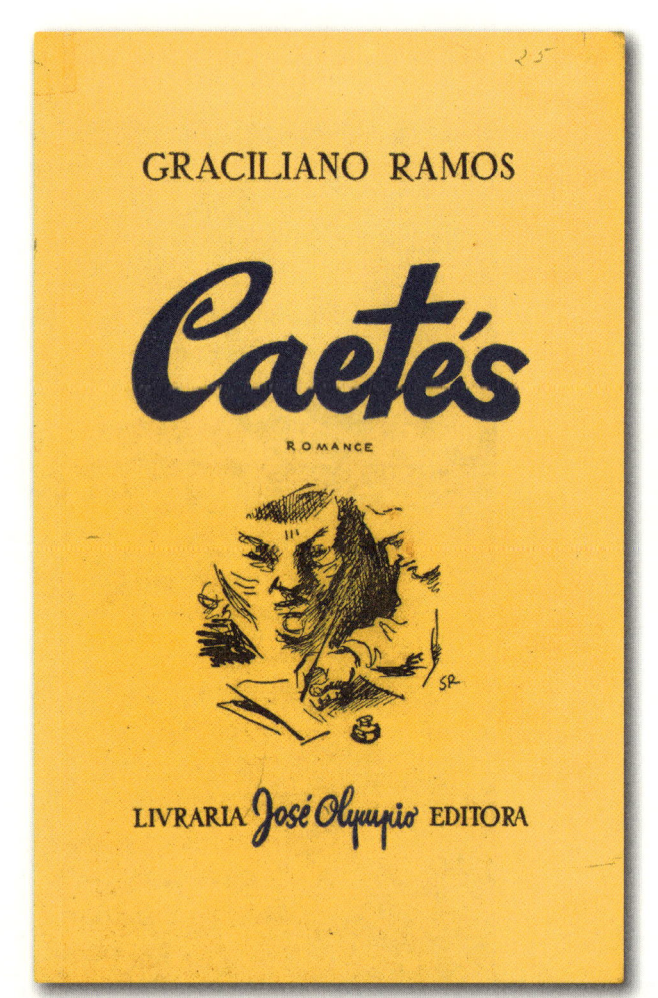

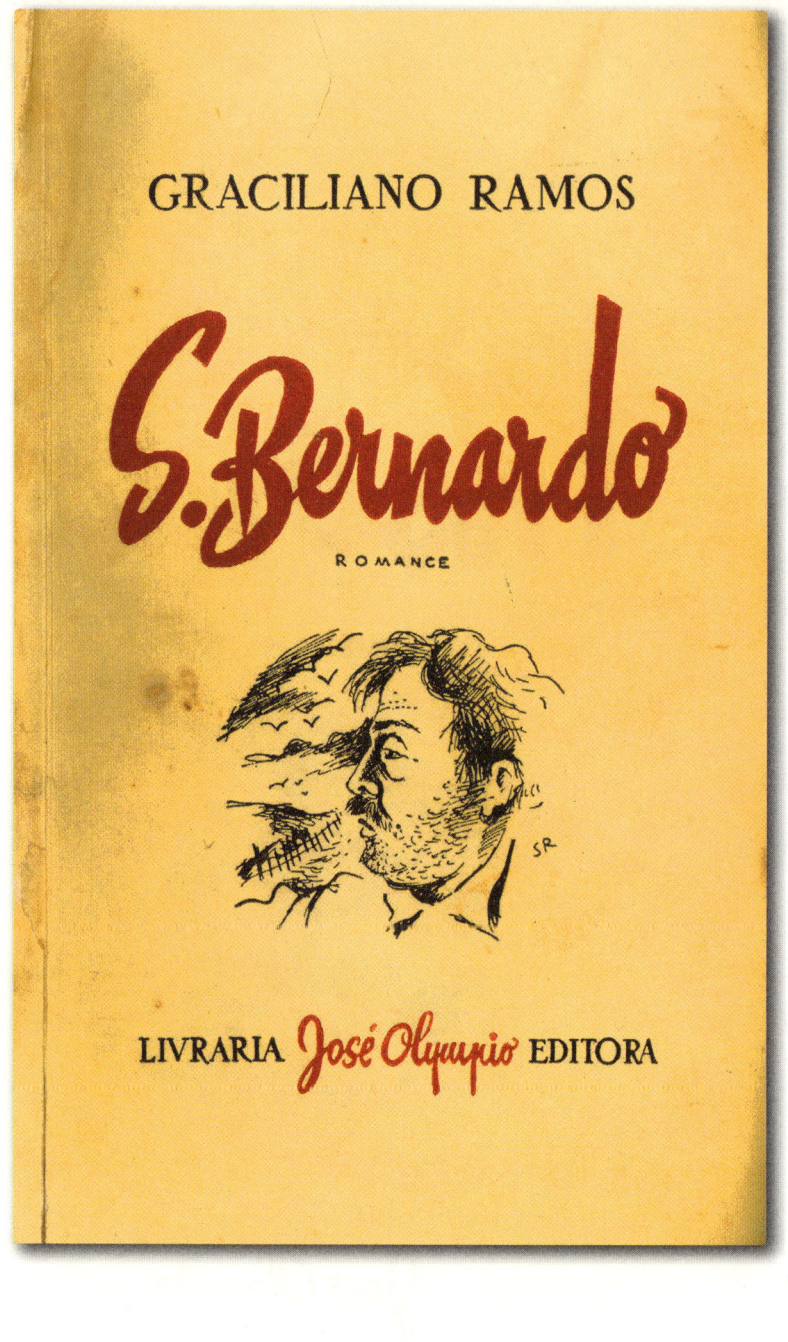

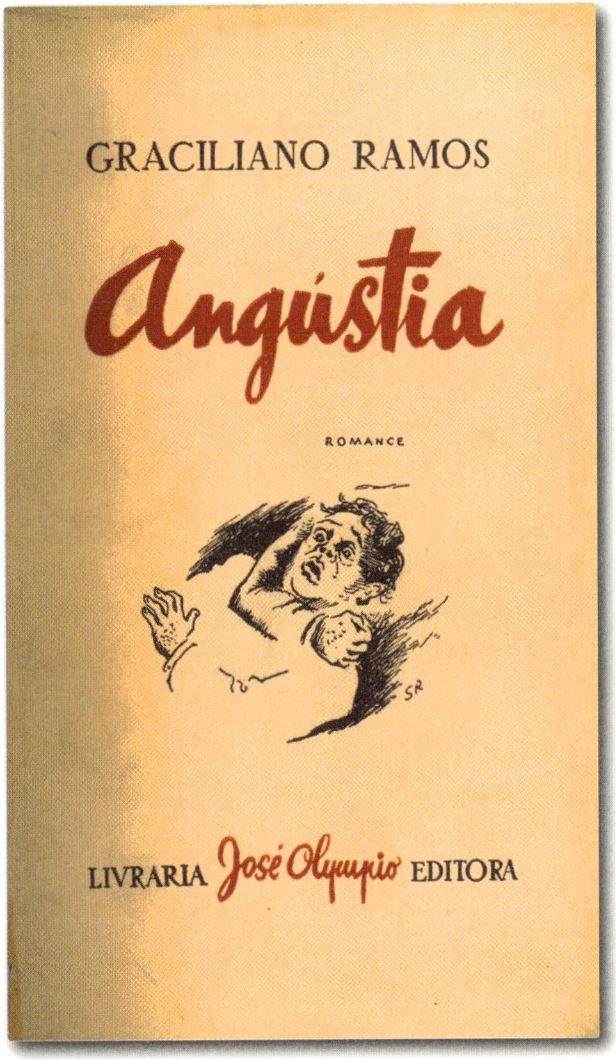
GRACILIANO RAMOS
Angústia
ROMANCE
LIVRARIA José Olympio EDITORA

GRACILIANO RAMOS
Vidas Sêcas
ROMANCE
LIVRARIA José Olympio EDITORA

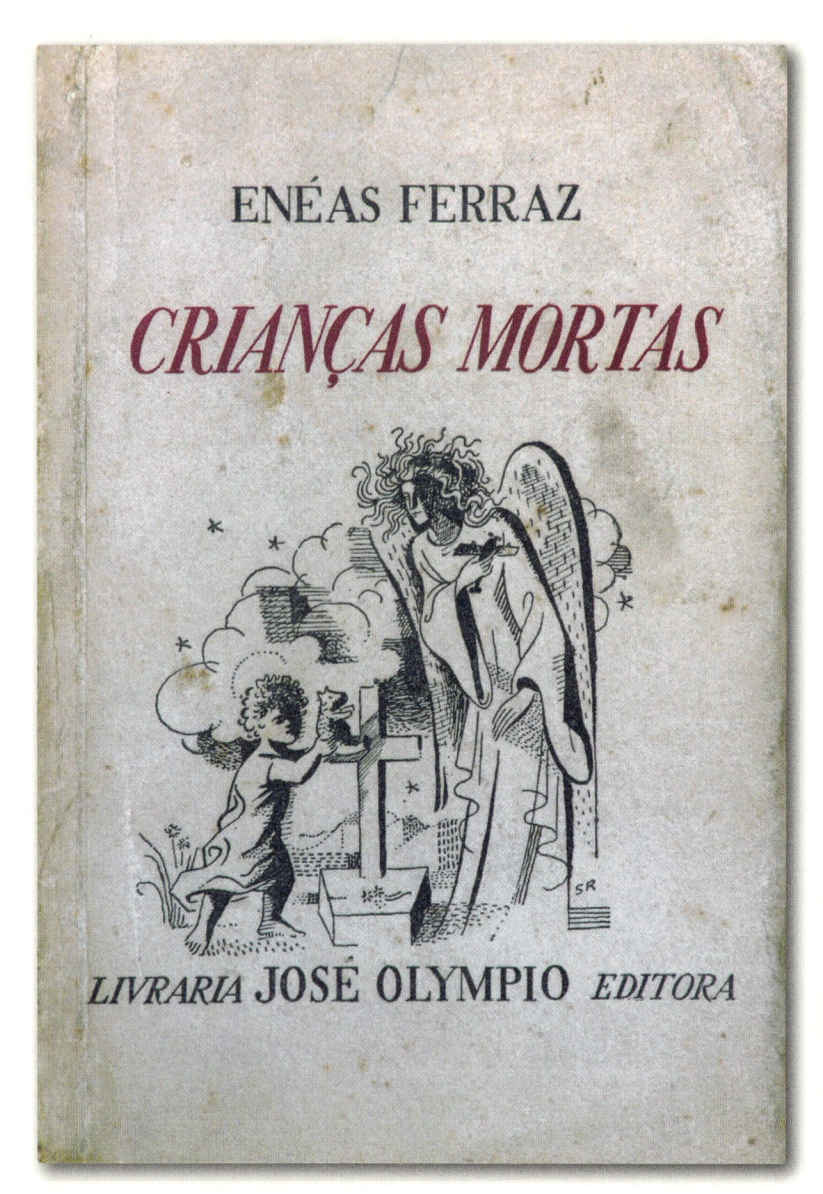

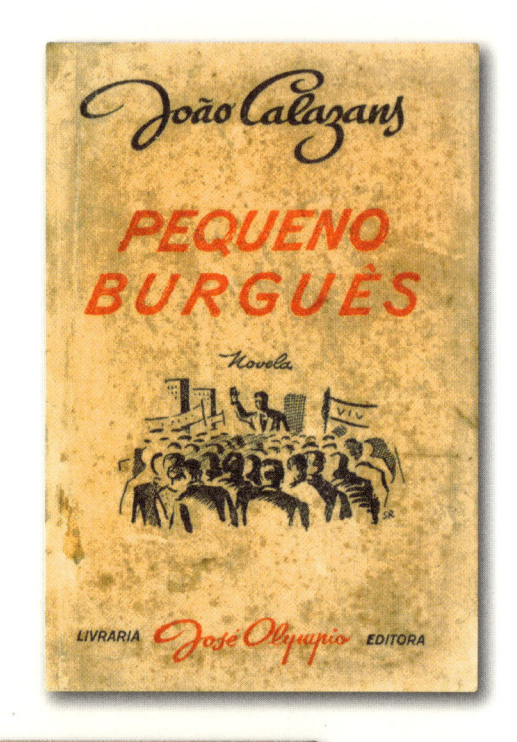

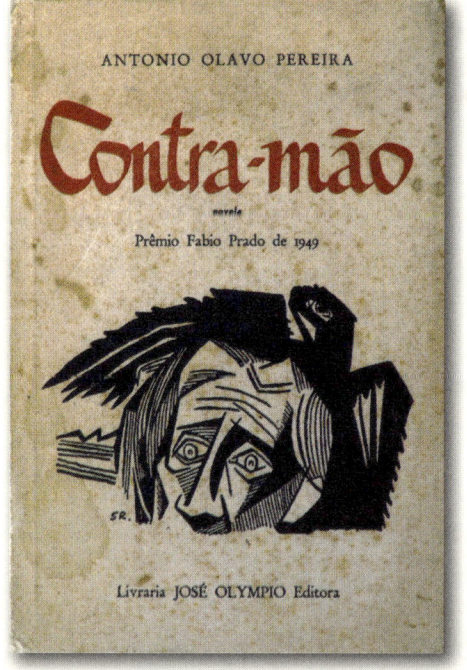

O projeto anterior não seria abandonado de vez. Também em janeiro de 1947 sairia *Crianças Mortas* ainda no formato antigo, e, já no início dos anos 50, os dois últimos lançamentos da José Olympio com o velho *layout*: *Contramão* e *Pequeno-burguês*.

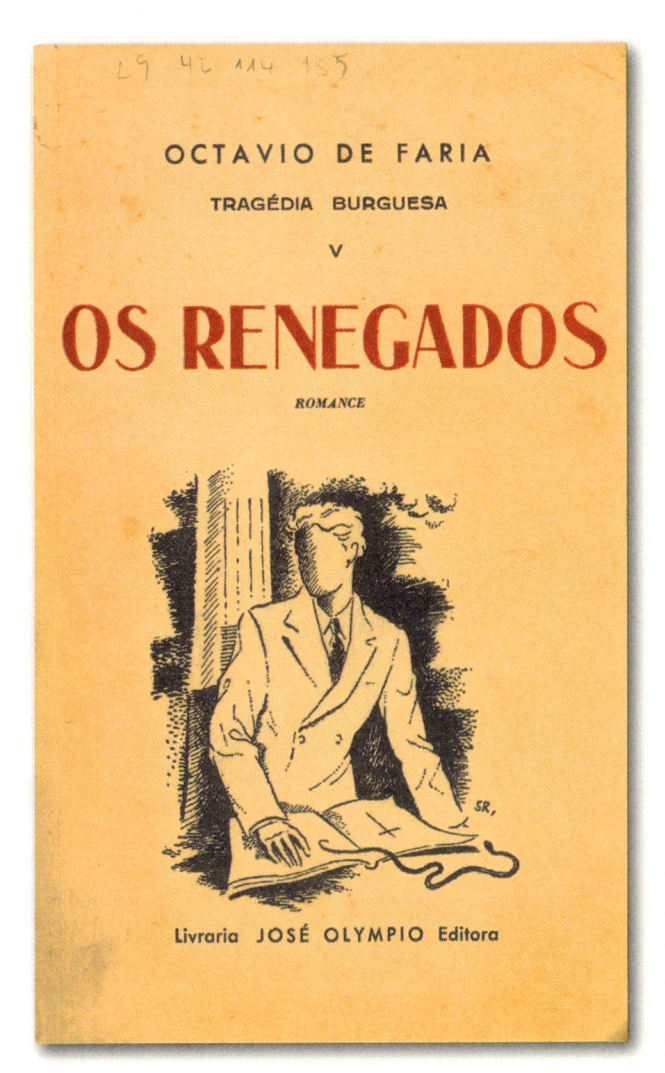

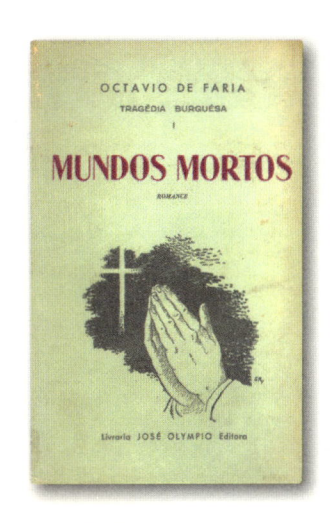

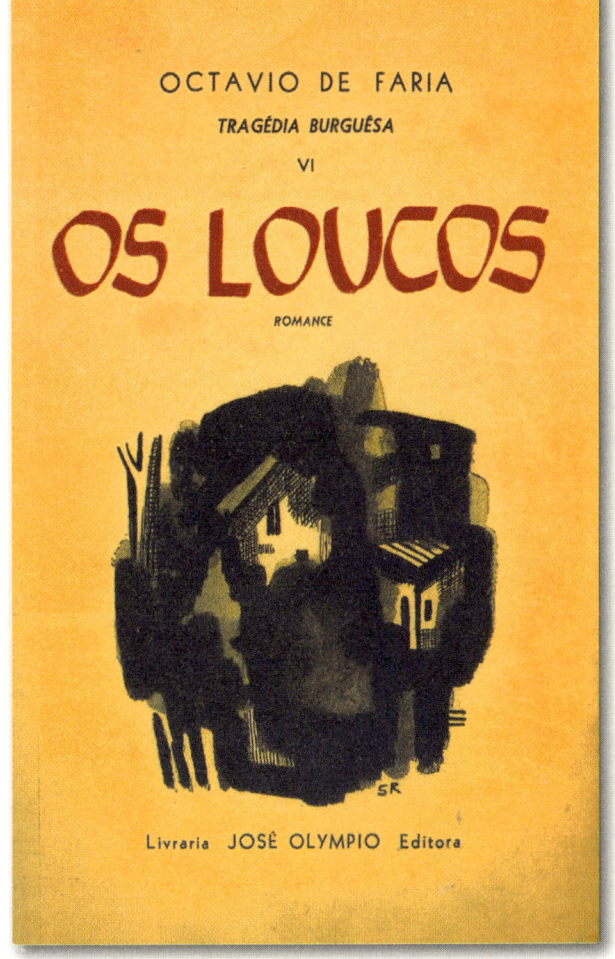

As últimas três capas que Santa Rosa desenharia para romances de Octávio de Faria seguiriam o mesmo *layout* do empregado para as obras de Graciliano Ramos, o mais recorrente para a ficção brasileira na virada dos anos 40 para os anos 50.

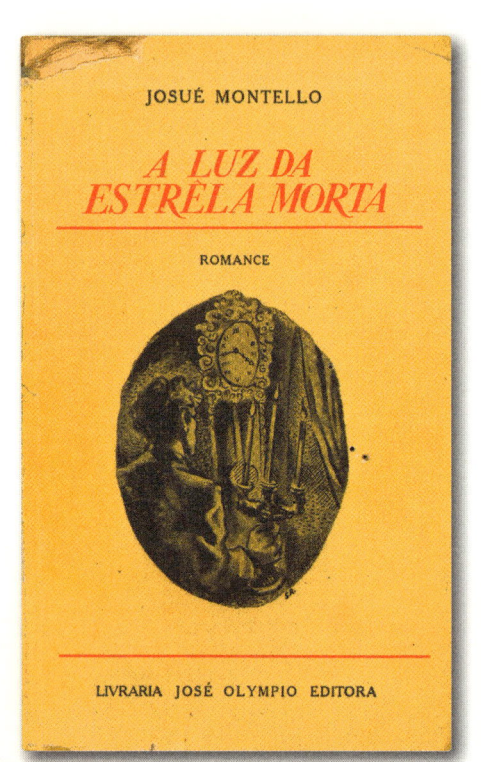

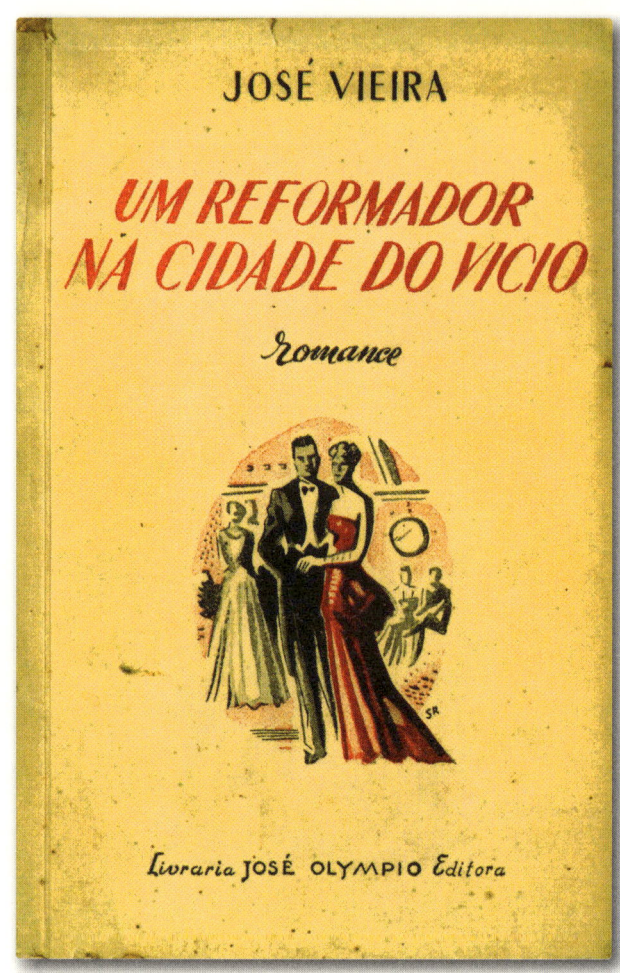

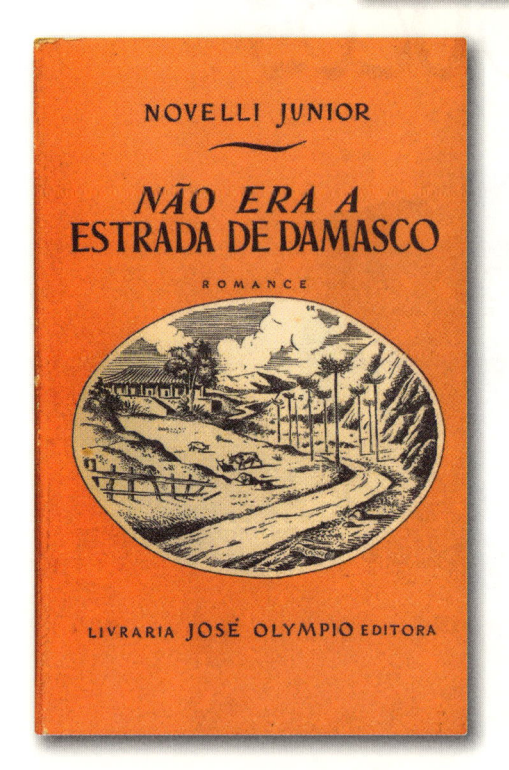

Nesse período, entretanto, a José Olympio parece abrir mão de vez de manter uma unidade visual, e aquele projeto é apenas um entre muitos, e vemos um Santa Rosa experimentando vários *designs*.

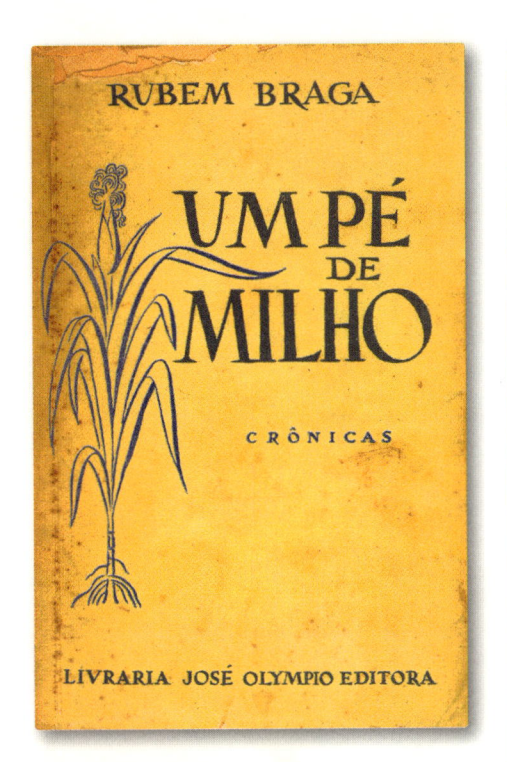

RUBEM BRAGA
UM PÉ DE MILHO
CRÔNICAS
LIVRARIA JOSÉ OLYMPIO EDITORA

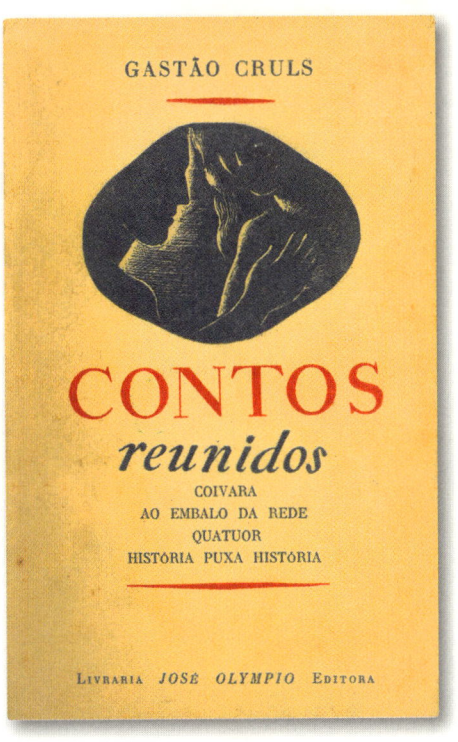

GASTÃO CRULS
CONTOS
reunidos
COIVARA
AO EMBALO DA REDE
QUATUOR
HISTÓRIA PUXA HISTÓRIA
Livraria JOSÉ OLYMPIO Editora

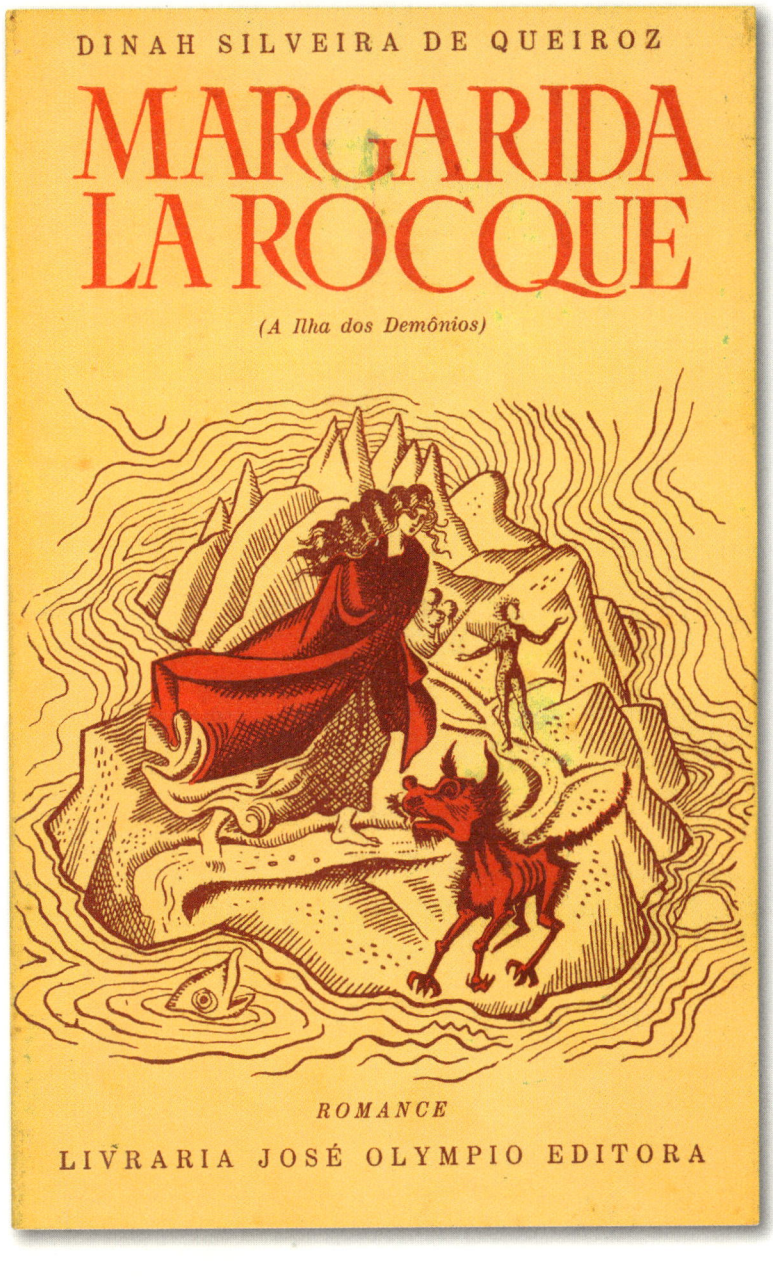

DINAH SILVEIRA DE QUEIROZ
MARGARIDA LA ROCQUE
(A Ilha dos Demônios)
ROMANCE
LIVRARIA JOSÉ OLYMPIO EDITORA

Nelson Tabajara
O HERÓI
IMPERFEITO
(HISTÓRIA DE DUPLA PERSONALIDADE)
Romance

Livraria JOSÉ OLYMPIO Editora

O artista parece inquieto, voltando a fazer experiências com o uso da cor, como a que se vê na bela capa de *O Herói Imperfeito*.

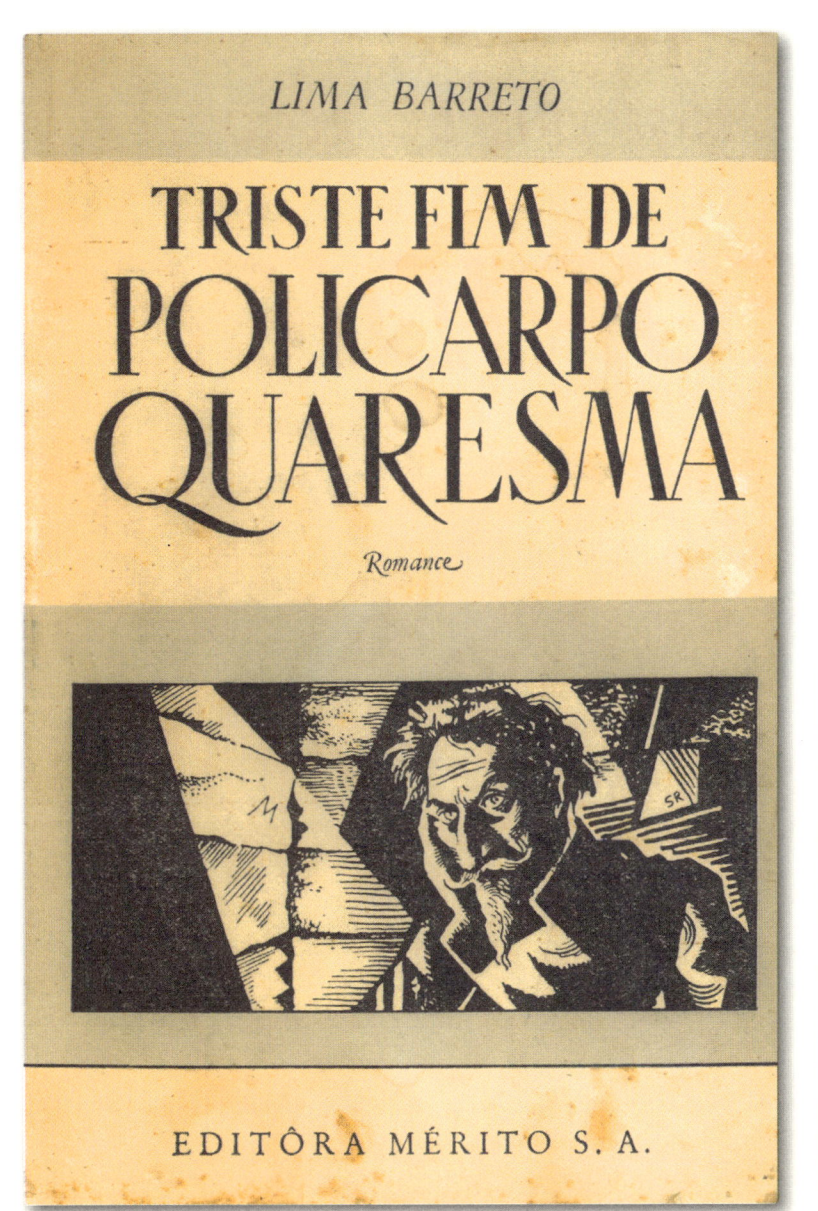

A histórica publicação das obras de Lima Barreto pela editora Mérito também contou com a colaboração de Santa Rosa, que surpreendeu Policarpo Quaresma na prisão enquanto nos mostra um Isaías Caminha posto de lado, em segundo plano, já que em primeiro plano uma figura muito janota e muito à vontade nos acena e em terceiro plano estão as rodas de conversa de que ele não participa.

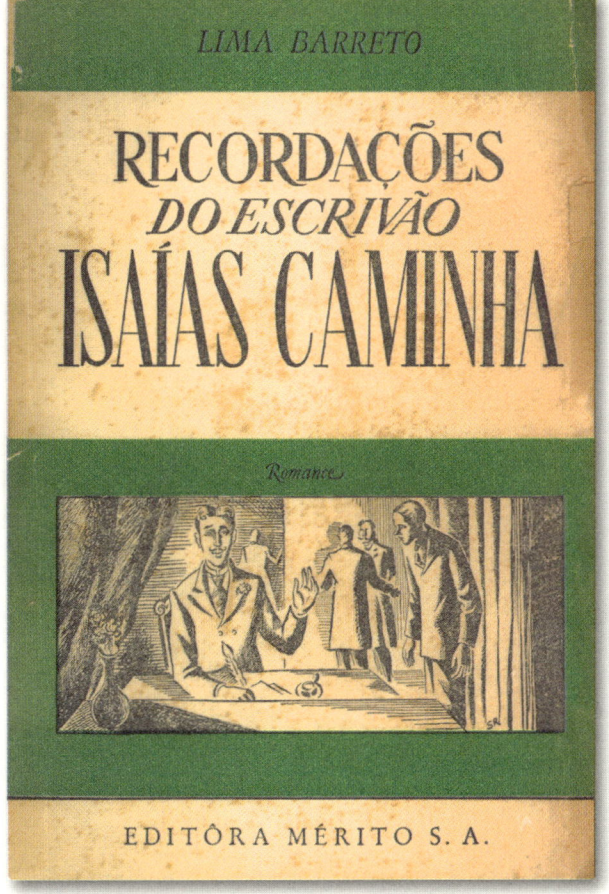

Na capa de *Eurídice* o bico de pena é abandonado — sinal de que o artista procurava variar também as técnicas — enquanto as capas para as novas edições de José Lins do Rego criaram um novo ambiente para ilustrações já anteriormente utilizadas.

JOSÉ LINS DO REGO
PUREZA
Romance
LIVRARIA JOSÉ OLYMPIO EDITO
José Lins do Rego
O MOLEQUE RICARDO
ROMANCE
LIVRARIA José Olympio EDITORA

OBRAS DE DOSTOIEVSKI

CRIME e CASTIGO

ROMANCE

acompanhado do
DIÁRIO DE RASKOLNIKOV

Trad. de
ROSÁRIO FUSCO

Ilustrações de
SANTA ROSA
1.º VOLUME

LIVRARIA JOSÉ OLYMPIO EDITORA

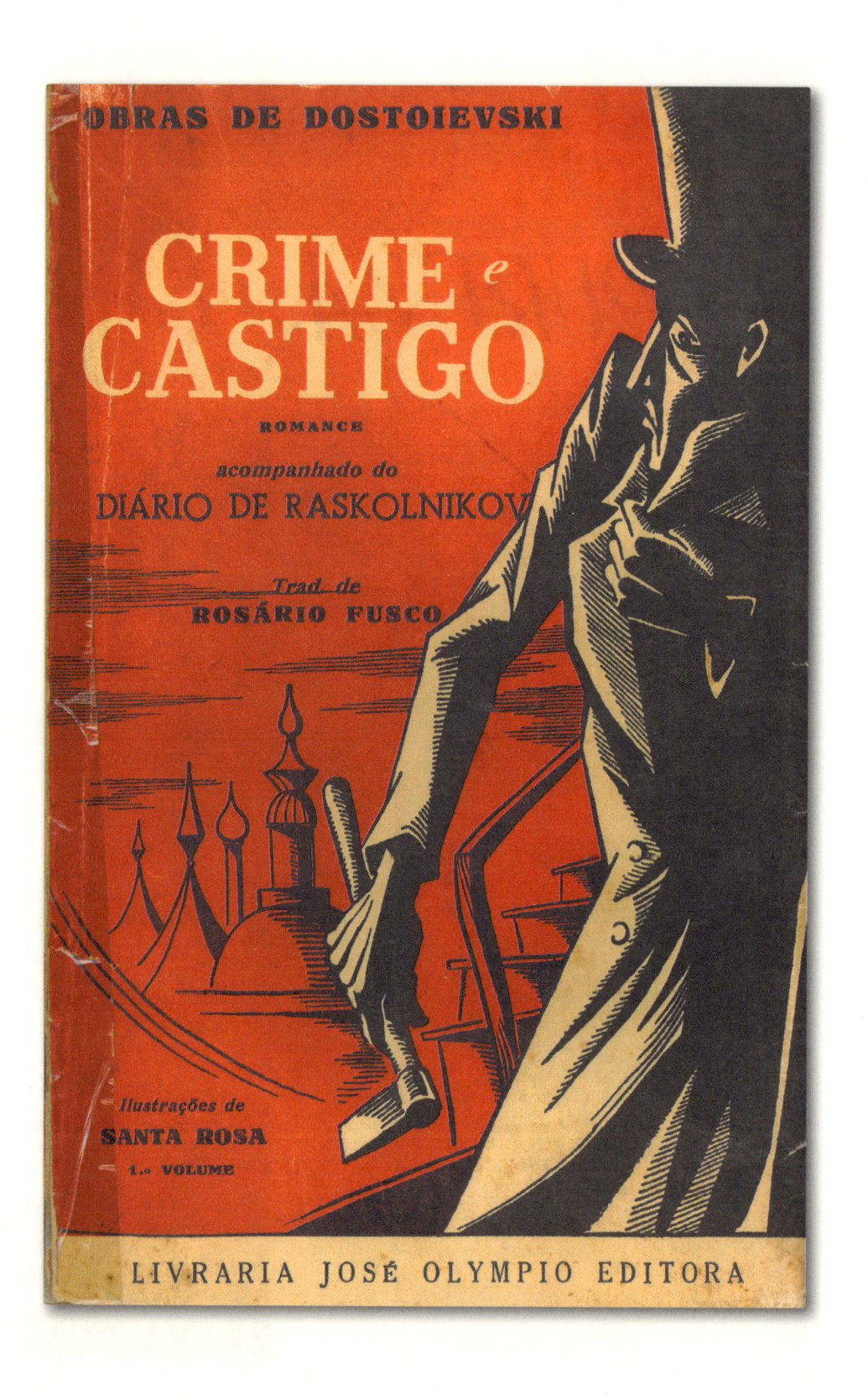

Obras de DOSTOIEVSKI

OS IRMÃOS KARAMÁZOVI

ROMANCE — EDIÇÃO INTEGRAL E ILUSTRADA

2

★

Livraria JOSÉ OLYMPIO Editora

A partir do final da década de 1940, as *Obras* de Dostoiévski deixam de trazer a capa comum, e cada volume ganha *layout* próprio. Santa Rosa desenhou as de *Crime e Castigo* e *Os Irmãos Karamázovi*.

Com este livro de Joaquim Cardoso, de 1947 — e com o *Poesia Até Agora* de Drummond, publicado logo em janeiro de 1948 —, se inaugura uma tendência forte no trabalho de Santa Rosa sobretudo com livros de poesia, já antevista na capa de *As Metamorfoses* de Murilo Mendes: a de minimizar a presença da ilustração, às vezes reduzida a uma vinheta, às vezes de todo ausente.

Joaquim Cardozo

POEMAS

AGIR

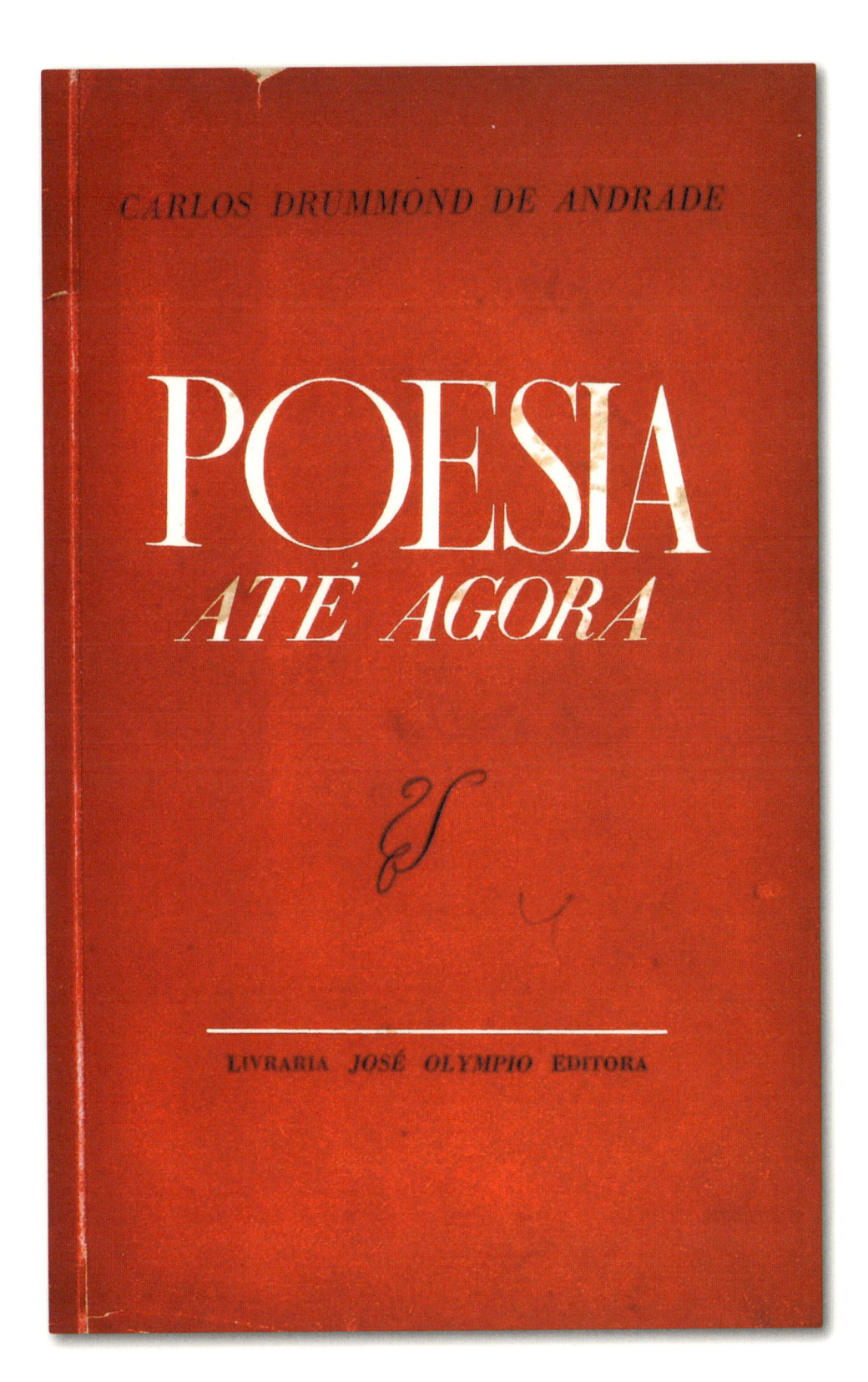

"Meus livros são teus livros, nessa rubra / capa com que os vestiste, e que entrelaça / um desespero aberto ao sol de outubro / à aérea flor das letras, ritmo e graça". (Carlos Drummond de Andrade, "A um Morto na Índia").

ODE
AO CREPÚSCULO
Lêdo Ivo
PONGETTI

LÊDO IVO
LIN
GUA
GEM
LIVRARIA JOSÉ OLYMPIO EDITORA

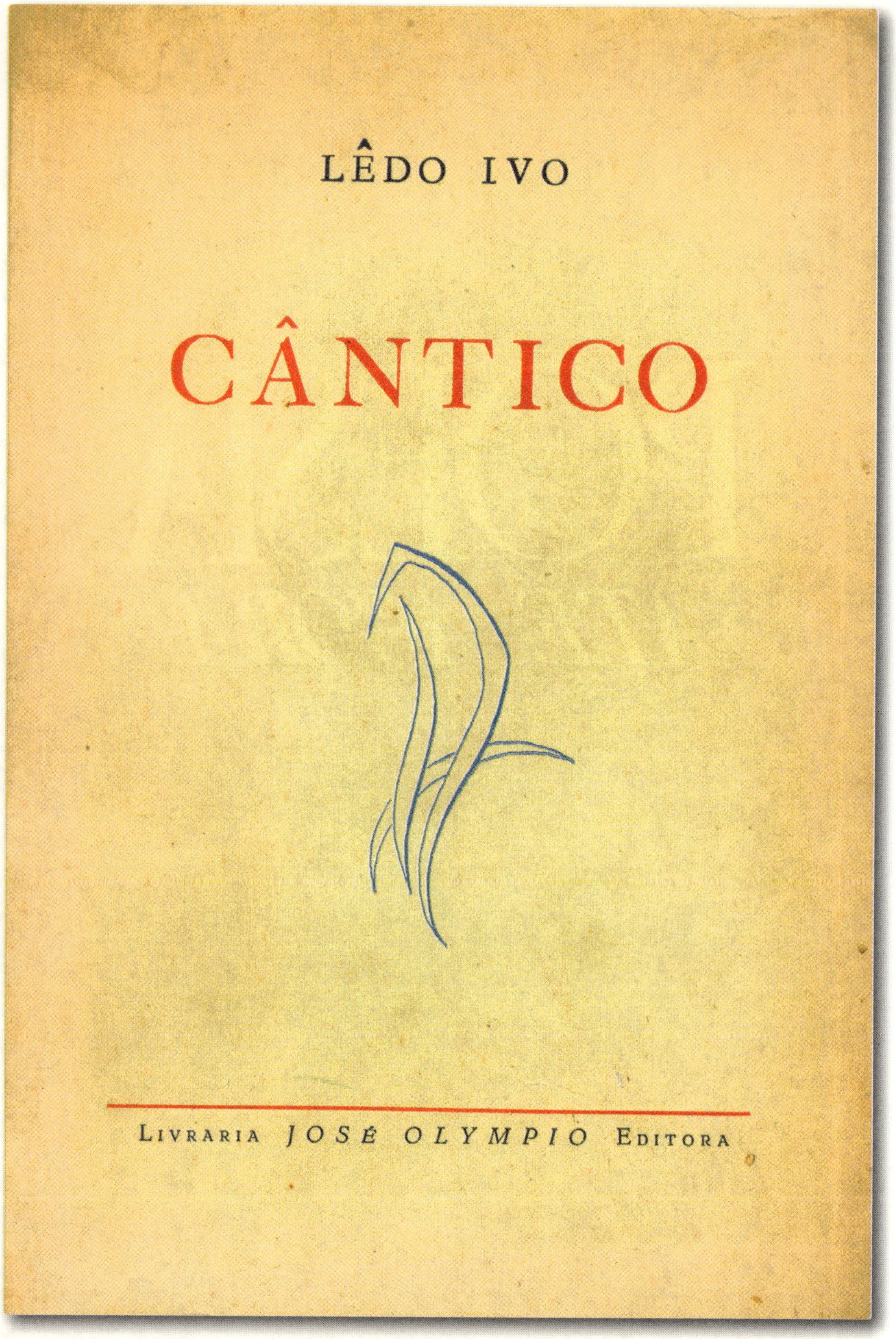
LÊDO IVO
CÂNTICO
LIVRARIA JOSÉ OLYMPIO EDITORA

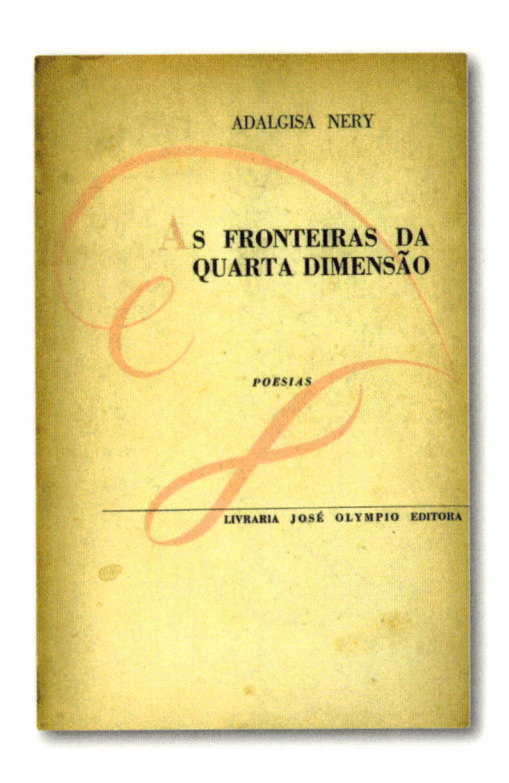

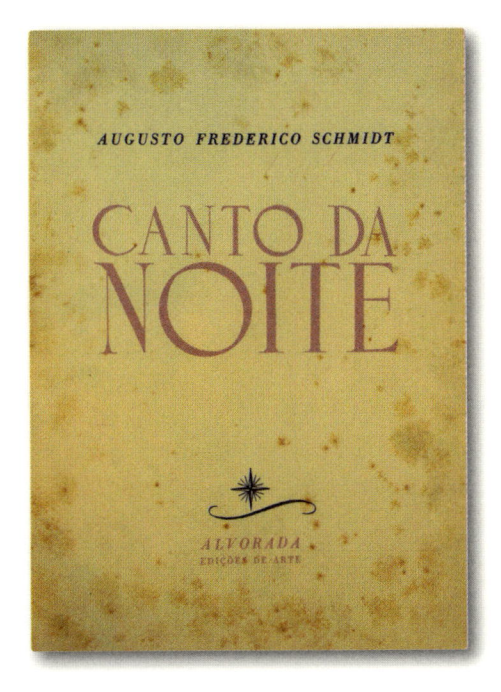

"A poesia pede o livro perfeito. Esse *físico* do livro, o seu exterior, já deve predispor a inteligência ao contato de ritmos e musicalidade. E a sugestão deve começar pela capa". (Tomás Santa Rosa, "Sobre a Arte do Livro").

DIRCEU QUINTANILHA
a inutil espera
PONGETTI

HELIO A. CYPRIANO
IDÉIAS DO AMOR
(poemas em prosa)

EMANUEL DE MORAES
TRIÂNGULO E FUGA
poesia
LIVRARIA JOSÉ OLYMPIO EDITORA

Para alguns livros de poesia Santa Rosa reduziu a ilustração a poucos traços ou volumes. Em *Fonte Invisível* um único traço se converte, pela posição que ocupa no conjunto, em ilustração completa, numa das mais belas e econômicas capas que o artista criaria.

ADALGISA NERY

cantos da angústia

Livraria JOSÉ OLYMPIO Editora

Rodolfo Maria de Rangel Moreira

O Morto Debruçado

poesia

Livraria José Olympio Editora

As capas plenamente ilustradas para livros de poesia não são abandonadas, e o artista criaria figuras expressivas para elas, como a que se vê em *Cantos da Angústia* e *O Morto Debruçado*.

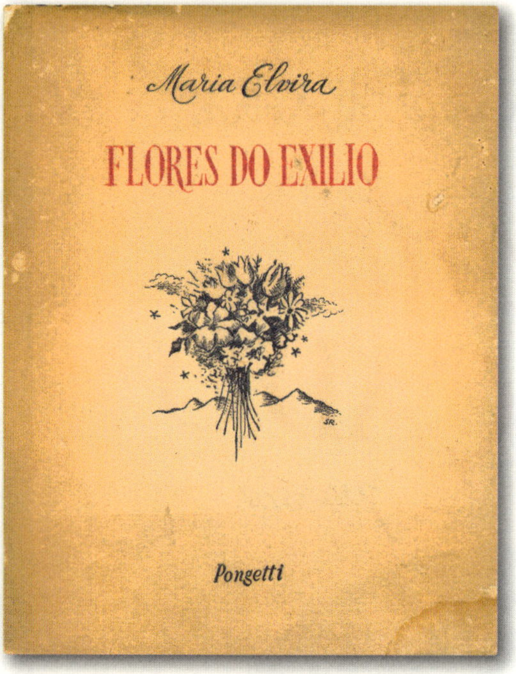
Maria Elvira
FLORES DO EXILIO
Pongetti

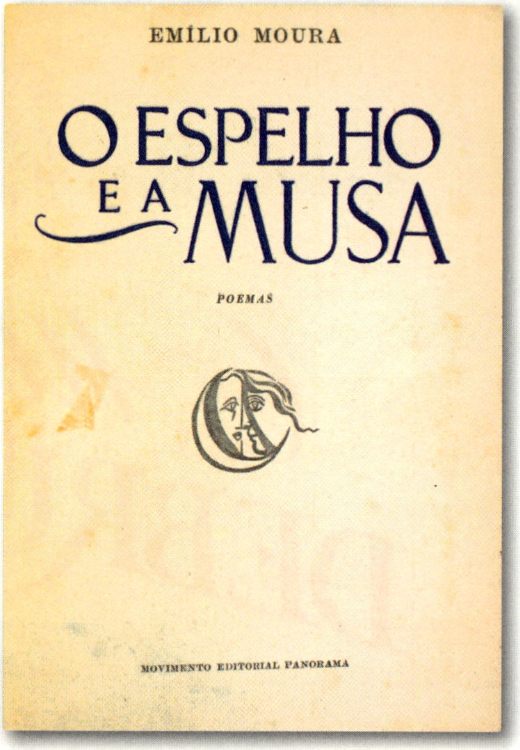
EMÍLIO MOURA
O ESPELHO E A MUSA
POEMAS
MOVIMENTO EDITORIAL PANORAMA

MACIEL OLIVEIRA
ÊXTASE
PONGETTI

Elcio Xavier
O VÉU DA MANHÃ
Poesia
PONGETTI

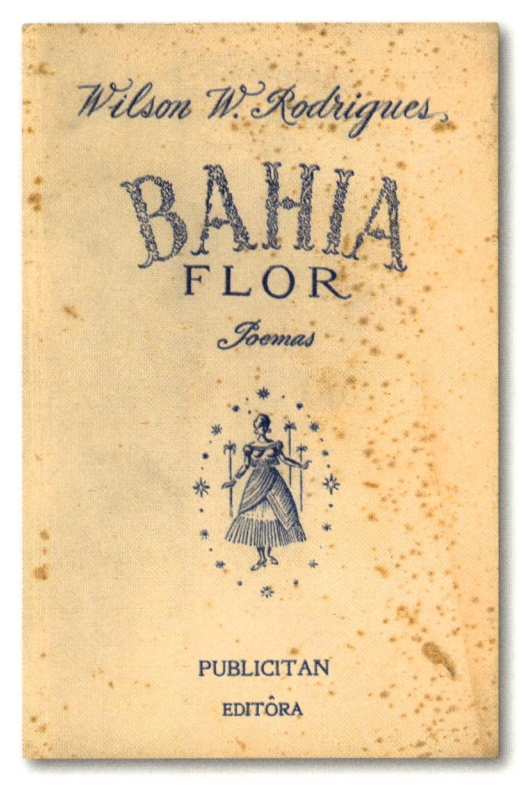

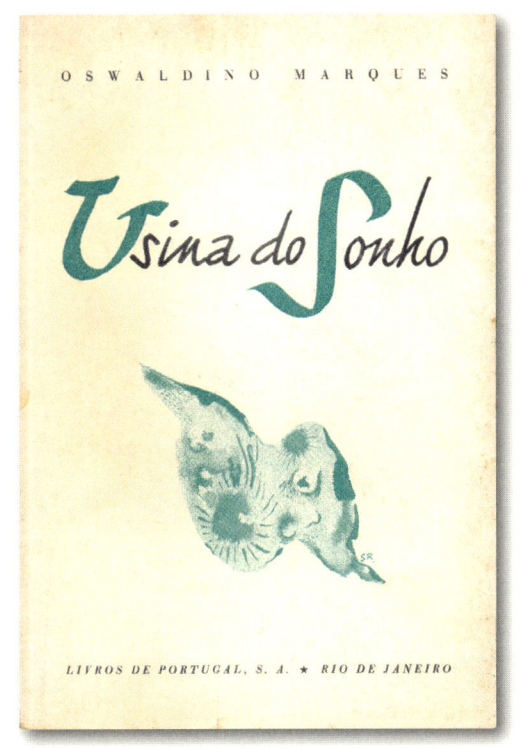

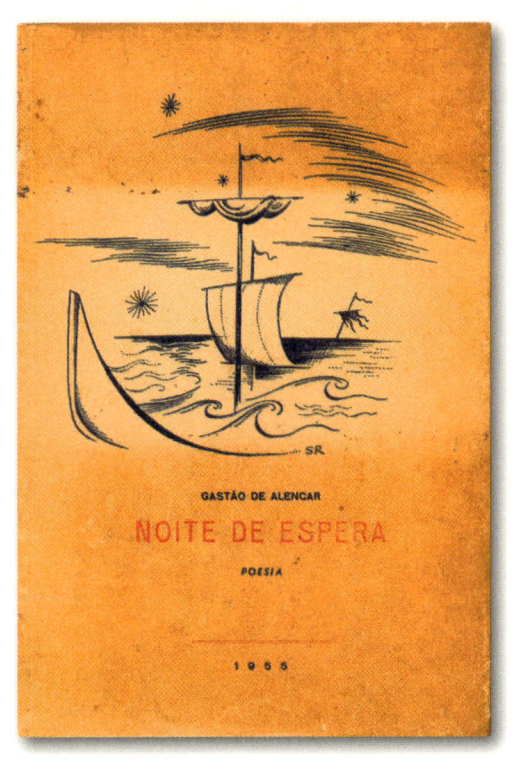

"É pena que muitos editores, acreditando por conta própria num certo sistema aberrante a que atribuem preferências do gosto popular, lancem ao olhar despreocupado do observador de vitrinas livros cuja superfície das capas, cheias e tumultuosas, não deixam sequer perceber de que se trata, de tal maneira se emaranham título e ilustração". (Tomás Santa Rosa, "Sobre a Arte do Livro").

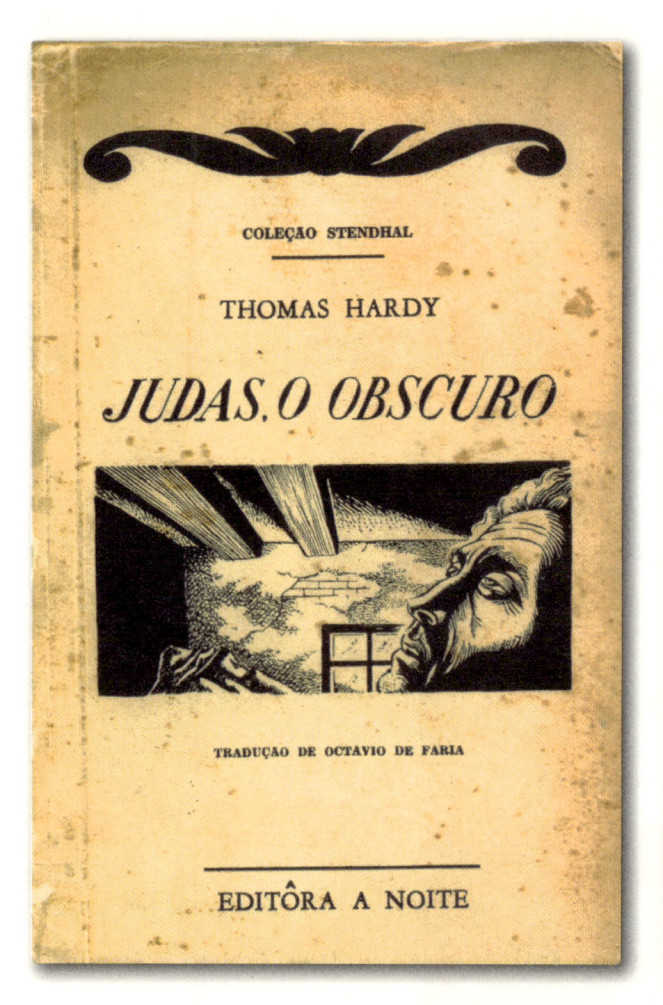

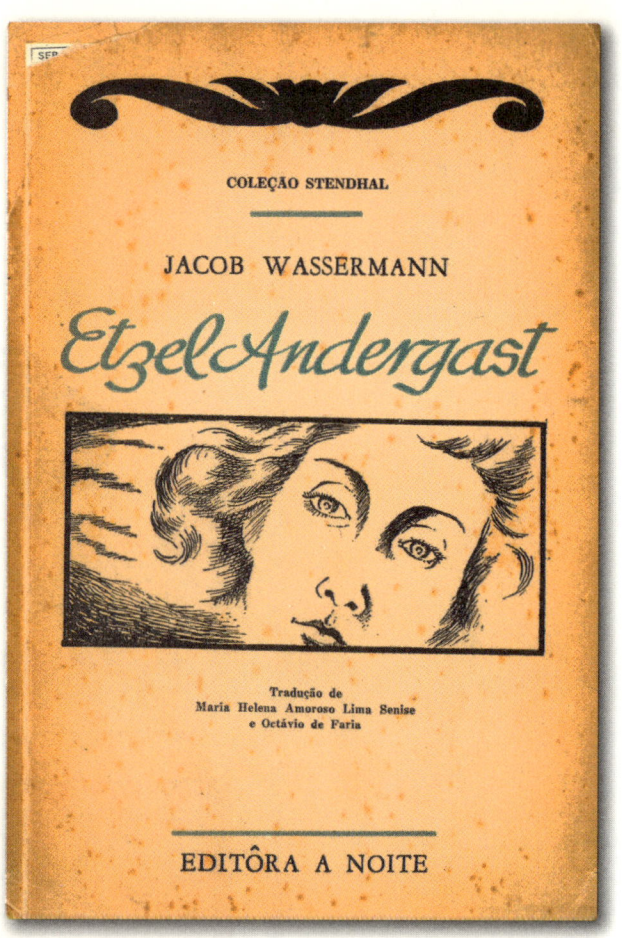

A coleção Stendhal, da editora A Noite, tinha um projeto ambicioso, mas acabou ficando apenas nos quatro volumes anunciados no lançamento de seu primeiro volume, *Judas, o Obscuro*, em 1948.

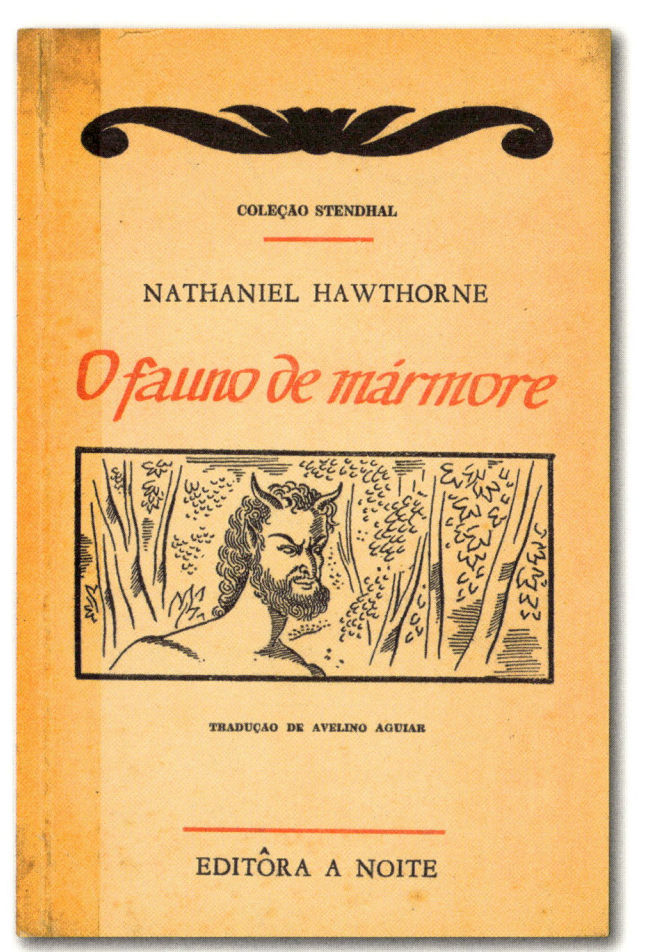

COLEÇÃO STENDHAL

NATHANIEL HAWTHORNE

O fauno de mármore

TRADUÇÃO DE AVELINO AGUIAR

EDITÔRA A NOITE

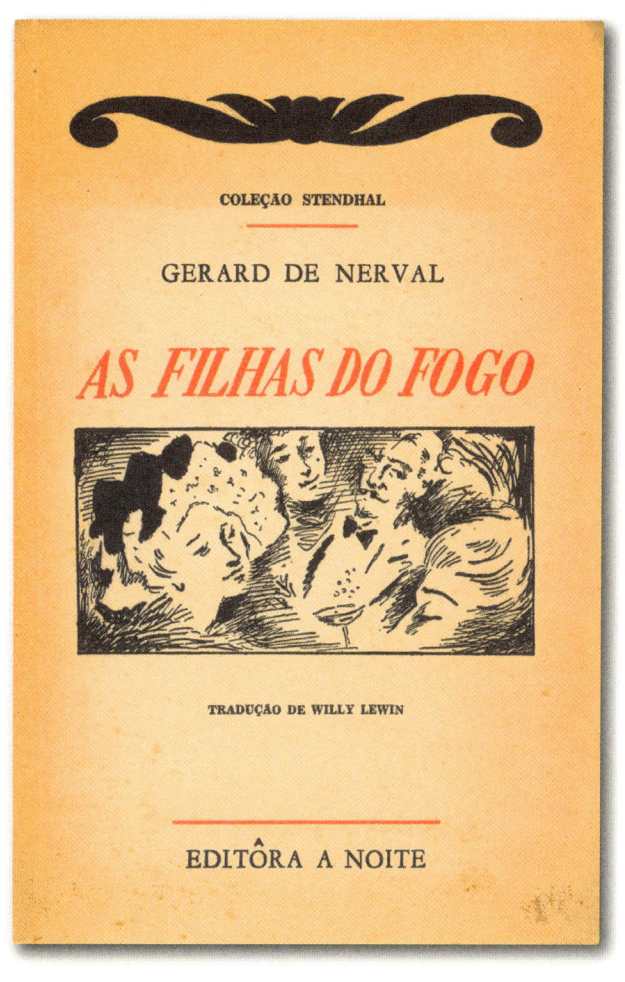

COLEÇÃO STENDHAL

GERARD DE NERVAL

AS FILHAS DO FOGO

TRADUÇÃO DE WILLY LEWIN

EDITÔRA A NOITE

Cornelio Penna
REPOUSO
romance

EDITÔRA A NOITE

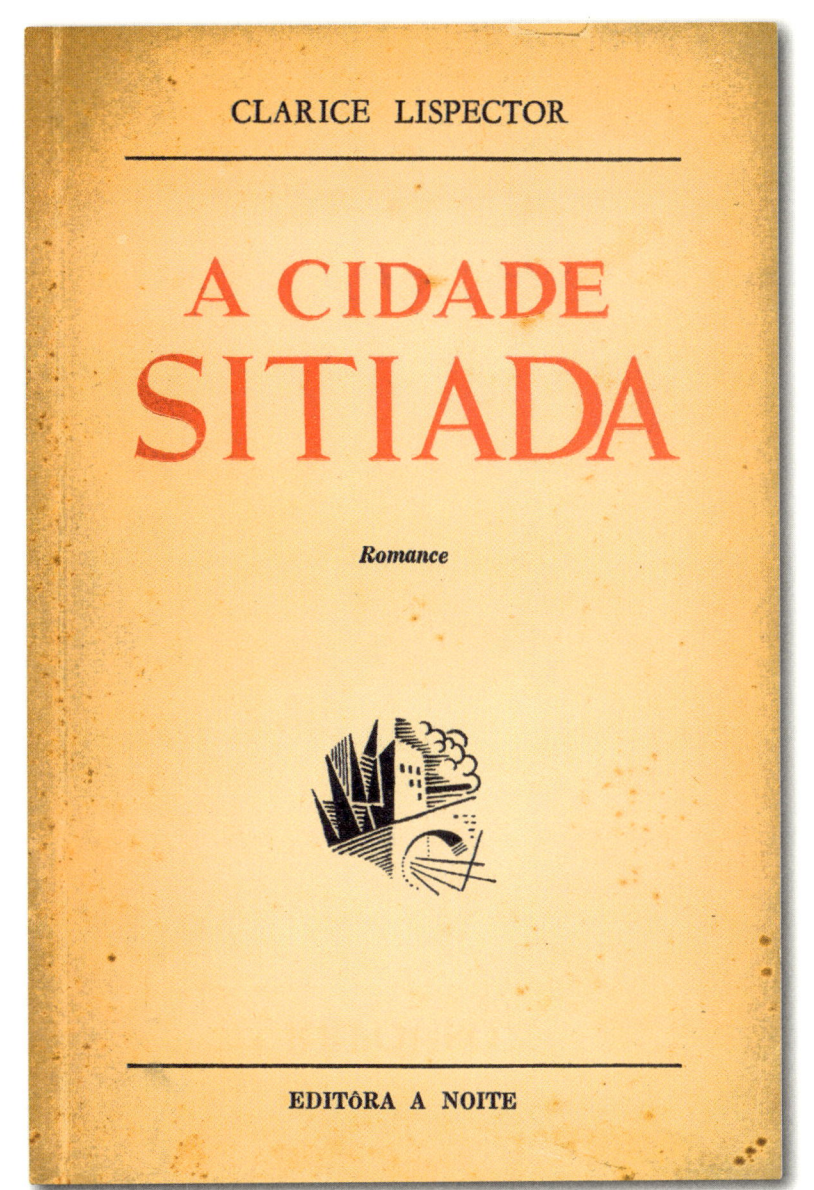

Na virada dos anos 40 para os anos 50, Santa Rosa também desenhou três capas de romances de importantes autores brasileiros para A Noite. Na do terceiro romance de Cornélio Penna, capta um momento de felicidade da protagonista Dadade, mas coloca junto a ela um homem de aspecto sombrio, seu marido, como a apontar para a precariedade do repouso anunciado pelo título.

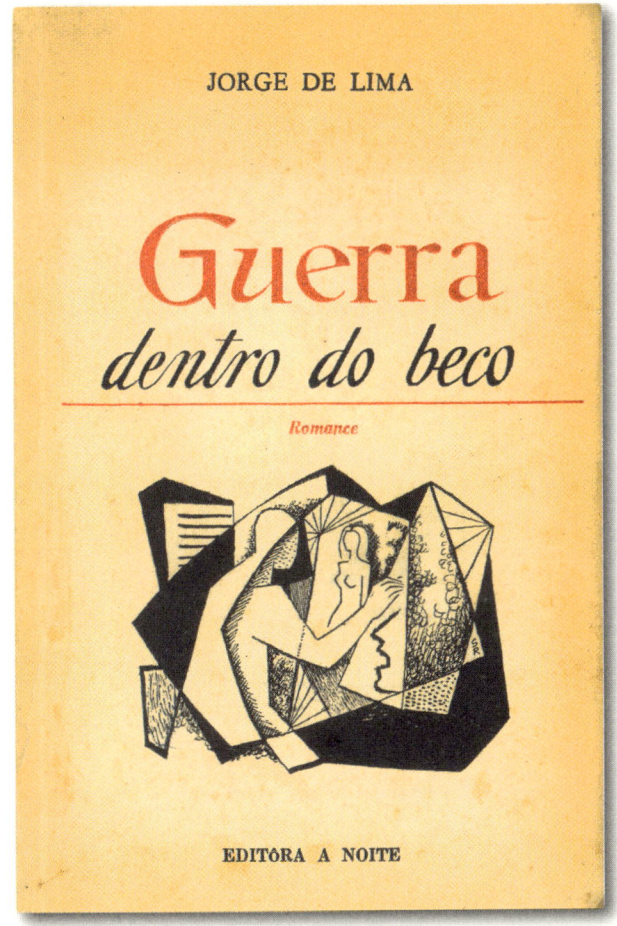

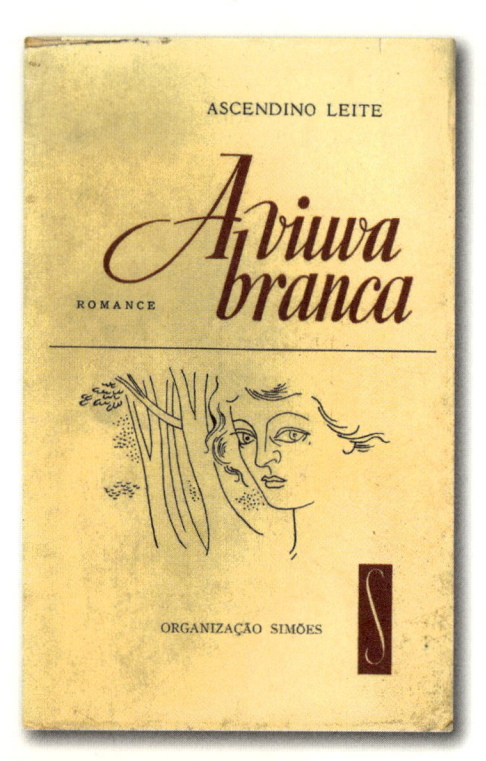

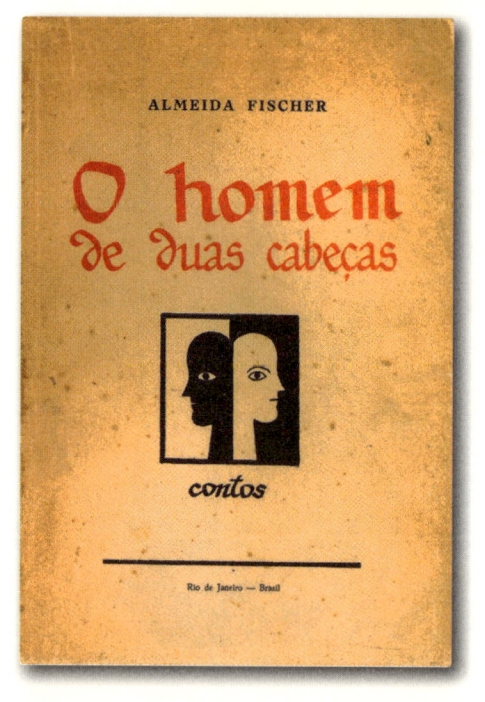

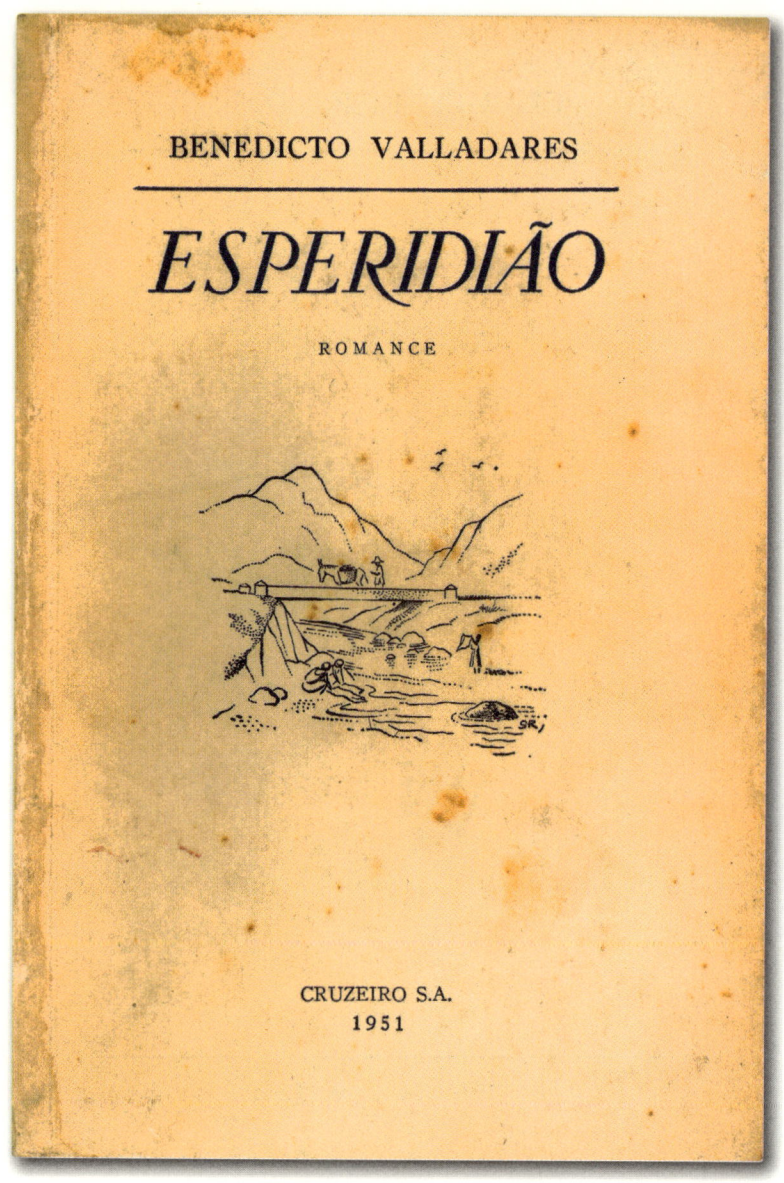

Na medida em que sua colaboração para a José Olympio diminuía, a variedade de editoras para as quais colabora nesse período cresce.

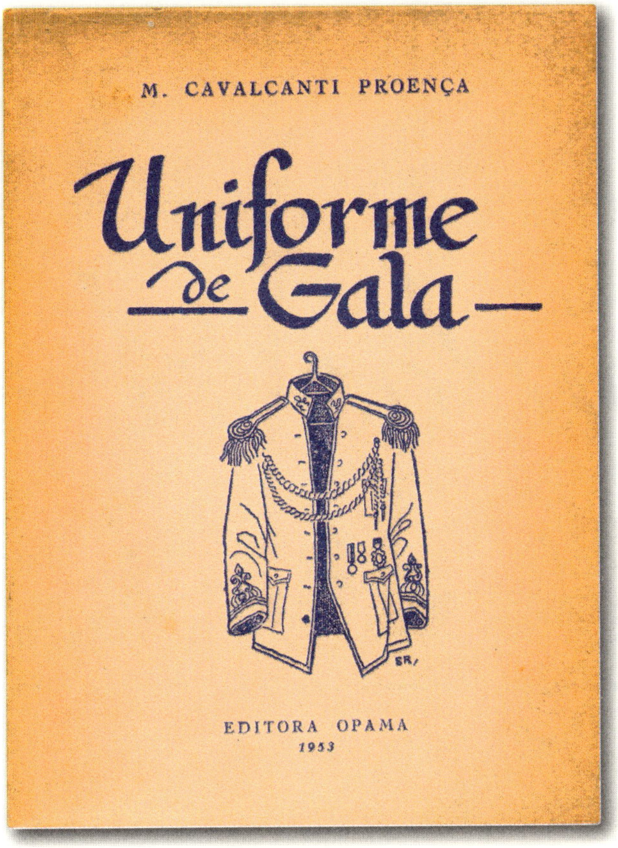
M. CAVALCANTI PROENÇA
Uniforme de Gala
SR
EDITORA OPAMA
1953

URSULINO LEÃO
Maya
ROMANCE
SR
PONGETTI

JOSUÉ MONTELLO
o labirinto de
ESPELHOS
ROMANCE
LIVRARIA JOSÉ OLYMPIO EDITORA

CARLOS DRUMMOND DE ANDRADE

contos de aprendiz

livraria
JOSÉ OLYMPIO
editôra

Assim como fizera para *Poesia Até Agora*, Santa Rosa preparou uma capa sem ilustração para a estreia de Drummond no conto.

"Não obstante seus muitos compromissos, seu corre-corre para ganhar a vida, Santa Rosa encontrou sempre alguns momentos para colaborar desinteressadamente conosco [da *Revista Branca*], tendo sido o responsável por grande parte das muitas das, hoje históricas, iniciativas que tomamos". (Saldanha Coelho, "Morreu Santa Rosa").

Infância, cuja primeira edição saíra numa coleção de memórias com capa uniforme, tem segunda edição com capa de Santa Rosa sem ilustração. Na quarta edição, acrescenta-se uma pequena ilustração, sem atribuição de autoria, que a enquadra no modelo geral das capas das obras de Graciliano Ramos, projetado pelo artista. Seria essa ilustração também de Santa Rosa?

GRACILIANO RAMOS

Infância

MEMÓRIAS

★

2.ª EDIÇÃO

★

LIVRARIA *José Olympio* EDITORA

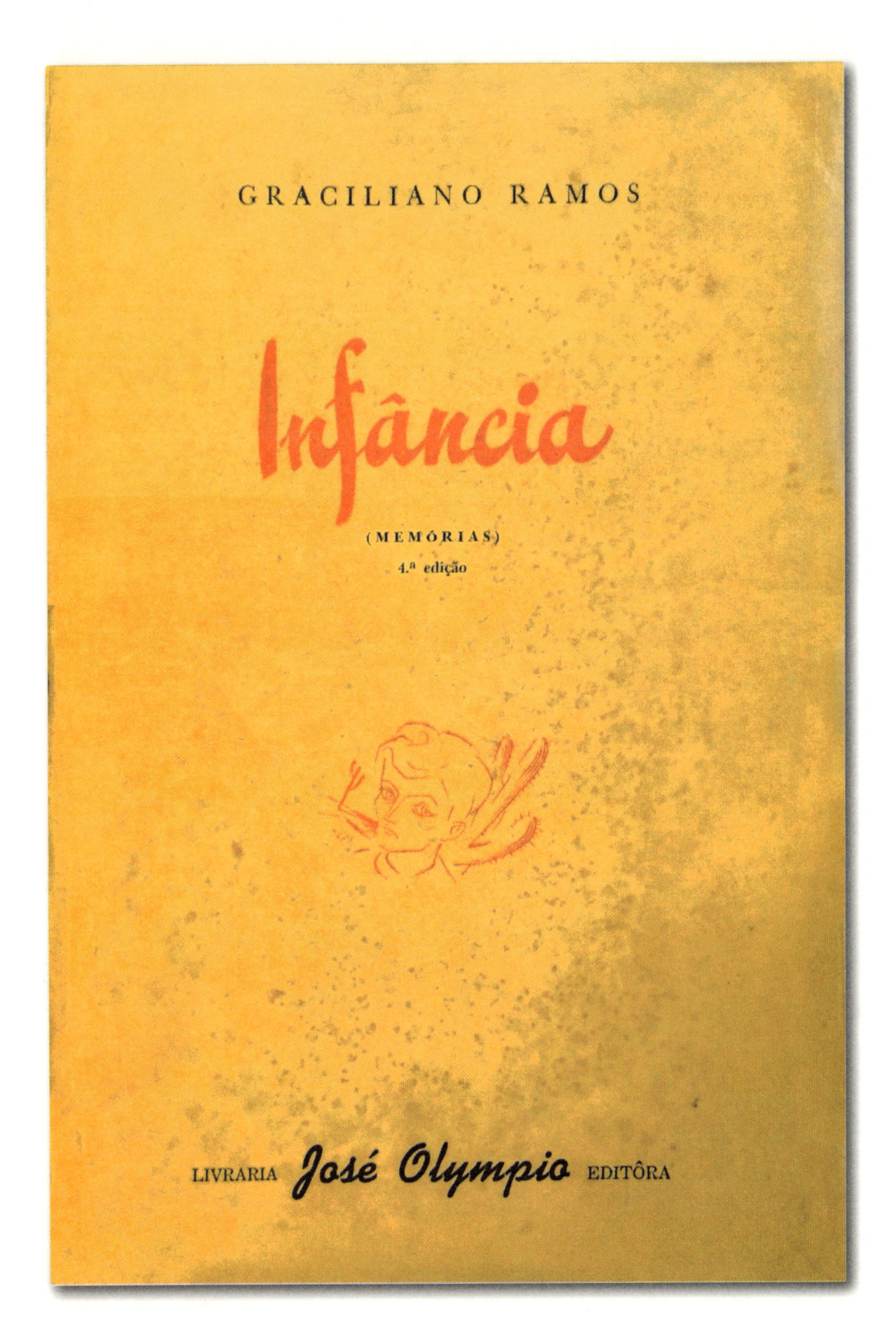

GRACILIANO RAMOS

Infância

(MEMÓRIAS)
4.ª edição

LIVRARIA *José Olympio* EDITÔRA

ROSALINA COELHO LISBOA

...a seara de Caim

Romance da Revolução no Brasil

4.ª EDIÇÃO

Livraria JOSÉ OLYMPIO Editora

A ilustração a ocupar capa, lombada e quarta-capa serviu tanto para a construção de um amplo mural, já que o enredo de ...*a seara de Caim* faz um painel da história recente do país, como a fixar de um golpe homem e terra para *Cangaceiros*.

"Diante dele [o narrador-protagonista de 'São Marcos'], ficava a lagoa oval, como o ovo primordial, fonte de tudo, de vida e de morte, e que reunia também em si o que se multiplicava fora dela, estendendo-se como um espelho onde se reproduzia a natureza exuberante. [...] Isto parece que foi percebido e representado por Santa Rosa, na capa que fez para a 3ª edição do *Sagarana*, que, infelizmente, foi abandonada nas edições posteriores". (Luiz Roncari, "O Engasgo de Rosa e a Confirmação Milagrosa").

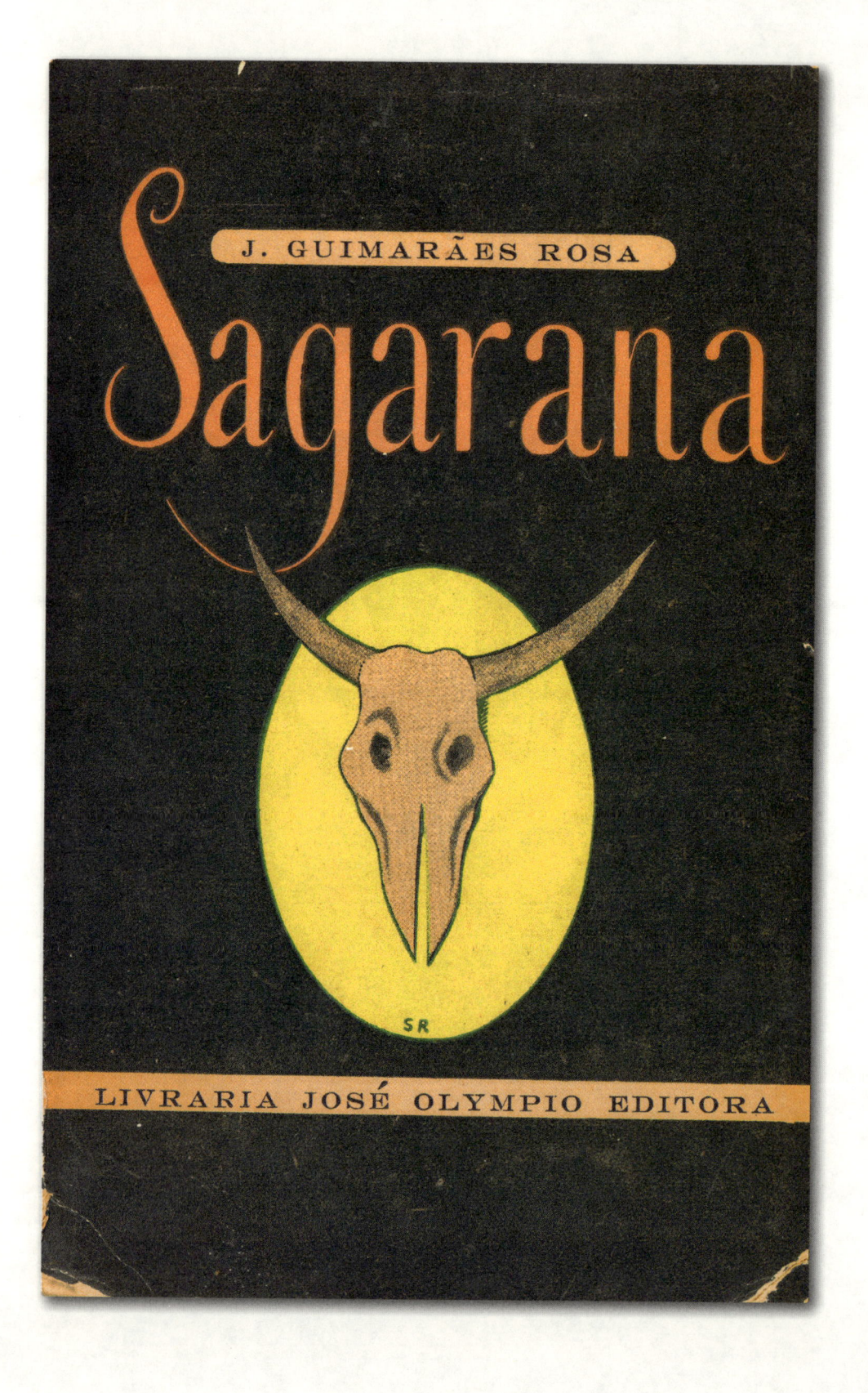

Diferentemente da figura criada para o livro de Ranulpho Prata quase vinte anos antes, diretamente associada à violência, para a capa da peça de Rachel de Queiroz Santa Rosa desenha Lampião ao lado de Maria Bonita. Mas não é de idílio amoroso o momento, e sim de tensão, numa das mais belas capas coloridas do artista.

GRACILIANO RAMOS
Memórias do Cárcere
1.º VOLUME — VIAGENS
LIVRARIA JOSÉ OLYMPIO EDITORA

GRACILIANO RAMOS
Memórias do Cárcere
2.º VOLUME — PAVILHÃO DOS PRIMÁRIOS
LIVRARIA JOSÉ OLYMPIO EDITORA

"Nos volumes de *Memórias do Cárcere*, as ilustrações são marcadas por uma dramaticidade combinada ao preto e branco do desenho. O fundo amarelo faz com que o desenho e o título manuscrito em vermelho completem essa combinação e equilibrem o conjunto". (Heitor Ferraz Mello, "O Múltiplo S. R.").

RICARDO RAMOS
TEMPO DE ESPERA
CONTOS
SR
LIVRARIA JOSÉ OLYMPIO EDITORA

LÚCIA MIGUEL PEREIRA
CABRA-CEGA
ROMANCE
SR
LIVRARIA JOSÉ OLYMPIO EDITORA

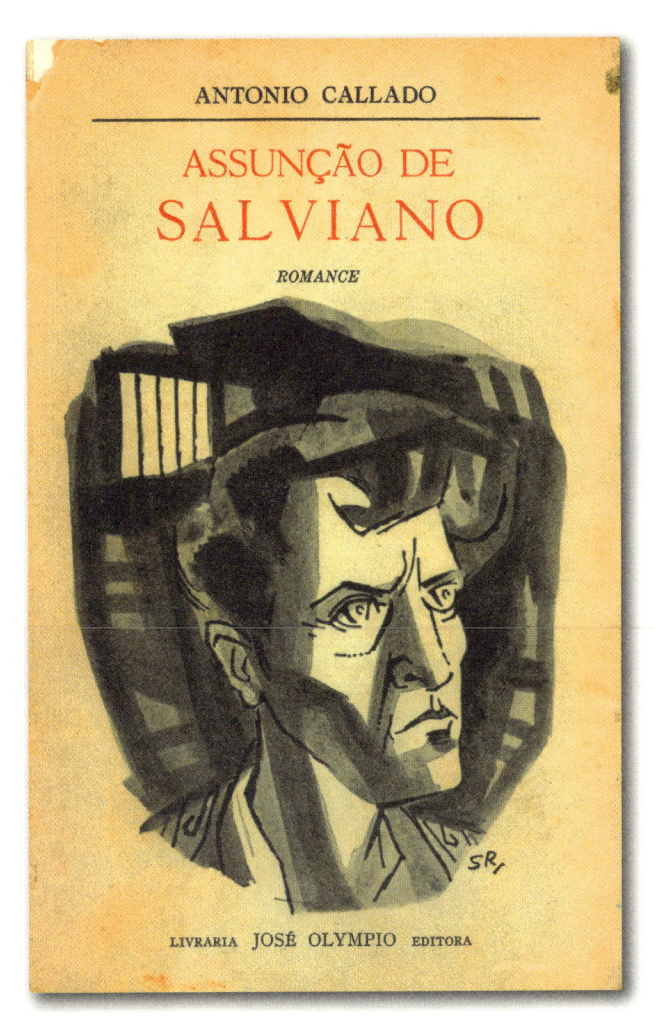

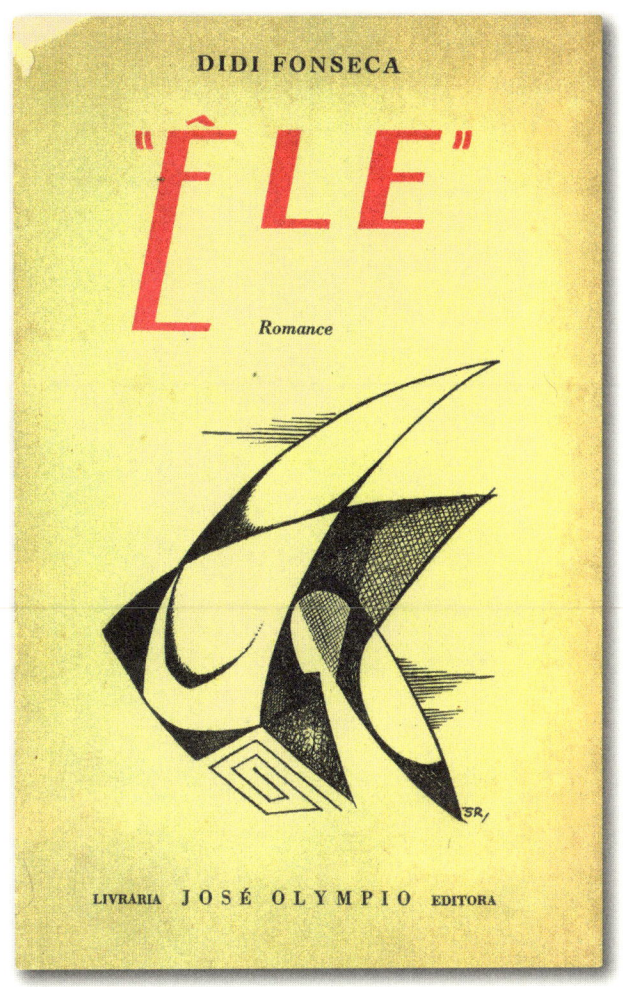

Nas últimas capas para obras de ficção na José Olympio Santa Rosa prefere o uso da gravura. O único bico de pena constrói um estranho objeto, ao mesmo tempo figuração e abstração.

canadá sacha's VOGUE country

riverside

José Mauro

"CAFÉ-SOCIETY"

confidencial

golden room

Editora Civilização Brasileira S.A.

CAPÍTULO V

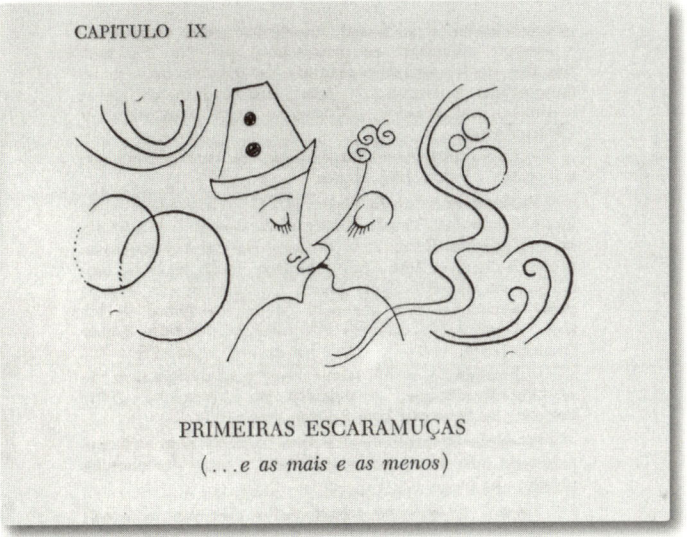

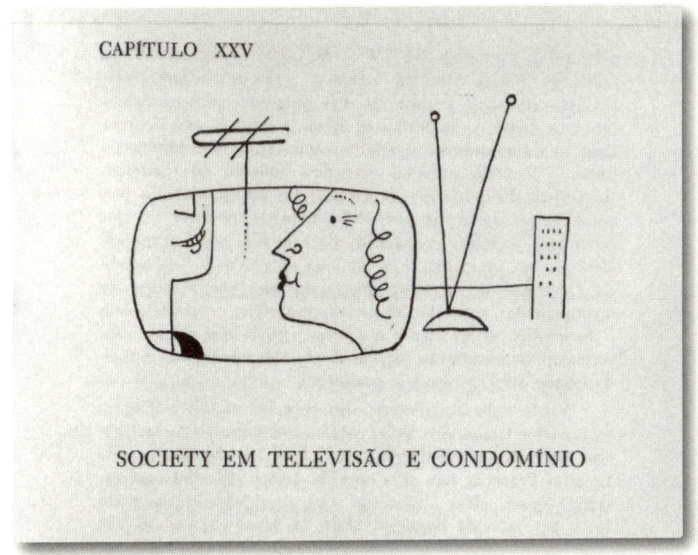

O "DEBUT" DO CRONISTA
(*primeiros choques*)

CAPÍTULO IX

PRIMEIRAS ESCARAMUÇAS
(*...e as mais e as menos*)

CAPÍTULO XXV

SOCIETY EM TELEVISÃO E CONDOMÍNIO

Café-Society Confidencial é o último livro com capa — e ilustrações — em que Santa Rosa trabalhou. Para aproximar-se do universo por assim dizer mundano de que o livro trata, a opção do artista foi a de se aproximar da estética das revistas de moda.

OBRAS COMPLETAS DE
RENATO VIANNA

II

**FOGUEIRAS　A ÚLTIMA
DA CARNE ★ CONQUISTA**

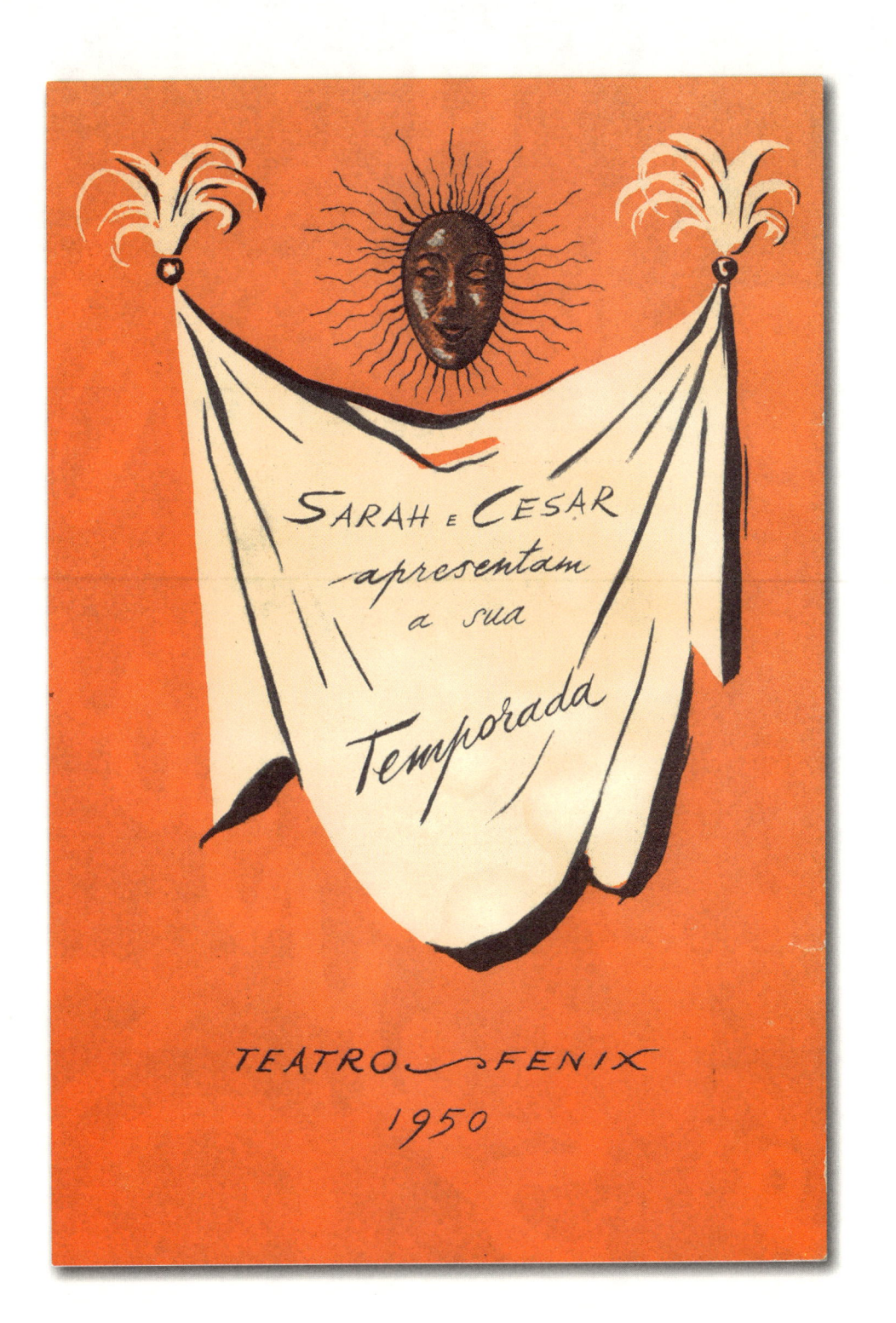

Mais de um ano depois da morte do artista, as *Obras Completas* de Renato Vianna aparecem com capa atribuída a ele. É provável que apenas a ilustração e as iniciais do autor sejam do artista. Santa Rosa elaborou numerosos folhetos e capas de programas para teatro, como a do que anuncia as peças escritas por Sarah e José Cesar Borba a serem apresentadas no Teatro Fênix do Rio de Janeiro em 1950, e um deles pode ter sido reaproveitado na edição.

DA A As
SUÉ
A U os
Poetas U R
seiva vida
Denho SUOR

LISTA DE LIVROS COM CAPAS E ILUSTRAÇÕES DE SANTA ROSA

A lista abaixo contempla volumes que têm capa, ou ilustrações, ou ambos, feitos por Santa Rosa. Só estão nesta lista os livros que trazem ou a assinatura ou os créditos que identifiquem a autoria, ou aqueles referidos por fontes confiáveis, como Otto Maria Carpeaux e Cássio Emanuel Barsante.

A datação foi feita com a indicação do mês e do ano de lançamento, basicamente por três meios. O primeiro, e mais confiável deles, é a informação contida no colofão. Na ausência deste, procuraram-se referências em jornais e revistas que identificassem o mês de lançamento, seja por meio de notas da redação ou por anúncios das editoras. Em último caso, consultaram-se, quando disponíveis, cópias com dedicatórias datadas a críticos e outros escritores, ou seja, pessoas a quem se enviam os livros assim que saem. Quando não foi possível descobrir o mês de lançamento, o título aparece listado depois de dezembro do ano de sua publicação, sob a rubrica "s.m.". Apenas em um caso, que se encontra ao final da lista, não se identificou nem mesmo o ano da publicação.

1933

Março
Raul Bopp, *Urucungo*, Rio de Janeiro, Ariel.
Cid Corrêa Lopes, *A Reconquista do Poder*, Rio de Janeiro, Ariel.

Julho
Jorge Amado, *Cacau*, Rio de Janeiro, Ariel (capa e ilustrações).

Outubro
José Lins do Rego, *Doidinho*, Rio de Janeiro, Ariel.

Dezembro
Graciliano Ramos, *Caetés*, Rio de Janeiro, Schmidt.
João Cordeiro, *Corja*, Rio de Janeiro, Calvino Filho.

1934
Janeiro
Ranulpho Prata, *Lampeão*, Rio de Janeiro, Ariel.
Jorge Amado e Matilde Garcia Rosa, *Descoberta do Mundo*, Rio de Janeiro, Schmidt (capa e ilustrações).

Março
Jorge de Lima, *O Anjo*, Rio de Janeiro, Cruzeiro do Sul (capa e ilustrações).

Junho
Jorge Amado, *Suor*, Rio de Janeiro, Ariel.
Jorge Amado, *Cacau*, 2 ed., Rio de Janeiro, Ariel.
José Lins do Rego, *Banguê*, Rio de Janeiro, José Olympio.
José Lins do Rego, *Menino de Engenho*, 2 ed., Rio de Janeiro, José Olympio.

Outubro
Graciliano Ramos, *S. Bernardo*, Rio de Janeiro, Ariel.

s.m.
Aderbal Jurema e Odorico Tavares, *26 poemas*, Recife, Momento (apenas ilustrações).

1935
Julho
José Lins do Rego, *O Moleque Ricardo*, Rio de Janeiro, José Olympio.
José Lins do Rego, *Doidinho*, 2 ed., Rio de Janeiro, José Olympio.

Outubro
Jorge Amado, *Jubiabá*, Rio de Janeiro, José Olympio.
Afonso Schmidt, *Curiango*, Rio de Janeiro, José Olympio.
Amando Fontes, *Os Corumbas*, 5 ed., Rio de Janeiro, José Olympio.

1936
Janeiro
José Geraldo Vieira, *Território Humano*, Rio de Janeiro, José Olympio.

Junho
José Lins do Rego, *Usina*, Rio de Janeiro, José Olympio.
Alcântara Machado, *Mana Maria*, Rio de Janeiro, José Olympio.

Julho
Lúcio Cardoso, *A Luz no Subsolo*, Rio de Janeiro, José Olympio.
Jorge Amado, *Suor*, 2 ed., Rio de Janeiro, José Olympio.
Jorge Amado, *Cacau*, 3 ed., Rio de Janeiro, José Olympio,
José Américo de Almeida, *A Bagaceira*, 6 ed., Rio de Janeiro, José Olympio.
Jorge Amado, *Mar Morto*, Rio de Janeiro, José Olympio.
Graciliano Ramos, *Angústia*, Rio de Janeiro, José Olympio.

Setembro
Telmo Vergara, *Cadeiras na Calçada*, Rio de Janeiro, José Olympio.

Outubro
Sérgio Buarque de Holanda, *Raízes do Brasil*, Rio de Janeiro, José Olympio.
José Lins do Rego, *O Moleque Ricardo*, 2 ed., Rio de Janeiro, José Olympio.
Peregrino Júnior, *Histórias da Amazônia*, Rio de Janeiro, José Olympio.
José Lins do Rego, *Histórias da Velha Totônia*, Rio de Janeiro, José Olympio (capa e ilustrações).

Dezembro
Manuel Bandeira, *Estrela da Manhã*, Rio de Janeiro.

1937
Janeiro
Armando de Oliveira, *Carvão da Vida*, Rio de Janeiro, José Olympio.
Rachel de Queiroz, *Caminho de Pedras*, Rio de Janeiro, José Olympio.
Ranulpho Prata, *Navios Iluminados*, Rio de Janeiro, José Olympio.
Josué de Castro, *Documentário do Nordeste*, Rio de Janeiro, José Olympio.

Março
José Lins do Rego, *Pureza*, Rio de Janeiro, José Olympio.
Marques Rebelo, *Oscarina*, 2 ed., Rio de Janeiro, José Olympio.

Maio
José Lins do Rego, *Doidinho*, 3 ed., Rio de Janeiro, José Olympio.
Gustavo Barroso, *A Ronda dos Séculos*, Rio de Janeiro, José Olympio.

Julho
Octávio de Faria, *Mundos Mortos*, Rio de Janeiro, José Olympio.
Valdomiro Silveira, *Mixuangos*, Rio de Janeiro, José Olympio.

Abguar Bastos, *Safra*, Rio de Janeiro, José Olympio.
Martinho Nobre de Mello, 2 ed., *Experiência*, Rio de Janeiro, José Olympio.
Ovaldo Orico, *Seiva*, São Paulo, Companhia Editora Nacional.

Setembro
Jorge Amado, 2 ed., *Jubiabá*, Rio de Janeiro, José Olympio.
Jorge Amado, 3 ed., *O País do Carnaval*, Rio de Janeiro, José Olympio.
Jorge Amado, *Capitães da Areia*, Rio de Janeiro, José Olympio.
Amando Fontes, *Rua do Siriri*, Rio de Janeiro, José Olympio.

Outubro
Nélio Reis, *Subúrbio*, Rio de Janeiro, José Olympio.

Novembro
José Américo de Almeida, *A Bagaceira*, 7 ed., Rio de Janeiro, José Olympio.

Dezembro
Mário de Andrade, *Macunaíma*, 2 ed., Rio de Janeiro, José Olympio.
Adalgisa Nery, *Poemas*, Rio de Janeiro, Pongetti e José Olympio.

s.m
Joanita Blank, *Joanita Blank*, Rio de Janeiro, ed. do autor.

1938
Março
Graciliano Ramos, *S. Bernardo*, 2 ed., Rio de Janeiro, José Olympio.
João Alphonsus, *Rola-Moça*, Rio de Janeiro, José Olympio.

Abril
José Lins do Rego, *Pedra Bonita*, Rio de Janeiro, José Olympio.
Antônio Constantino, *Embrião*, Rio de Janeiro, José Olympio.

Maio
Graciliano Ramos, *Vidas Secas*, Rio de Janeiro, José Olympio.
Eudes Barros, *Dezessete*, Rio de Janeiro, Pongetti.

Julho
Mário Sette, *Os Azevedos do Poço*, Rio de Janeiro, José Olympio.
Emilio de Maya, *O Brasil e o Drama do petróleo*, Rio de Janeiro, José Olympio.
Benjamim Silva, *Escada da Vida*, Rio de Janeiro, ed., do autor (capa e ilustrações).

Agosto
Cyro dos Anjos, *O Amanuense Belmiro*, 2 ed., Rio de Janeiro, José Olympio.

Setembro
Menotti del Picchia, *Kummunká*, Rio de Janeiro, José Olympio.
Octávio Tarquínio de Sousa, *O Rubáyát de Ommar Kháyyám*, Rio de Janeiro, José Olympio.

Outubro
Adalgisa Nery, *O jardim das Carícias de Franz Toussaint*, Rio de Janeiro, José Olympio.
Lúcia Miguel Pereira, *Amanhecer*, Rio de Janeiro, José Olympio.
José Vieira, *Espelho de Casados*, Rio de Janeiro, José Olympio.

Novembro
Josué de Castro, *Fisiologia dos Tabus*, Rio de Janeiro, Nestlé (capa e ilustrações).

Dezembro
Lúcio Cardoso, *Mãos Vazias*, Rio de Janeiro, José Olympio.
José Lins do Rego, 3 ed., *Menino de Engenho*, Rio de Janeiro, José Olympio.
Franklin de Sales, *Coelho Sabido*, São Paulo, Melhoramentos (capa e ilustrações).
Marques Rebelo e Arnaldo Tabaiá, *Aventuras de Barrigudinho*, Rio de Janeiro, Pongetti (capa e ilustrações).

s.m.
Marques Rebelo, *Pequena Tabuada de João e Maria*, Rio de Janeiro, Nestlé (capa e ilustrações).

1939

Janeiro
Alfredo Mesquita, *A Única Solução*, Rio de Janeiro, José Olympio.
Gilberto Freyre, *Açúcar*, Rio de Janeiro, José Olympio.

Fevereiro
José Lins do Rego, *Pedra Bonita*, 2 ed., Rio de Janeiro, José Olympio.
A. J. Cronin, *A Cidadela*, Rio de Janeiro, José Olympio.

Março
Antônio Constantino, *A Casa sobre a Areia*, Rio de Janeiro, José Olympio.

Abril
Luís Jardim, *Maria Perigosa*, Rio de Janeiro, José Olympio.

Maio
Guilhermino César, *Sul*, Rio de Janeiro, José Olympio.
A. J. Cronin, *A Cidadela*, 3 ed., Rio de Janeiro, José Olympio.
Andréa Majocchi, *Memórias de um Cirurgião*, Rio de Janeiro, José Olympio.
Charles Seignobos, *História da Civilização Européia*, Rio de Janeiro, José Olympio.

Junho
Guilherme de Figueiredo, *30 Anos sem Paisagem*, Rio de Janeiro, José Olympio.

Julho
Cornélio Penna, *Dois Romances de Nico Horta*, Rio de Janeiro, José Olympio.
Octávio de Faria, *Os Caminhos da Vida*, Rio de Janeiro, José Olympio, v. 1
Octávio de Faria, *Os Caminhos da Vida*, Rio de Janeiro, José Olympio, v. 2
Telmo Vergara, *Estrada Perdida*, Rio de Janeiro, José Olympio.
Elias Davidovitch, *Uns Homens que Eram Deuses*, Rio de Janeiro, Vecchi (capa e ilustrações).
José Cândido de Carvalho, *Olha para o Céu, Frederico!*, Rio de Janeiro, Vecchi.

Agosto
Rachel de Queiroz, *As Três Marias*, Rio de Janeiro, José Olympio.
Marques Rebelo, *A Estrela Sobe*, Rio de Janeiro, José Olympio.
Flávio de Campos, *Planalto*, Rio de Janeiro, José Olympio.
Galeão Coutinho, *A Vida Apertada de Eunápio Cachimbo*, Rio de Janeiro, José Olympio.
H. G. Wells, *Pequena História do Mundo*, 2 ed., Rio de Janeiro, José Olympio.

Setembro
José Lins do Rego, *Riacho Doce*, Rio de Janeiro, José Olympio.
Odorico Tavares, *A Sombra do Mundo*, Rio de Janeiro, José Olympio.
Amarylio Albuquerque, *Dedo Mindinho*, Rio de Janeiro, Francisco Alves (capa e ilustrações).

Outubro
Emil Farhat, *Cangerão*, Rio de Janeiro, José Olympio.
Álvaro Lins, *História Literária de Eça de Queirós*, Rio de Janeiro, José Olympio.

Novembro

A. J. Cronin, *Sob a Luz das Estrelas*, Rio de Janeiro, José Olympio.

Guilherme de Almeida, *O Gitanjali de Rabindranath Tagore*, Rio de Janeiro, José Olympio.

Genolino Amado, *Um Olhar sobre a Vida*, Rio de Janeiro, José Olympio.

Dezembro

Dinah Silveira de Queiroz, *Floradas na Serra*, 2 ed., Rio de Janeiro, José Olympio.

Jorge de Lima, *A Mulher Obscura*, Rio de Janeiro, José Olympio.

Paul de Kruif, *Caçadores de Micróbios*, Rio de Janeiro, José Olympio, 1939.

Guilherme de Almeida, *O Jardineiro de Rabindranath Tagore*, Rio de Janeiro, José Olympio.

Dr. Joseph A. Jerger, *Doutor, Aqui Está o Seu Chapéu*, Rio de Janeiro, José Olympio.

Santa Rosa, *O Circo*, Bruges, Desclée de Brower/ Rio de Janeiro, Centro das Edições Francesas.

s.m.

Marques Rebelo, *ABC de João e Maria*, Rio de Janeiro, Nestlé.

1940

Janeiro

Oliveira Ribeiro Neto, *A Vida Continua*, Rio de Janeiro, José Olympio.

Rosário Fusco, *Vida Literária*, Rio de Janeiro, SEP.

Fevereiro

A. J. Cronin, *O Romance do dr. Harvey Leith*, Rio de Janeiro, José Olympio.

Adalgisa Nery, *A Mulher Ausente*, Rio de Janeiro, José Olympio.

Irving Stone, *A Vida Trágica de Van Gogh*, Rio de Janeiro, José Olympio.

Lafayette Rodrigues Pereira, *Vindiciae*, Rio de Janeiro, José Olympio.

Março

Francisco Inácio Peixoto, *Dona Flor*, Rio de Janeiro, Pongetti (capa e ilustrações).

Abril

Augusto Frederico Schmidt, *Estrela Solitária*, Rio de Janeiro, José Olympio.

Isadora Duncan, *Minha Vida*, Rio de Janeiro, José Olympio.

Helena Keller, 2 ed., *A História da Minha Vida*, Rio de Janeiro, José Olympio.

Romola Nijinski, *Nijinski*, Rio de Janeiro, José Olympio.

Herculano Rebordão, *Onde os Caminhos se Cruzam...* Rio de Janeiro, Ed. do autor.

Maio

A. J. Cronin, *Três Amores*, Rio de Janeiro, José Olympio.

Junho

Antoine de Sait-Exupéry, *Terra dos Homens*, Rio de Janeiro, José Olympio.
A. J. Cronin, *Noites de Vigília*, Rio de Janeiro, José Olympio.
A. J. Cronin, *A Família Brodie*, Rio de Janeiro, José Olympio.
Edmylson Perdigão, *Linguajar da Malandragem*, Rio de Janeiro, Edição do Autor.

Julho

Max Reinhardt, *A Vida de Eleonora Duse*, Rio de Janeiro, José Olympio.

Setembro

Carlos Drummond de Andrade, *Sentimento do Mundo*, Rio de Janeiro, Pongetti.

Outubro

José Lins do Rego, 2 ed., *Usina*, Rio de Janeiro, José Olympio.
José Lins do Rego, 2 ed., *Pureza*, Rio de Janeiro, José Olympio.

Novembro

José Lins do Rego, 3 ed., *O Moleque Ricardo*, Rio de Janeiro, José Olympio.

Dezembro

Lúcio Cardoso, *O Desconhecido*, Rio de Janeiro, José Olympio.
Carolina Nabuco, *A Sucessora*, 2 ed., Rio de Janeiro, José Olympio.

s.m.

William Shakespeare, *Romeu e Julieta*, Rio de Janeiro, Ministério da Educação e Saúde (capa e ilustrações).

1941

Janeiro

Gilberto Amado, *Inocentes e Culpados*, Rio de Janeiro, José Olympio.
Arnon de Melo, *África*, Rio de Janeiro, José Olympio, 1941.

Fevereiro

Maria Eugênia Celso, *O Diário de Ana Lúcia*, Rio de Janeiro, José Olympio.

Março
Herman Lima, *Na Ilha de John Bull*, Rio de Janeiro, José Olympio.
Hendrik van Loon, *A Vida e a Época de Rembrandt*, Rio de Janeiro, José Olympio.

Junho
Josué Montello, *Janelas Fechadas*, Rio de Janeiro, Pongetti.

Agosto
Dinah Silveira de Queiroz, *A Sereia Verde*, Rio de Janeiro, José Olympio.
Dinah Silveira de Queiroz, *Floradas na Serra*, 4 ed., Rio de Janeiro, José Olympio.
Umberto Peregrino, *Desencontros*, Rio de Janeiro, José Olympio.
Eugene Lyons, *Stálin – Czar de Todas as Rússias*, Rio de Janeiro, José Olympio.

Setembro
Anatole France, *A Revolta dos Anjos*, Rio de Janeiro, Pongetti.

Outubro
Cacy Cordovil, *Ronda de Fogo*, Rio de Janeiro, José Olympio.
Adriano de Abreu, *Dias de Maio*, Rio de Janeiro, José Olympio.

Novembro
José Lins do Rego, *Água-mãe*, Rio de Janeiro, José Olympio.
Murilo Mendes, *O Visionário*, Rio de Janeiro, José Olympio.
Álvaro Lins, *Jornal de Crítica*, Rio de Janeiro, José Olympio.
Graciliano Ramos, *Angústia*, 2 ed., Rio de Janeiro, José Olympio.

Dezembro
Mary Jenney Howe, *Em Busca do Amor*, Rio de Janeiro, José Olympio.
Henry Torrès, *Pierre Laval*, Rio de Janeiro, José Olympio.

1942
Janeiro
Cecílio J. Carneiro, *A Fogueira*, Rio de Janeiro, José Olympio.
Octávio de Faria, *O Lodo das Ruas*, Rio de Janeiro, José Olympio, v. 1.
Octávio de Faria, *O Lodo das Ruas*, Rio de Janeiro, José Olympio, v. 2.
Augusto Frederico Schmidt, *Mar Desconhecido*, Rio de Janeiro, José Olympio.
H. Gordon Garbedian, *Einstein, o Criador de Universos*, Rio de Janeiro, José Olympio.

Fevereiro
Nathaniel Hawthorne, *A Letra Escarlate*, Rio de Janeiro, José Olympio.

Março
Alfredo Mesquita, *Na Europa Fagueira*, Rio de Janeiro, José Olympio.
Evelyn Eaton, *Até um Dia, meu Capitão!*, Rio de Janeiro, José Olympio.
Margareth Kennedy, *Irreparável Engano*, Rio de Janeiro, José Olympio.

Abril
Herman Lima, *Outros Céus, Outros Mares*, Rio de Janeiro, José Olympio.
Lucia Benedetti, *Entrada de Serviço*, Rio de Janeiro, José Olympio.
Jan Valtin, *Do Fundo da Noite*, Rio de Janeiro, José Olympio.
Tia Evelina, *Novas Receitas para Você*, Rio de Janeiro, José Olympio.
Abgar Renault, Poemas Ingleses de Guerra, Rio de Janeiro, edição particular.

Maio
Matias Aires, *Reflexões sobre a Vaidade dos Homens*, São Paulo, Martins (apenas ilustrações).

Junho
Carlos Drummond de Andrade, *Poesias*, Rio de Janeiro, José Olympio.
Attilio Milano, *Todos os Poemas*, Rio de Janeiro, Zélio Valverde.

Julho
Aníbal Machado, Graciliano Ramos, Jorge Amado, José Lins do Rego e Rachel de Queiroz, *Brandão entre o Mar e o Amor*, São Paulo, Martins.

Agosto
João Pacheco, *Negra a Caminho da Cidade*, São Paulo, Martins.
Bertita Harding, *O Tosão de Ouro*, Rio de Janeiro, José Olympio.
Abgar Renault, *A Lua Crescente de Rabindranath Tagore*, Rio de Janeiro, José Olympio.

Setembro
Gilberto Amado, *Os Interesses da Companhia*, Rio de Janeiro, José Olympio.

Dezembro
Samuel Butler, *Destino da Carne*, Rio de Janeiro, José Olympio.

s.m.
Aurélio Buarque de Holanda, *Dois Mundos*, Rio de Janeiro, José Olympio (capa e ilustrações).

1943
Janeiro
Adalgisa Nery, *Og*, Rio de Janeiro, José Olympio.

Maio
Rachel de Queiroz, *As Três Marias*, 2 ed., Rio de Janeiro, José Olympio.
Adalgisa Nery, *Ar do Deserto*, Rio de Janeiro, José Olympio.
Gilberto Freyre, 4 ed., *Casa Grande e Senzala*, Rio de Janeiro, José Olympio (apenas ilustrações).

Setembro
Vicki Baum, *Sangue e Volúpia*, Rio de Janeiro, José Olympio.

Outubro
Rosário Fusco, *O Agressor*, Rio de Janeiro, José Olympio.
José Lins do Rego, 3 ed., *Pureza*, Rio de Janeiro, José Olympio.
José Lins do Rego, 3 ed., *Pedra Bonita*, Rio de Janeiro, José Olympio.
José Lins do Rego, 4 ed., *Menino de Engenho*, Rio de Janeiro, José Olympio.
José Lins do Rego, 4 ed., *Doidinho*, Rio de Janeiro, José Olympio.
Lúcio Cardoso, *Dias Perdidos*, Rio de Janeiro, José Olympio.
Tasso da Silveira, *Silêncio*, Rio de Janeiro, José Olympio.
Oswald de Andrade, *A Revolução Melancólica*, Rio de Janeiro, José Olympio.
Leon Tolstoi, *Ana Karenina*, Rio de Janeiro, José Olympio.
Amilcar Dutra de Menezes, *O Futuro nos Pertence*, Rio de Janeiro, José Olympio (capa e ilustrações).

Dezembro
Clarice Lispector, *Perto do Coração Selvagem*, Rio de Janeiro, A Noite.
Cassiano Ricardo, *O Sangue das Horas*, Rio de Janeiro, José Olympio.
Fédor Dostoiéviski, *O Jogador*, Rio de Janeiro, Panamericana.

1944
Fevereiro
Ciro Alegria, *Grande e Estranho é o Mundo*, Rio de Janeiro, José Olympio.
Robert de Traz, *A Família Brontë*, Rio de Janeiro, Panamericana (capa e ilustrações).

Março
Fernando Sabino, *A Marca*, Rio de Janeiro, José Olympio.
Xavier Placer, *A Escolha*, Rio de Janeiro, José Olympio.

Abril
Floriano Gonçalves, *Lixo*, Rio de Janeiro, José Olympio.
José Lins do Rego, *Fogo Morto*, Rio de Janeiro, José Olympio.
Caio Jardim, *Ilha submersa*, Rio de Janeiro, José Olympio.
Reinaldo Moura, *Intervalo Passional*, Rio de Janeiro, José Olympio.
Dinah Silveira de Queiroz, *Floradas na Serra*, 5 ed., Rio de Janeiro, José Olympio.

Maio
Vicki Baum, *Sangue e Volúpia*, 2 ed., Rio de Janeiro, José Olympio.

Junho
Machado de Assis, *Casa Velha*, São Paulo, Martins (apenas ilustrações).
Cláudio de Araújo Lima, *A Bruxa*, Rio de Janeiro, José Olympio.

Julho
Jayme de Barros, *Poetas do Brasil*, Rio de Janeiro, José Olympio.

Agosto
Emily Brontë, *O Vento da Noite*, Rio de Janeiro, José Olympio (capa e ilustrações).
Lúcio Cardoso, *Novas poesias*, Rio de Janeiro, José Olympio.

Setembro
Dyonélio Machado, *Desolação*, Rio de Janeiro, José Olympio.
F. Dostoiévski, *Obras*, Rio de Janeiro, José Olympio (capa da coleção e ilustrações para *Crime e Castigo*).
Nella Brady, *Dedicação de uma vida*, Rio de Janeiro, José Olympio.
Jacob Wassermann, *Golovin*, Rio de Janeiro, Ocidente.
Helena Isvolski, *Alma da Rússia*, Rio de Janeiro, Ocidente.
Murilo Mendes, *As Metamorfoses*, Rio de Janeiro, Ocidente.

Outubro
Joaquim Manuel de Macedo, *A Misteriosa*, Rio de Janeiro, Ocidente.

Novembro
Aníbal Machado, *Vila Feliz*, Rio de Janeiro, José Olympio.

Dezembro
Octávio de Faria, *O Anjo de Pedra*, Rio de Janeiro, José Olympio.
Gertrud Von Le Fort, *O Papa do Ghetto*, Rio de Janeiro: Ocidente.

s.m.
Graciliano Ramos, *Histórias de Alexandre*, Rio de Janeiro, Leitura (capa e ilustrações).
Almir de Andrade, *Duas Irmãs*, Rio de Janeiro, José Olympio.
Novelli Júnior, *Santa Clara*, Rio de Janeiro, José Olympio.
José Vieira, *Vida e Aventura de Pedro Malasarte*, Rio de Janeiro, José Olympio.
Gilberto Freyre, *Perfil de Euclides e Outros Perfis*, Rio de Janeiro, José Olympio (retratos).
Thomas Hardy, *A Bem-amada*, Rio de Janeiro, Ocidente.
Anton Tchecov, *O Duelo*, Rio de Janeiro, Ocidente.
Joaquim Manuel de Macedo, *Os Quatro Pontos Cardeais*, Rio de Janeiro, Ocidente.
Irving Kolodin, *O Julgamento da Música*, Rio de Janeiro, Ocidente.
Breno Accioly, *João Urso*, Rio de Janeiro, Epasa.
Romain Rolland, *A Vida de Miguel Ângelo*, Rio de Janeiro, Leitura.
Rubem Braga (ed.), *Os Ingleses*, Rio de Janeiro, Leitura.
Alina Paim, *Estrada da Liberdade*, Rio de Janeiro, Leitura.
Martin Gumpert, *História da Cruz Vermelha*, Rio de Janeiro, Ocidente.
Helena Morley, 2 ed., *Minha Vida de Menina*, Rio de Janeiro, José Olympio.

1945
Janeiro
Lúcio Cardoso, *Inácio*, Rio de Janeiro, Ocidente.
Oswald de Andrade, *Chão*, Rio de Janeiro, José Olympio.
Odorico Tavares, *Poesias*, Rio de Janeiro, José Olympio (apenas ilustrações).

Maio
Ferdinand Herold, *A Vida de Buddha*, Rio de Janeiro, Ocidente.

Junho
Augusto Frederico Schmidt, *Canto da Noite*, Rio de Janeiro, Alvorada.
José Condé, *Caminhos na Sombra*, Rio de Janeiro, José Olympio (capa e ilustrações).

Agosto
Christopher Dawson, *O Julgamento das Nações*, Rio de Janeiro, Agir.
Affonso de E. Taunay, *No Rio de Janeiro de D. Pedro II*, Rio de Janeiro, Agir.

Outubro
Cyro dos Anjos, *Abdias*, Rio de Janeiro, José Olympio.
Maroquinha Jacobina Rabello, *O Santo do Deserto*, Rio de Janeiro, Agir.
Jorge Amado, *ABC de Castro Alves*, São Paulo, Martins, (apenas ilustrações).

Novembro
Padre Álvaro Negromonte, *A Vida de Jesus para a Infância e a Juventude*, Rio de Janeiro, José Olympio (capa e ilustrações).
José Maria Bello, *Retrato de Eça de Queiroz*, Rio de Janeiro, Agir.
Carlos Drummond de Andrade, *A Rosa do Povo*, Rio de Janeiro, José Olympio.
Clarice Lispector, *O Lustre*, Rio de Janeiro, Agir.

s.m.
Ledo Ivo, *Ode e Elegia*, Rio de Janeiro, Pongetti.
Osório Dutra, *Emoção*, Rio de Janeiro, Pongetti.
Lúcio Cardoso, *O Escravo*, Rio de Janeiro, Zelio Valverde.
Joracy Camargo, *Maria Cachucha*, Rio de Janeiro, Zelio Valverde.
Joracy Camargo, *O Burro*, Rio de Janeiro, Zélio Valverde.
Joracy Camargo, *O Sábio*, Rio de Janeiro, Zelio Valverde.
Joracy Camargo, *Anastácio*, Rio de Janeiro, Zelio Valverde.
R. Magalhães Júnior, *Vila Rica*, Rio de Janeiro, Zelio Valverde.
Maria Eugênia Celso, *O Solar Perdido*, Rio de Janeiro, Zélio Valverde.
Gerard de Nerval, *Aurélia*, Rio de Janeiro, Ocidente.
Jorge Medauar, *Chuva sobre a tua Semente*, Rio de Janeiro, José Olympio.
Jorge de Lima, *A Vida Extraordinária de Santo Antônio*, Rio de Janeiro, Ocidente.
Augusto Frederico Schmidt, *Canto da Noite*, Rio de Janeiro, Alvorada.

1946
Janeiro
Cordeiro de Andrade, *Anjo Negro*, Rio de Janeiro, José Olympio.
Lucia Mulholand, *Essa Negra Fulô!*, Rio de Janeiro, Agir.

Fevereiro
Amando Fontes, *Os Corumbas*, 6 ed., Rio de Janeiro, José Olympio.
Inglês de Sousa, *O Missionário*, Rio de Janeiro, José Olympio.

Março
José Mauro de Vasconcelos, *Banana Brava*, Rio de Janeiro, Agir.

Maio
Eloy Pontes, *Favela*, Rio de Janeiro, José Olympio.
Jacob Wasserman, *O Processo Maurizius*, Rio de Janeiro, José Olympio.

Junho
Adonias Filho, *Os Servos da Morte*, Rio de Janeiro, José Olympio.
Walt Whitman, *Cantos de Walt Whitman*, Rio de Janeiro, José Olympio (capa e retrato).

Agosto
Lúcio Cardoso, *A Professora Hilda*, Rio de Janeiro, José Olympio.

s.m.
Ary de Andrade, *Canto do Tempo Presente*, Rio de Janeiro, José Olympio.
Manuel Cavalcanti, *A Veste do Tempo*, Rio de Janeiro, Agir.

1947
Janeiro
Graciliano Ramos, 2 ed., *Caetés*, Rio de Janeiro, José Olympio.
Graciliano Ramos, 3 ed., *S. Bernardo*, Rio de Janeiro, José Olympio.
Graciliano Ramos, 3 ed., *Angústia*, Rio de Janeiro, José Olympio.
Graciliano Ramos, 2 ed., *Vidas Secas*, Rio de Janeiro, José Olympio.
Graciliano Ramos, *Insônia*, Rio de Janeiro, José Olympio.
Enéas Ferraz, *Crianças Mortas*, Rio de Janeiro, José Olympio.

Março
Ledo Ivo, *As Alianças*, Rio de Janeiro, Agir.
Mário Filho, *O Negro no Foot-ball Brasileiro*, Rio de Janeiro, Pongetti.

Julho
Yvonne Jean, *Contos do Mar*, Rio de Janeiro, Agir (capa e ilustrações).

Agosto
John Louis Bonn, *Folhas que Caem*, Rio de Janeiro, Agir.
Bezerra de Freitas, *Forma e Expressão no Romance Brasileiro*, Rio de Janeiro, Pongetti (capa e retratos).

Outubro
José Lins do Rego, *Eurídice*, Rio de Janeiro, José Olympio.

Dezembro
Octávio de Faria, *Os Renegados*, Rio de Janeiro, José Olympio.

s.m.
Joaquim Cardozo, *Poemas*, Rio de Janeiro, Agir (capa e ilustrações).
Luiz Carlos Prestes. *Problemas Atuais da Democracia*. Rio de Janeiro, Editorial Vitória.

1948

Janeiro
Carlos Drummond de Andrade, *Poesia Até Agora*, Rio de Janeiro, José Olympio.

Fevereiro
Novelli Júnior, *Não Era a Estrada de Damasco*, Rio de Janeiro, José Olympio.

Março
José Lins do Rego, *Pureza*, 4 ed., Rio de Janeiro, José Olympio.

Abril
José Vieira, *Um Reformador na Cidade do Vício*, Rio de Janeiro, José Olympio.
Adalgisa Nery, *Cantos da Angústia*, Rio de Janeiro, José Olympio.

Junho
Rubem Braga, *Um Pé de Milho*, Rio de Janeiro, José Olympio.

Julho
Rodolfo Maria de Rangel Moreira, *O Morto Debruçado*, Rio de Janeiro, José Olympio.

Setembro
Nelson Tabajara, *O Herói Imperfeito*, Rio de Janeiro, José Olympio.

Outubro
Josué Montello, *A Luz da Estrela Morta*, Rio de Janeiro, José Olympio.

Novembro
Lima Barreto, *Triste Fim de Policarpo Quaresma*, Rio de Janeiro, Mérito.

Dezembro
Maria Elvira, *Flores do Exílio*, Rio de Janeiro, Pongetti.
Thomas Hardy, *Judas, o Obscuro*, Rio de Janeiro, A Noite.

s.m.
Bezerra de Freitas, *20 Poetas Ingleses*, Rio de Janeiro, A Noite (capa e retratos).
Ledo Ivo, *Ode ao Crepúsculo*, Rio de Janeiro, Pongetti.
Maciel Oliveira, *Êxtase*, Rio de Janeiro, Pongetti.

1949
Janeiro
Dinah Silveira de Queiroz, *Margarida La Rocque*, Rio de Janeiro, José Olympio.
José Lins do Rego, *O Moleque Ricardo*, 4 ed., Rio de Janeiro, José Olympio.
Cornélio Penna, *Repouso*, Rio de Janeiro, A Noite.

Fevereiro
Lima Barreto, *Recordações do Escrivão Isaías Caminha*, Rio de Janeiro, Mérito.

Junho
F. Dostoiévski, *Crime e Castigo*, Rio de Janeiro, José Olympio.

Agosto
Octávio de Faria, *Mundos Mortos*, 2 ed., Rio de Janeiro, José Olympio.

Setembro
Ledo Ivo, *Cântico*, Rio de Janeiro, José Olympio.
Emílio Moura, *O Espelho e a Musa*, Belo Horizonte, Pindorama.

Outubro
Clarice Lispector, *A Cidade Sitiada*, Rio de Janeiro, A Noite.

Novembro
Augusto Frederico Schmidt, *Fonte Invisível*, Rio de Janeiro, José Olympio.

s.m.
Hermano Requião, *Itapagipe*, Rio de Janeiro, José Olympio.

Manuel Diegues Júnior, *O Banguê nas Alagoas*, Rio de Janeiro, Instituto do Açúcar e do Álcool (capa e ilustrações).
Wilson R. Rodrigues, *Bahia Flor*, Rio de Janeiro, Publicitan.
Ursulino Leão, *Maya*, Rio de Janeiro, Pongetti.

1950
s.m.
Jorge de Lima, *Guerra Dentro do Beco*, Rio de Janeiro, A Noite.
Gérard de Nerval, *As Filhas do Fogo*, Rio de Janeiro, A Noite.
Dirceu Quintanilha, *A Inútil Espera*, Rio de Janeiro, Pongetti.
Antonio Olavo Pereira, *Contra-mão*, Rio de Janeiro, José Olympio.

1951
Janeiro
Gastão Cruls, *Contos Reunidos*, Rio de Janeiro, José Olympio.
Almeida Fischer, *O Homem de Duas Cabeças*, Rio de Janeiro, Oásis.
Saldanha Coelho, *Mural*, Rio de Janeiro, Revista Branca.

Agosto
Ledo Ivo, *Linguagem*, Rio de Janeiro, José Olympio.

Setembro
Benedicto Valladares, *Esperidião*, Rio de Janeiro, Cruzeiro.

Outubro
Guimarães Rosa, *Sagarana*, 3 ed., Rio de Janeiro, José Olympio.

Novembro
Élcio Xavier, *O Véu da Manhã*, Rio de Janeiro, Pongetti.

Dezembro
Jacob Wasserman, *Etzel Andergast*, Rio de Janeiro, A Noite.
Nathaniel Hawthorne, *O Fauno de Mármore*, Rio de Janeiro, A Noite.

s.m.
Carlos Drummond de Andrade, *Contos de Aprendiz*, Rio de Janeiro, José Olympio.
José de Alencar. *Ficção de José de Alencar*, Rio de Janeiro, José Olympio.

1952
Janeiro
F. Dostoiévski, *Os Irmãos Karamázovi*, Rio de Janeiro, José Olympio.

Março
Renard Q. Perez, *O Beco*, Rio de Janeiro, Revista Branca.

Abril
Ascendino Leite, *A Viúva Branca*, Rio de Janeiro, Organização Simões.
Mauro Mota, *Elegias*, Rio de Janeiro, Jornal de Letras.
José Maria Bello, *Retrato de Machado de Assis*, Rio de Janeiro, A Noite.

Maio
Rosalina Coelho Lisboa, *A Seara de Caim*, Rio de Janeiro, José Olympio.

Agosto
Josué Montello, *O Labirinto de Espelhos*, Rio de Janeiro, José Olympio.

Outubro
Graciliano Ramos, *Infância*, 2 ed., Rio de Janeiro, José Olympio.
João Calazans, *Pequeno Burguês*, Rio de Janeiro, José Olympio.

Novembro
Adalgisa Nery, *As Fronteiras da Quarta Dimensão*, Rio de Janeiro, José Olympio.
Octávio de Faria, *Os Loucos*, Rio de Janeiro, José Olympio.

1953
Maio
Saldanha Coelho, *O Pátio*, Rio de Janeiro, Revista Branca.

Julho
Rachel de Queiroz, *Lampião*, Rio de Janeiro, José Olympio.

Agosto
José Lins do Rego, *Cangaceiros*, Rio de Janeiro, José Olympio.
J. C. Sampaio Sobrinho, *Sinfonia Cósmica*, Rio de Janeiro, Simões.

Setembro

Graciliano Ramos, *Memórias do Cárcere*, Rio de Janeiro, José Olympio, v. 1.
Graciliano Ramos, *Memórias do Cárcere*, Rio de Janeiro, José Olympio, v. 2.
Graciliano Ramos, *Memórias do Cárcere*, Rio de Janeiro, José Olympio, v. 3.
Graciliano Ramos, *Memórias do Cárcere*, Rio de Janeiro, José Olympio, v. 4.

Outubro

Ricardo Ramos, *Tempo de Espera*, Rio de Janeiro, José Olympio.

Dezembro

Oswaldino Marques, *Usina do Sonho*, Rio de Janeiro, Livros de Portugal.

s.m.

M. Cavalcanti Proença, *Uniforme de Gala*, Rio de Janeiro, Opama.

1954
Janeiro

Lúcia Miguel Pereira, *Cabra-cega*, Rio de Janeiro, José Olympio.
Antônio Callado, *Assunção de Salviano*, Rio de Janeiro, José Olympio.
Sílvio Romero, *Folclore Brasileiro*, Rio de Janeiro, José Olympio (apenas ilustrações).

Outubro

Didi Fonseca, "*Ele*", Rio de Janeiro, José Olympio.

s.m.

Emanuel de Moraes, *Triângulo e Fuga*, Rio de Janeiro, José Olympio.

1955
s.m.

Gastão de Alencar, *Noite de Espera*, Rio de Janeiro, O Cruzeiro.
Graciliano Ramos, *Infância*, 4 ed., Rio de Janeiro, José Olympio.
Edelweiss Barcellos Mello, *Viajante Impreciso*, Rio de Janeiro, Pongetti (apenas ilustrações).

1956
s.m.

José Mauro Gonçalves, *Café-Society Confidencial*, Rio de Janeiro, Civilização Brasileira (capa e ilustrações).

1957
s.m.

Renato Vianna, *Obras Completas de Renato Vianna*, Rio de Janeiro, A Noite.

S/d

Hélio A. Cypriano, *Idéias do Amor*, Rio de Janeiro, edição do autor.

BIBLIOGRAFIA REFERIDA

AMADO, Jorge. *Navegação de Cabotagem*. Rio de Janeiro, Record, 1992.

ANDRADE, Carlos Drummond de. "A um Morto na Índia". *Poesia Completa e Prosa*. Rio de Janeiro, Nova Aguilar, 1973.

ANDRADE, Mário de. *Pauliceia Desvairada*. São Paulo, Casa Mayença, 1924.

_____. *Amar, Verbo Intransitivo*. São Paulo, Casa Antonio Tisi, 1927.

ANJOS, Cyro dos. *O Amanuense Belmiro*. 3. ed. São Paulo, Saraiva, 1949.

_____. *O Amanuense Belmiro*. 11. ed. Rio de Janeiro, José Olympio, 1980.

_____. *El Amanuense Belmiro*. Cidade do México, Tezontle, 1954.

AYALA, Walmir. *Dicionário de Pintores Brasileiros*. 2. ed. Curitiba, Editora UFPR, 1997. Edição revista e ampliada por André Seffrin.

AUSTEN, Jane. *Orgulho e Preconceito*. 3. ed. Rio de Janeiro, José Olympio, 1944.

BANDEIRA, Manuel. "Poema para Santa Rosa". *Poesia e Prosa*. Rio de Janeiro, José Aguilar, 1958.

BARSANTE, Cássio Emmanuel. *Santa Rosa em Cena*. Rio de Janeiro, Instituto Nacional de Artes Cênicas, 1982.

_____. *A Vida Ilustrada de Tomás Santa Rosa*. Rio de Janeiro, Bookmakers, 1993.

BASTOS, Abguar. *Terra de Icamiaba*. 2. ed. Rio de Janeiro, Adersen, 1934.

BRAGA, Rubem. "Santa". *Diário de Notícias*. Rio de Janeiro, 31.11.1956.

_____. "Vidas Secas". *Diário de Notícias*, 14.08.1938.

CAMPOS, Paulo Mendes. "Santa Rosa É Teatro". *O Cruzeiro*. Rio de Janeiro, abr. 1961.

CARDOSO, Lúcio. *O Livro de Jó*. Rio de Janeiro, José Olympio, 1948.

CARPEAUX, Otto Maria. *Ensaios Reunidos: 1942-1978*. Rio de Janeiro, UniverCidade Editora/Topbooks, 1999.

CANDIDO, Antonio. "No Aparecimento de *Caetés*". *Ficção e Confissão – Ensaios sobre Graciliano Ramos*. São Paulo, 34, 1992.

CARDOSO, Rafael (org.). *O Design Brasileiro Antes do Design*. São Paulo, Cosac Naify, 2005.

CARVALHO, Jáder de. *Classe Média*. Fortaleza, Reunidas, 1937.

CAVALCANTI, Valdemar. "Santa Rosa Júnior". *Boletim de Ariel*. Rio de Janeiro, ano III, n. 1, outubro de 1933.

CICCO, Januário. *Eutanásia*. Rio de Janeiro, Pongetti, 1937.

COELHO, Saldanha. "Morreu Santa Rosa". *Diário Carioca*, Rio de Janeiro, 2.12.1956.

DUARTE, Nestor. *Gado Humano*. Rio de Janeiro, Pongetti, 1937.

FARIA, Octávio de. *Cristo e César*. Rio de Janeiro, José Olympio, 1937.

FIGUEIREDO, Guilherme. *Tratado Geral dos Chatos*. Rio de Janeiro, Civilização Brasileira, 1962.

FRADIQUE, Mendes. *Doutor Voronoff*. Rio de Janeiro, Livraria Leite Ribeiro, Freitas Bastos, Spicer & Cia., 1926.

FREYRE, Gilberto. *O Outro Nordeste*. Rio de Janeiro, José Olympio, 1936.

GIMENEZ. Erwin Torralbo. "Mal Sem Mudança – Notas Iniciais sobre *Angústia*". *Estudos Avançados*, 26 (76), São Paulo, 2012.

Hallewell, Laurence. *O Livro no Brasil*. 2. ed. São Paulo, Edusp, 2012.

Lebensztayn, Ieda. *Graciliano Ramos e a Novidade: O Astrônomo do Inferno e os Meninos Impossíveis*. São Paulo, USP, 2009. Tese de doutorado. São Paulo, Hedra, 2010.

Lima, Edna Lúcia Cunha & Ferreira, Márcia Christina. "Santa Rosa: Um Designer a Serviço da Literatura". In: Cardoso, Rafael (org.). *O Design Brasileiro Antes do Design*. São Paulo, Cosac Naify, 2005.

Lispector. Clarice. *Cartas a Lúcio Cardoso*. Manuscrito depositados na Fundação Casa de Rui Barbosa.

Machado, Alcântara. *Brás, Bexiga e Barra Funda*. São Paulo, Ed. do Autor, 1927.

Magaldi, Sábato. *Panorama do Teatro Brasileiro*. 5. ed. São Paulo, Global, 2001.

Martins, Fran. *Ponta de Rua*. Rio de Janeiro, Pongetti, 1936.

_____. *Estrela do Pastor*. Rio de Janeiro, José Olympio, 1942.

Martins, Luís. *Lapa*. Rio de Janeiro, Schmidt, 1936.

_____. *A Terra Come Tudo*. Rio de Janeiro, Schmidt, 1937.

Mello, Heitor Ferraz. "O Múltiplo S. R.". *Revista da Biblioteca Mário de Andrade*, 64. São Paulo, 2008.

Menezes, Djacir. *O Outro Nordeste*. Rio de Janeiro, José Olympio, 1937.

Merquior, José Guilherme. *De Anchieta a Euclides – Breve História da Literatura Brasileira*. 2. ed. Rio de Janeiro, José Olympio, 2. ed., 1979.

Pereira, Jayme R. *Renúncia*. Rio de Janeiro, José Olympio, 1939.

Pereira, Lúcia Miguel. *Fada Menina*. 2. ed. Porto Alegre, Globo, 1944.

Queiroz, Rachel de. *João Miguel*. Rio de Janeiro, Schmidt, 1932.

Ramos, Graciliano. "Paulo Honório". *Garranchos*. Rio de Janeiro, Record, 2012 (org. por Thiago Mio Salla).

_____. *Cartas*. 8. ed. Rio de Janeiro, Record, 1994.

Rebelo, Marques. *Oscarina*. Rio de Janeiro, Schmidt, 1931.

_____. *Três Caminhos*. Rio de Janeiro, Ariel, 1933.

Rego, José Lins do. *Menino de Engenho*. Rio de Janeiro, Adersen, 1932.

_____. "Santa Rosa". *O Globo*, Rio de Janeiro, 03.12.1956.

Ricardo, Cassiano. *Poesias Completas*. Rio de Janeiro, José Olympio, 1957.

Roncari, Luiz. "O Engasgo de Rosa e a Confirmação Milagrosa". *Remate de Males*, 20. Campinas, 2000.

Salgado, Plínio. *O Estrangeiro*. 3. ed. Rio de Janeiro, José Olympio, 1936.

Santa Rosa, Tomás. *Roteiro de Arte*. Rio de Janeiro, Ministério da Educação e Saúde, 1952.

Santiago, Silviano. *Em Liberdade*. Rio de Janeiro, Paz e Terra, 1981.

Tabayá, Arnaldo. *Badu*. Rio de Janeiro, Guanabara, 1932.

Tolstoi, Leon. *A Sonata a Kreutzer*. Rio de Janeiro, José Olympio, 1941.

TÍTULO	*Capas de Santa Rosa*
AUTOR	Luís Bueno
EDITOR	Plinio Martins Filho
PRODUÇÃO EDITORIAL	Aline Sato
DESIGN E DIAGRAMAÇÃO	Negrito Produção Editorial
PREPARAÇÃO	Plinio Martins Filho
REVISÃO	Ieda Lebensztayn
	Luís Bueno
FORMATO	23 × 27 cm
TIPOLOGIA	Kepler Std e Neutra Text
PAPEL	Chambril Avena 80 g/m² (miolo)
	Reciclato 180 g/m² (capa)
	Couche Fosco 170 g/m² (sobrecapa)
NÚMERO DE PÁGINAS	288
CTP, IMPRESSÃO E ACABAMENTO	Lis Gráfica